◆ 教育部人文社会科学研究青年基金项目"企业新生代员工工作场所非伦理行为的形成与扩散机制研究"（13YJCZH204）

◆ 湖南省哲学社会科学基金项目"工作价值观、潜规则对企业新生代员工非伦理行为的影响研究"（15YBA388）

# 企业员工工作场所
# 非伦理行为研究

THE STUDY ON THE WORKPLACE UNETHICAL
BEHAVIORS OF ENTERPRISE EMPLOYEES

伍如昕　著

中国社会科学出版社

## 图书在版编目（CIP）数据

企业员工工作场所非伦理行为研究/伍如昕著. —北京：中国社会科学出版社，2020.6
ISBN 978-7-5203-6547-5

Ⅰ.①企⋯ Ⅱ.①伍⋯ Ⅲ.①商业道德—研究 Ⅳ.①F718

中国版本图书馆CIP数据核字（2020）第087136号

| | |
|---|---|
| 出 版 人 | 赵剑英 |
| 责任编辑 | 刘晓红 |
| 责任校对 | 周晓东 |
| 责任印制 | 戴　宽 |
| 出　　版 | 中国社会科学出版社 |
| 社　　址 | 北京鼓楼西大街甲158号 |
| 邮　　编 | 100720 |
| 网　　址 | http://www.csspw.cn |
| 发 行 部 | 010-84083685 |
| 门 市 部 | 010-84029450 |
| 经　　销 | 新华书店及其他书店 |
| 印刷装订 | 北京君升印刷有限公司 |
| 版　　次 | 2020年6月第1版 |
| 印　　次 | 2020年6月第1次印刷 |
| 开　　本 | 710×1000　1/16 |
| 印　　张 | 23 |
| 插　　页 | 2 |
| 字　　数 | 277千字 |
| 定　　价 | 138.00元 |

凡购买中国社会科学出版社图书，如有质量问题请与本社营销中心联系调换
电话：010-84083683
版权所有　侵权必究

# 前　言

当前全球爆发的一系列商业丑闻，如安然事件、世通的会计舞弊案、摩根大通操纵电力市场案、"伦敦鲸"等系列丑闻事件、泰勒公司的高管偷窃案、三鹿奶粉、达芬奇家具造假、葛兰素史克、艾利丹尼森等公司在华行贿等事件，以及近期日本神户制钢、神户牛肉等造假丑闻，直接导致了企业伦理危机、公众信任危机和企业生存危机，迫使管理者们开始清醒地思考伦理问题，也使工作场所员工非伦理决策与行为逐渐成为组织管理理论界与实务界普遍关注的问题。

伦理决策和行为的研究融合了伦理学、组织行为学、心理学和管理学等多学科内容。关于非伦理决策的定义，理论家和研究者一直争论不休（Jones, 1991; Kish – Gephart, Harrison & Treviño, 2010; Lewicki & Robinson, 1998; Robinson, Lewicki & Donahue, 2000; Tenbrunsel & Smith – Crowe, 2008; Treviño, Weaver & Reynolds, 2006）。如凯尔曼和汉密尔顿（Kelman & Hamilton, 1989）认为，一个决策必须满足如下三个条件才能称为伦理决策：首先，决策的对象涉及伦理问题，即具有伦理内涵、受人类基本伦理规范制约；其次，决策者是具有自由意志的伦理主体，他能意识到伦理问题的存在，能够做出判断和实施行动；最后，人们可以对决策结果做出"合伦理"和"不合伦理"的判定。在本书的相关研究中，我们主要使用琼斯（Jones,1991）提出的简洁的、直观而引人注目的定义，即"所谓伦理决策是指一种对更大的团体而言是合法和道德上可接受的决策。相反地，非伦理决策则是指在更大的团体看来非法并且在道德上不能被接受的决策"。非伦理决策的直接后果是可能会导致非伦理行为。

伦理学家们常常从伦理道德的角度将人类行为划分为伦理行为和非伦理行为。其中，伦理行为是指在一定道德意识的支配下发生的，有利于他人、社会或者有害于他人、社会的行为。非伦理行为则是指不受一定意识的支配，也不涉及对他人或社会是有利还是有害这一问题的无道德意义、不能进行道德评价的行为，如精神病患者的行为（洪科芳，2010）。而组织行为学、心理学和管理学家们则将非伦理行为定义为有害于他人、社会，违反了人们广为接受的道德准则的行为，其仍属于伦理学家所定义的伦理行为的范畴。本书的研究则主要从管理学的视角出发将工作场所非伦理行为定义为对组织内外他人有害、违反了人们广为接受的道德准则而不能被组织其他成员所接受的行为（Jones, 1991；Treviño, 1986），如虚报绩效、恶意怠工、偷窃财物等。现有的一些调查（KPMG, 2008；Compliance and Ethics Leadership Council, 2008）表明工作场所非伦理行为已成为一种普遍的现象。并且由于非伦理行为造成的财务、声誉和情绪成本（Den Nieuwenboer, 2008；Karpoff et al., 2008），往往使得组织面临阻止、检测和应对非伦理行为的极大挑战（Giacalone et al., 2008；Goodpaster, 2007；Kidwell & Martin, 2005）。因此，如何控制、减少和消除工作场所非伦理行为已成为研究者和实践家们面临的共同挑战。这也是笔者通过本书的写作尝试回答和解决的问题。

# 前　言

　　本书在对当前非伦理决策和行为研究现状和趋势进行梳理的基础上，采用理论和实证研究相结合的方法就企业员工工作场所非伦理决策和行为中的部分关键问题展开研究，以期描绘更加贴近工作场所实际情况的非伦理行为发生和传导的过程，识别影响员工工作场所非伦理行为的关键因素，为工作场所非伦理行为的防治提供依据。核心目标如下：

　　（1）识别企业员工尤其是新生代员工工作场所非伦理行为的具体表现和主要类型，探索企业员工工作场所非伦理行为的形成过程，剖析非伦理行为在员工个体间的扩散和传导机制，为工作场所非伦理行为的形成和扩散问题提供统一的理论解释框架。

　　（2）探讨现有文献中被忽略的关键因素，尤其是有中国特色的因素对工作场所非伦理行为的影响。即在中国情境下，探讨"人治"（组织伦理领导）和"法治"（组织伦理制度）、工作场所关系（关系流行度和关系行为）、工作场所"潜规则"以及工作价值观对员工工作场所非伦理行为的影响，识别对个体伦理行为起关键作用的"中国因素"。

　　（3）从激发伦理动机、培育伦理氛围等方面系统构建工作场所非伦理行为的防治举措。为企业制定有效的人力资源管理策略，控制或减少员工工作场所非伦理行为，提高组织的伦理道德水平提供理论指导。

　　本书出版还得益于三项基金的资助。笔者于2013年开始了中国博士后科学基金第54批面上资助项目"转型背景下中国企业管理者工作场所非伦理决策研究"（批准号：2013M542148）的研究工作，首次接触到工作场所非伦理决策议题。2013年启动了教育部人文社会科学研究青年基金项目"企业新生代员工工作场所非伦理行为的形成与扩散机制研究"（批准号：13YJCZH204），开始对新生代员工的工作场所非伦理行为进行较为系统的研究。2015年又在以往研究的基础上，开启了湖南省哲学社会科学基金项目"工作价值观、'潜规则'对企业新生代员工非伦理行为的影响研究"（项目批准号：15YBA388）的研究工作。几年来对工作场所（非）伦理决策和行为的持续关注，使笔者本人对员工（非）伦理决策和行为有了较为丰富的感性和理性认识，也取得了一定的研究成果，笔者希望对这些成果进行系统的总结、提炼，同时也希望借此书将国外一些优秀的研究成果做部分的推介，因此有了本书的问世。

本书除前言和后记外，共分四篇十二章。第一篇旨在介绍伦理决策和行为的研究现状和趋势。该篇将通过三章对伦理决策和组织伦理行为30余年的研究情况进行介绍，并指出未来研究的方向。第二篇为企业员工工作场所非伦理行为的形成和传导篇。该篇将分三章对企业员工工作场所非伦理行为的类型，企业新生代员工工作场所非伦理行为，以及组织中非伦理行为的扩散机理进行探讨。第三篇旨在探讨企业员工工作场所非伦理行为的影响因素。该篇借助三个章节分别探讨了组织伦理制度、伦理型领导对员工非伦理行为的影响；工作场所关系对员工非伦理行为的影响；以及工作价值观、工作场所"潜规则"对新生代员工工作场所非伦理行为的影响。第四篇为企业员工工作场所非伦理行为的防治篇。该篇通过两个章节从内外两个方面——激发工作场所中的伦理动机和发挥伦理氛围的力量提出防范工作场所非伦理行为的措施和建议，并从领导、员工和组织的角度补充提出了减少工作场所非伦理行为的其他策略，共计三章。

本书具有以下理论和现实意义。从理论意义上而言，本书揭示了企业员工工作场所非伦理行为的形成过程，剖析了非伦理行为在员工个体间的扩散和传导过程，为解释工作场所非伦理行为的形成和扩散问题提供了统一的理论解释框架。其次，研究将有中国特色的因素如"人治"和"法治"、工作场所关系、工作场所"潜规则"等变量纳入研究范畴，有助于更好地理解中国政治经济转型背景下的工作场所伦理行为问题，同样可以为仍处于争论焦点中的非伦理行为影响因素提供研究证据，具有一定的理论意义。本书从激发伦理动机、培育伦理氛围等方面系统构建的工作场所非伦理行为防治举措，亦可为组织控制或减少员工工作场所非伦理行为，提高组织的伦理道德水平提供理论指导。从实践意义上来看，本书在我国现实政治经济环境下，探索工作场所非伦理行为的形成、传导、影响因素和防治措施等问题，对指导我国企事业单位的伦理治理，开展伦理培训，提高员工的决策的伦理水平，提升整个社会的伦理道德水平均具有现实意义。具体而言：本书首先区分了不同代际的企业员工非伦理行为，识别了新生代员工工作场所非伦理行为的具体表现和主要类型，这可为组织更有效地管理新生代员工提供参考。与此同时，研究发掘的非伦理行为形成和传导机制，若干关键影响因素，也可以为员工的教育与培训以及非伦理行为的伦理治理提供实证参考，使组织可以采取有利于改善员工伦理决策和行为的措施和建议，提高员工决策和行为的伦理性。而员工个体伦理决策和行为水平的提高，将有助于整个社会伦理道德水平的提升。

# 目　录

## 第一篇　伦理决策和行为的研究现状与趋势

### 第一章　伦理决策研究30年 …………………………………… 3
第一节　伦理决策过程 ………………………………………… 4
第二节　伦理决策理论 ………………………………………… 6
第三节　伦理决策的影响因素 ………………………………… 9
第四节　伦理决策的研究趋势和变化 ………………………… 26

### 第二章　组织中的非伦理行为 ………………………………… 29
第一节　组织中非伦理行为的影响因素 ……………………… 31
第二节　非伦理行为的形成和扩散 …………………………… 76

### 第三章　文献述评 ……………………………………………… 86
第一节　研究议题 ……………………………………………… 86
第二节　理论的发展 …………………………………………… 91
第三节　研究方法的问题 ……………………………………… 94

## 第二篇 企业员工工作场所非伦理行为的形成和传导

### 第四章 企业员工工作场所非伦理行为的类型探析 …… 99

第一节 引言 …… 99

第二节 研究设计与方法 …… 100

第三节 数据分析与讨论 …… 101

第四节 研究结论 …… 107

### 第五章 企业新生代员工工作场所非伦理行为探究 …… 108

第一节 引言 …… 108

第二节 研究设计 …… 111

第三节 结果与分析 …… 120

第四节 研究结论与展望 …… 130

### 第六章 组织中非伦理行为的扩散 …… 133

第一节 引言 …… 133

第二节 组织中非伦理行为扩散的理论基础 …… 135

第三节 组织中个体间非伦理行为扩散的机制分析 …… 148

第四节 组织中群体与个体间非伦理行为扩散的机制分析 …… 173

第五节 研究结论 …… 177

## 第三篇 企业员工工作场所非伦理行为的影响因素

### 第七章 组织伦理制度、伦理型领导对员工非伦理行为的影响研究 …… 181

第一节 引言 …… 181

第二节　研究理论与假设 …………………………………… 182

　　第三节　研究方法 …………………………………………… 186

　　第四节　数据分析与结果 …………………………………… 188

　　第五节　研究结论与讨论 …………………………………… 197

第八章　工作场所关系对员工非伦理行为的影响研究 …………… 201

　　第一节　引言 ………………………………………………… 201

　　第二节　理论基础与研究假设 ……………………………… 203

　　第三节　研究方法 …………………………………………… 209

　　第四节　数据分析与结果 …………………………………… 210

　　第五节　研究结论与讨论 …………………………………… 217

第九章　工作价值观、工作场所潜规则对新生代员工工作场所

　　　　 非伦理行为的影响：一个理论框架 ……………………… 221

　　第一节　引言 ………………………………………………… 221

　　第二节　理论基础与文献回顾 ……………………………… 223

　　第三节　工作价值观对非伦理行为的直接影响与

　　　　　　中介机制 …………………………………………… 231

　　第四节　工作场所潜规则对非伦理行为的直接影响、

　　　　　　中介机制及边界条件 ……………………………… 238

　　第五节　总体框架与研究展望 ……………………………… 249

## 第四篇　企业员工工作场所非伦理行为的防治

第十章　激发工作场所中的伦理动机 ……………………………… 255

　　第一节　传统动机与需要理论的分类 ……………………… 256

　　第二节　包含伦理动机与付出动机的动机分类 …………… 262

第三节　讨论与启示 …………………………………………… 269

# 第十一章　发挥伦理氛围的力量 …………………………………… 272
第一节　伦理氛围的概念源起 ………………………………… 273
第二节　培育组织伦理氛围 …………………………………… 274

# 第十二章　减少工作场所非伦理行为的其他策略 ………………… 280
第一节　通过领导施加影响 …………………………………… 280
第二节　考虑目标设置和实施中的伦理道德问题 …………… 283
第三节　发挥道德情感和道德推理的作用 …………………… 285
第四节　更好地选择和帮助员工 ……………………………… 286
第五节　正式和非正式制度上的努力 ………………………… 291

附　录 …………………………………………………………………… 293

参考文献 ………………………………………………………………… 312

后　记 …………………………………………………………………… 355

# 第一篇
## 伦理决策和行为的研究现状与趋势

# 第一章　伦理决策研究 30 年

最近频频曝出的商业丑闻，使人们开始重新关注商业伦理问题，组织中的非伦理行为也成为研究者们关注的重点问题。这些日增的兴趣在很大程度上源自管理者对减少工作场所非伦理行为发生的实际需要。非伦理决策作为非伦理行为产生背后的心理机制，要想揭示伦理行为和现象背后的机理，从根源上遏制工作场所非伦理行为的产生，就必须对工作场所的非伦理决策问题展开研究。

关于非伦理决策的定义，理论家和研究者们一直争论不休（Jones, 1991; Kish‐Gephart, Harrison & Treviño, 2010; Lewicki & Robinson, 1998; Robinson, Lewicki & Donahue, 2000; Tenbrunsel & Smith‐Crowe, 2008; Treviño, Weaver & Reynolds, 2006）。如凯尔曼和汉密尔顿（1989）认为，一个决策必须满足如下三个条件才能称为伦理决策：首先，决策的对象涉及伦理问题，即具有伦理内涵、受人类基本伦理规范制约；其次，决策者是具有自由意志的伦理主体，他能意识到伦理问题的存在，能够做出判断和实施行动；最后，人们可以对决策结果做出"合伦理"和"不合伦理"的判定。在本书的研究中，我们主要使用琼斯（Jones, 1991）提出的简洁的、直观而引人注目的定义,即"所谓伦理决策是指一种对更大的团体而言是合法和道德上可接受的决策。相反,非伦理决策则是指在更大的团体看来非法并且在道德上不能被接受的决策"。研究者们对非伦理决策的研究往往是与有关伦理决策的研究紧密结合在一起的。而伦理决策是一个复杂、广泛的研究领域,受到伦理学、心理学、社会学、管理学等各学科专家的关注,他们都试图为伦理决策勾画一个相对清晰的框架,一方面揭示伦理决策的过程机制,另一方面识别伦理决策的影响因素。在此,我们主要针对这两个基本问题,对以往有关伦理决策的研究加以梳理。

## 第一节　伦理决策过程

在西方伦理决策研究中,最为经典的伦理决策过程模型当属雷斯特(Rest,1986)提出的四阶段决策模型,其将伦理决策分为伦理认知、伦理判断、伦理意图和伦理行为四个阶段,并且指出,这四个阶段之间是相互影响的,其描述的是伦理行为外显前的心理过程,在实际决策中,四个环节并非依次出现,但是伦理决策过程整体上表现为这几个阶段。该模型构成了有关伦理决策过程问题研究的基本框架,后续研究者大多是在雷斯特模型的基础上进行的修正。如弗里茨切(Fritzsche,1999)将伦理决策与实际的企业经营问题相结合,指出伦理决策是一个复杂的过程,主要包括四个步骤:确定管理问题,备选决策方案,根据经济、技术、社会与伦理标准评估每一个备选方案,进行两阶段决策。金杨华、吕福新(2008)通过对浙商的研究,提出企业家伦理决策涉及伦理认知、判断和行为倾向三个主要阶段,其基本上仍然借用的是雷斯特的伦理决策模型。随后施瓦兹(Schwartz,

2016）综合了各种的不同观点，提出了综合道德决策（Integrated Ethical Decision Making I – EDM）模型。I – EDM 模型认为：合理化和情感、直觉的双重过程影响道德判断（Elm & Radin, 2012；Pohling et al., 2016），它决定了在各种情况下最容易接受的东西，并影响行为意图（Dedeke, 2015；Schwartz, 2016；Motro et al., 2018）。

上述伦理决策过程模型中存在的一个主要问题是，其大多认为决策者面对伦理困境时是"思考"的，即是有意识的加工过程。而现实中，人们的伦理决策有依靠直觉的特点，不完全是理性判断或"思考"的过程（Petrinovich, O'Neil & Jorgensen, 1993），伦理决策的本能性、直觉性和回顾性等特征不容忽视（Werhane, 1999）。而前述各模型都不能有效揭示伦理决策过程中的直觉性特征，在伦理决策过程中，也有潜意识的过程在起作用（Zeni et al., 2016）。为此，雷诺兹（Reynolds, 2006）在脑神经认知科学新进展基础上，提出了伦理决策过程的神经认知模型（Neurocognitive Model of the Ethical Decision – Making Process），该模型认为原型的正确程度、信息搜寻、将信息结构化与多重原型匹配的能力与伦理行为正相关，而主动判断比自动判断与伦理行为的正相关更强。韦斯逊（Woiceshyn, 2011）也在其提出的商业伦理决策模型中将伦理决策的理性水平加工和直觉水平加工整合在一起，构建了一个伦理决策的综合模型，其认为推理（有意识的过程）和直觉（潜意识的过程）通过形成、回忆和应用获得长期经营成效所必须具备的道德原则交织在一起，构成了商业伦理决策的过程。雷诺兹（2006）进一步将潜意识处理纳入道德决策，提出了两阶段模型，其中决策者同时受到潜意识系统（X 系统）和意识系统（C 系统）的影响。雷诺兹（2006）认为，潜意识系统在信息收集和构建过程中运行，当与现有的有意识模型相结合时，海特（Haidt, 2001）

和雷诺兹（2006）建议的潜意识过程似乎在问题识别阶段运行。为了支持在道德决策过程中运作的潜意识过程，威尔士和奥尔多涅斯（Welsh & Ordóñez,2014）进行了一系列定量研究，调查影响道德决策的潜意识启动。他们发现，道德和不道德的潜意识通过激活道德标准，以利于问题识别，为"双重"提供支持，从而影响道德决策的结果。

## 第二节　伦理决策理论

从现有的文献来看，伦理决策理论可以分为三类：理性主义理论（rationalism theories）（强调对道德原则进行明确推理的重要性）；情感主义理论（senti‐mentalist theories）（强调情感直觉的重要性）；双重过程理论（dual process theories）（该理论试图整合前两种道德决策类型）。

理性主义理论范畴的起源归功于康德（1785），他认为人类应该用理性作为判断伦理行为的基础。对于康德和理性主义学派而言，行动的明显正确性取决于其维护一套伦理道德规则或原则的程度。科尔伯格（Kohlberg,1963）的道德推理的认知发展方法扩展了这一观点，他认为使用普遍原则判断对错反映了道德发展的高峰。雷斯特（1979,1986）以科尔伯格的研究为基础，将伦理决策描述为一个涉及四个步骤的审慎过程。第一步是道德意识，即个人能意识到该问题属于道德问题。第二步是道德判断，通过判断可能行动方案的后果来决定其是否道德合理。第三步是道德意图，即个人计划按照规则和原则行事。第四步是个人遵循道德意图并参与道德行为。虽然这些理性主义理论自诞生之日起就存在广泛的影响力，但因其忽略了道德决策过程的非理性成分而被批评，例如"直觉"（Petrinovich，O'Neill & Jorgensen，1993）。因此，学者开始研究其他理论来确定道德决策的情感基础。

作为理性主义学派的对立面，休谟（1739）和情感主义者认为，道德判断不是通过刻意推理过程得出的，而是在我们对事件的自动情绪反应中显现。也就是说，一个行为表面上的正确性或错误性主要源于伴随它的情绪反应。基于这一观点，海特（2001）在他的社会直觉主义道德判断模型中认为"道德直觉（包括道德情感）首先出现并直接导致道德判断"，随后道德推理的因果过程证明了这一点。

为了调和理性主义和情感主义之间的紧张关系，雷诺兹（2006）将伦理决策描述为由反思模式匹配和有意识推理构成的两个循环过程，提出了伦理决策的双重过程模型。该模型基于两个神经认知系统的发现，通常称为系统1和系统2（Evans，2003；Kahneman，2011；Smith & DeCoster，2000）。系统1是一个反思模式匹配系统，负责自动处理、内隐学习和直觉。在休谟之后，该系统根据情境是否与现有原型或图式匹配，来使用关联学习生成关于适当和不适当行为的自动道德直觉。在特定情景中不存在任何原型的情况下，康德、科尔伯格和雷斯特的传统道德推理就开始了。系统2则支持有意识的推理过程，其涉及逻辑分析，观点采择和采用行为规则。重要的是，雷诺兹（2006）认为，被系统2支持的推理过程能够重构和升级系统1在进行反思性道德决策时自动使用的原型。最近的道德决策双过程模型试图通过将系统1和系统2分别描述为无模型和有模型的道德决策系统，来阐明系统1和系统2的基本动态（Crockett，2013；Cushman，2013）。这种区别来自对支持学习和决策的两种不同神经系统的研究（Dolan & Dayan，2013）。无模型决策等同于雷诺兹（2006）的反思模式匹配循环，因为它涉及习惯性地选择先前奖励的行动以响应给定的情景。相比之下，基于模型的决策涉及行动的心理模拟及其预期结果，从而能够对行动的适当性进行更具认知要求但可能更准确的评估。因此，基于模型的决策等同于雷诺兹（2006）有意识的推理循环。

现有研究强烈支持这些道德决策的双重过程模型，认识到无意识和有意识的过程在道德行为中都发挥着作用。与休谟一致，对有害行为的直观情感评估显示出对道德决策的显著影响。然而，与此同时，对道德困境的有意识推理可以使反应模式更加符合康德提倡的抽象伦理原则。目前，不少研究都强调这两种处理系统可以同时影响道德决策过程（Bartels et al., 2015；Conway & Gawronski, 2013；Greene, et al., 2004）。赫希、卢和加林斯基（Hirsh, Lu & Galinsky, 2018）的道德效用理论①则在双重过程模型的基础上进行了推进，其将双重过程理论与激励理论和预期效用最大化过程相结合，可以更清晰地了解反思行动选择（系统1）的动机和有意识的反思过程（系统2）在道德决策过程中的参与情况，以及每个阶段中个体差异的作用。道德效用理论借鉴了心理学、神经科学、组织行为学和行为经济学的框架，将动机和行为伦理学结合起来。其认为大脑会根据他们对当前目标的预测来直观地估计潜在行为的效用，人们通过含蓄地比较他们的主观期望效用（Subjective Expected Utility, SEU），从而在伦理行为和非伦理行为中做出选择。违反禁止性道德规范的行为，其价值会因预期可能引起的内疚和/或惩罚而减少，而满足规定性道德规范的行为，其价值会基于利他主义的光辉和自尊的增加而增加。当非伦理行为的预

---

① 关于道德效用理论的更多内容可阅读 Hirsh, Lu & Galinsky: "Moral Utility Theory: Understanding the motivation to behave (un) ethically", *Research in Organizational Behavior*, 2018, 38: 43–59.

期效用大于伦理行为的预期效用时，非伦理行为就会产生。这种情况最常发生在非伦理行为可为实现有价值的目标提供捷径时。增加目标价值的因素，包括激励、框架和心态，可以增加非伦理行为的 SEU 从而激励不当行为。关于伦理决策的道德推理出现在道德不确定性的状态下，在这种状态中没有任何一种行为可以仅凭直觉就被确定为合适的（即伦理和非伦理行为的预期效用是相似的）。而当没有任何行为明显具有最高的 SEU 时，就会出现道德不确定性状态，从而激活行为抑制系统（Behavioral Inhibition System，BIS）。当注意力资源可用时，这种 BIS 激活将启动道德推理过程，允许指定确定最佳行动方案的道德规则。道德准则也可以来自社会团体，而不是个人所发展出的。这些规则通过将不道德行为与增加的内疚感、惩罚和不确定性联系起来，从而减少不道德行为的 SEU。在规则遵从性变得自动化之前，要努力抑制其他有吸引力的规则违规行为则需要动态分配注意力资源。道德效用理论有助于弥合休谟和康德所阐述的伦理决策的情感和认知视角观点间的鸿沟，并且有助于进一步将伦理决策研究整合到一个符合正式模型的框架中。

## 第三节　伦理决策的影响因素

### 一　伦理决策的影响因素理论模型

相较于单独探究伦理决策的过程而言，更多的研究者在探究伦理决策过程时，更加重视对伦理决策影响因素的探究。研究者提出了不同的理论模型，这些模型可以总结归纳为四类。

第一类模型重在强调个体理性推理过程对伦理决策的影响。菲什拜因、阿耶兹（Fishbein & Ajzen，1975）首次在该领域提出了合理行为理论（Theory of Reasoned Action），他们认为，当个体进行决策时，通常会对可利用的信息进行系统理性的分析，行为意图直接影响着个体行为，而行为意图又受到个体对行为的态度以及与行为相关的主观行为准则的影响。之后，阿耶兹（1988，1991）针对合理行为理论的缺陷进行了拓展，提出了计划行为理论（Theory of Planned Behavior），而杜宾斯基和洛肯（Dubinsky & Loken，1989）则基于合理行为理论提出了针对市场营销领域的道德决策模型。

第二类模型则强调影响伦理决策的个体及组织情境因素，如费雷尔和格雷舍姆（Ferrell & Gresham，1985）的伦理决策权变模型（Contingency Model of Ethical Decision Making）、特雷维尼奥（Treviño，1986）提出的人—境交互模型（Person – Situation Interactionist Model）、亨特和维特尔（Hunt & Vitell，1986）的市场营销伦理通用理论模型（General Theory of Marketing Ethics Model）都重在研究伦理决策的个体和组织情境因素。

第三类模型则强调伦理问题本身对伦理决策的影响。主要是琼斯（1991）提出的问题权变模型（Issue – Contingent Model）。琼斯（1991）在总结以往模型的基础上发现，以往研究主要关注了个体因素和组织因素，而所有的模型都没有明确地提出伦理问题本身也是影响伦理决策的重要因素。其认为伦理问题本身也是影响道德决策的一个重要因素，并引入了"道德强度"（moral intensity）这一概念。道德强度指一种情景中所包含的道德问题的紧迫程度，其包含六个维度：①结果大小，即该行为可能造成的伤害或益处的总和；②社会舆论，即社会上对该行为是道德的还是非伦理的认同程度；③效应可能性，即该行为实际上会造成伤害或益处的可能性；④时间即刻性，即该行为与行为结果之间的时间跨度；⑤亲密性，即决策者与行为的受害者或受益者在社会、文化、心理或生理上的亲密度；⑥效应集中性，即一定的伤害或益处大小所涉及的受影响人群的数量。其进一步指出，除了道德强度会对道德决策过程的四个阶段产生影响外，组织因素也会对道德决策过程的后两个阶段产生影响。

第四类模型为整合模型，即尝试将前人有关伦理过程和影响因素的模型加以综合，增添新的影响因素，从而提出可以更加全面刻画伦理决策的模型。如博默等（Bommer et al.，1987）提出的模型，其认为伦理决策过程和普通决策过程没有本质上的差别，都包含信息的收集和处理等活动，同时这一伦理决策过程受到社会、政府、法律、工作本身、职业及个体特征等诸多因素的作用。费雷尔、格雷森和弗雷德里希（Ferrell，Gresham & Fraedrich，1989）在整合道德决策权变模型以及市场营销道德通用理论模型的基础上，提出了综合性企业道德决策模型（Synthesis Integrated Model of Ethical Decision Making in Business），而琼斯（1991）则在整合以往的影响因素模型的基础上，以雷斯特的四阶段模型为基础，归纳出了伦理决策整合模型（Synthesis of Ethical Decision – making Models），其认为前人提出的不同模型各有其侧重点，彼此间并不冲突，而是一种相互支持和补充的关系，同时其在该模型中明确地将伦理问题的特性（道德强度）涵盖在内。然而，问题权变模型未能揭示道德强度如何影响决策者的认知付出水平，即未考虑决策者多大程度上愿意并有能力付出认知努力去解决伦理问题。为弥补问题权变模型的不足，斯特里特等（Street et al.，2010）将决策者对伦理问题的认识看作态度改变的过程，整合问题权变模型和精加工——可能性模型，构建了伦理决策的认知精加工模型。该模型认为影响认知投入水平的因素主要包含动机和能力两个方面。动机因素主要包含个体特征（认知需求和终止需求）和情景特征

企业员工工作场所非伦理行为研究

（道德强度、个人关联性和个人责任）；能力因素也主要包含个体特征（相关知识和事件发生概念）和情景特征（注意水平和加工速度）。

## 二 伦理决策影响因素的实证研究发现

### （一）伦理决策各阶段的主要影响因素

研究者们除了提出各种影响伦理决策的模型外，还从实证角度探寻了各种可能影响伦理决策的因素。实证研究主要考察了个体因素、组织因素、道德强度以及社会文化因素对伦理决策各个阶段的影响（见表1-1）。

表1-1 近20年识别的影响伦理决策四阶段的主要影响因素

| 类型 | 主要变量 | 伦理意识 | 伦理判断 | 伦理意图 | 伦理行为 | 总计 |
|---|---|---|---|---|---|---|
| 个体因素 | 年龄 | 7 | 12 | 6 | 8 | 33 |
| | 意识 | | 3 | 5 | 5 | 13 |
| | 偏差 | 1 | 2 | | | 3 |
| | 认知道德发展/伦理判断 | 4 | 11 | 18 | 20 | 53 |
| | 冲突 | 2 | 1 | 1 | | 4 |
| | 教育、雇用、工作满意度和（工作）经验 | 14 | 30 | 17 | 9 | 70 |
| | 性别 | 12 | 37 | 16 | 13 | 78 |
| | 意图 | | | 3 | 1 | 4 |
| | 控制点 | 3 | 6 | 8 | 2 | 19 |
| | 马基雅维利主义 | | 5 | 6 | 2 | 13 |
| | 国籍 | 8 | 20 | 7 | 7 | 42 |
| | 认知需求 | | 2 | 1 | 1 | 4 |
| | 组织承诺 | 1 | 2 | 2 | 3 | 8 |
| | 哲学/价值观取向 | 14 | 33 | 20 | 19 | 86 |
| | 专业关系/面貌 | 1 | | | 3 | 4 |
| | 宗教 | 5 | 7 | 5 | 3 | 20 |
| | 重要他人 | 3 | 3 | 3 | 7 | 16 |
| | 其他个体因素 | 8 | 9 | 14 | 12 | 43 |
| 道德强度 | 道德强度 | 13 | 16 | 20 | 12 | 61 |

续表

| 类型 | 主要变量 | 伦理意识 | 伦理判断 | 伦理意图 | 伦理行为 | 总计 |
|---|---|---|---|---|---|---|
| 组织因素 | 偏差 | | | | 1 | 1 |
| | 伦理准则 | 1 | 6 | 5 | 14 | 26 |
| | 伦理氛围/文化 | 2 | 9 | 5 | 11 | 27 |
| | 外部环境 | | 2 | 1 | 2 | 5 |
| | 行业类型 | | 7 | 2 | 1 | 10 |
| | 商业竞争性 | 1 | 1 | 4 | 2 | 8 |
| | 机遇 | | | 1 | 1 | 2 |
| | 意图 | | 1 | | | 1 |
| | 组织氛围/文化 | 4 | 3 | 2 | 3 | 12 |
| | 组织规模 | | 5 | 3 | | 10 |
| | 专业关系/面貌 | | | 1 | 2 | 3 |
| | 报酬和惩罚 | 2 | 5 | 5 | 4 | 16 |
| | 重要他人 | | 1 | | 2 | 3 |
| | 主观规则 | 1 | | 3 | 1 | 5 |
| | 培训 | 1 | 1 | 1 | 1 | 4 |
| | 其他组织因素 | | 1 | 8 | | 9 |

注：表1-1主要根据O'Fallon和Butterfield（2005）、Lehnert等（2014）的文献综述整理而来，表后五列中所列数字为涉及相关影响因素的文献数，但可能存在遗漏。

综合以往的研究，我们可以发现影响伦理决策的个体因素主要包括性别、年龄、哲学或价值观、教育、职业和工作经历、国籍、道德认知发展水平、人格特质、心理控制源、马基雅维利主义、宗教信仰、重要的他人等（Ford & Richardson, 1994; Loe et al., 2000; Chau & Siu, 2000; Su & Littlefield, 2001; O'Fallon & Butterfield, 2005; Kish-Gephart et al., 2010; Craft, 2013; Lehnert et al., 2014）。目前，研究基本认同道德认知发展水平、心理控制源、哲学和价值观、马基雅维利主义、宗教信仰、重要的他人这几种个体因素会影响个体的伦理决策，而性别、年龄、人格特质、教育和工作经历等的影响还缺乏较为稳定的证据。除了这些传统个人因素外，一些研究还识别了可能对伦理决策存在影响的新因素。其中，情境因素如时间（Kujala et al.，2011；Neale & Fullerton，2010）、主观规范（De Matos et al.，2007；Valentine & Bateman，2011），以及非伦理行为的地点（Cole，2009）吸引了研究者的显著关注，这些情境因素为个体平衡情境和更为普遍的规则提供了情境。桑帕达等（Sampada et al.，2019）在黑暗三角人格的基础上，研究了黑暗四人格特征（即精神病、自恋、马基雅维利主义和虐待）与伦理决策的关系，增加了虐待和人格在理解个体差异和伦理决策中作用的讨论。杜秀芳、刘娜娜（2018）区分了被试道德决策中的功利主义倾向和道义论倾向，研究发现决策者的道义论倾向大于旁观者。其他有趣的因素包括对非伦理行为的态度（Buchan，2005；De Matos，et al.，2007；Rabl & Kühlmann，2008）、道德解脱（金杨华等，2016）、道德注意力（Sturm，2017）、惩罚知觉（金杨华等，2016）、情绪或者情感（Connelly et al.，2004；Deshpande，2009）、道德范例（Savur et al.，2018）、思想抑制（2015）以及反应或者沉思（Gunia et al.，2012；Savur et al.，2018）也被发现与伦理决策相关。新因素的发现为研究人员研究其他个人和心理因素与伦理决策的关系提供了更多的研究空间。

而影响伦理决策的组织因素主要包括公司的伦理制度、伦理氛围、组织奖惩、组织规模、组织结构、行业类型、竞争力、外部环境、主观规范，企业类型以及培训等（Ford & Richardson，1994；Loe et al.，2000；Marshall，2001；Spicer，Dunfee & Bailey，2004；Kish‐Gephart et al.，2010；Craft，2013；Lehnert et al.，2014），其中伦理

制度、伦理氛围和组织奖惩这三种因素基本上形成了比较一致的结论，大部分研究支持公司存在道德规范、良好的道德风气以及奖惩措施（对道德行为的奖励和对非伦理行为的惩罚）会提高决策的道德水平。吉尔斯等（Gils et al.，2017）的研究更是发现，只有当组织的氛围被认为是道德的时，组织认同才能增加道德决策。他们进而认为组织认同和伦理氛围的互动影响，而不是这两个观点的独立影响，对理解组织中的道德决策至关重要。伊凡娜等（Ivana et al.，2018）发现管理者做出的伦理决策直接和间接地影响了员工的满意度，从而呼吁管理者应意识到自己对员工的影响，并使用以员工满意的标准来实现互利，确保最终业务的成功。除此之外，研究发现组织中领导和其他人（Leroy，Palanski & Simons，2011；Palazzo，2007；Gould & Kaplan，2008）、伦理领导的风格（Chikeleze et al.，2017）以及报酬体系（Hegarty & Sims，1978；Honeycutt et al.，2001）也会影响伦理决策。杜秀芳、刘娜娜（2018）采用实验研究探讨金钱刺激和决策者角色对个体道德决策的影响时，结果发现，无论是决策者还是旁观者，金钱刺激都不会影响其道义论倾向；但只在有金钱奖励时决策者的功利主义倾向才大于旁观者。除上述这些传统的研究领域，一些研究识别了一些有趣的组织变量，如失业补偿、就业联盟、减薪与裁员、群体动力、实施伦理价值方法的对比，在相同部门和不同部门的对比，企业的公平性的吸引力，正和负盈利的令人惊奇的对比，误导性沟通的目标，以及预先通告的时间等，均对伦理决策存在影响。由于这些领域仅出现在新近的文献之中，因此，需要更多的研究来探究这些因素对伦理决策的影响。

对于道德强度因素，2000年以前有关道德强度的研究还十分少见（Weber，1990，1996；Morris & McDonald，1995），但其已成为近来伦理决策研究的一个热点（O'Fallon & Butterfield，2005；Kish - Gephart et al.，2010）。如哈维（Harvey，2007）采用被试间和被试内混合实验设计探究了受操控的道德强度和感知的道德强度对伦理判断的影响，被试间研究发现，结果的可能大小（结果大小，效果的概率和及时性）和社会舆论均有显著的影响，亲近性则没有显著影响。在被试内研究中，被操控的道德强度对伦理判断有显著影响，但是感知到的道德强度则没有。同样，李晓明等（2008）也考察了主观道德强度的结构以及主观道德强度对企业道德决策的预测作用。结果发现主观道德强度是一维结构，其对道德识别、道德判断和道德意图有显著预测作用；结果大小对道德识别、道德判断和道德意图有显著预测作用，而社会舆论对道德识别和道德意图有显著预测作用。罗塞尔特（Rousselet，2018）通过定性研究发现对道德问题的认知因人员所从事的角色以及他们面临的利益冲突的性质而异，并且这两种情境特征的综合效应是由道德强度所调节的，其为影响伦理决策的情景因素提供了证据。沙恩、林恩（Shane & Lynn，2019）探讨了道德强度、伦理决策和检举意图之间的关系，提出了道德强度与道德决策呈正相关，道德决策与举报意图呈正相关，道德强度与检举意图呈正相关等重要结论。刘彧彧等（2015）研究证明了道德强度的3个主要维度分别对伦理决策行为的3个阶段有正向影响，而不同类型的伦理氛围在道德强度对伦理决策行为意向的正向关系中起着不同的调节作用。可见现有的研究一致表明，道德强度对雷斯特的框架的四个方面均存有利的、积极的影响。道德强度对伦理意识和伦理问题的认知而言是一个强有力的预测变量（Leitsch 2004；Mencl & May，2009；Valentine & Bateman，2011；Valentine & Hollingworth，2012）。其同样也是个体参与伦理行为和意图的一个"晴雨表"，伴随着更强烈的道德强度往往会产生更显著的伦理意向（Valentine & Bateman, 2011; Karacaer et al., 2009; Leitsch, 2004; Church et al., 2005）。道德强度已直接关系到后果的恐惧（Lysonski & Durvasula, 2008），内疚（Steenhaut & Van Kenhove, 2006），以及其他已感知的结果（例如，告密）（Curtis 2006）。其在确定和行动相关的风险（De Matos et al., 2007; Marshall et al., 2006），以及任何伦理判断是否应该进行（Leitsch, 2004; Singh et al., 2007）中充当一个计量器。最终，道德强度可以帮助确定伦理判断的重要性和显著性（McMahon & Harvey, 2007; Karacaer et al., 2009; Haines et al., 2008; Wasieleski & Hayibor, 2008）。总的来说，过去20余年的研究已达成了一个共识，即道德强度和伦理决策之间存在正相关。

除了上述各种影响伦理决策的因素外，社会文化变量对伦理决策的影响同样受到了研究者的关注。社会成员共享的群体规范、传统、价值取向为个体提供了进行社会比较的参照框架，并影响着个体对于是非、对错的判断（Heine, et al., 2002）。集体主义与个体主义文化社会在伦理决策方面存在显著差异（Vitell, Nwachukwu & Barnes, 1993）。有研究发现，除受个体道德发展水平影响外，社会比较与社会一致性压力也会对伦理判断与决策产生影响（Davis, Johnson & Ohmer, 1998）。盖普林等（Galperin et al., 2011）认为，组织中的状态差异导致社会孤立，从而激发了高地位群体同一性，同时弱化了道德同一性，高社会地位群体同一性会导致对群体外成员需求的不敏感，这反过来会导致更少的自我约束的伦理决策动机。克里斯特尔等（Crystal et al., 2015）的研究结果表明，自我认知影响基于群体的伦理决策，但这种影响的性质是由社会角色决定的。谢伊等（Shea et al., 2019）研究了认知社交网络激活与伦理决策之间的相互作用，为了合乎预期的道德决策个人激活了密度较低的社交网络；而道德决策后个人激活高密度社交网络。其进而提出人们能够战略性地利用认知社交网络来帮助决策过程的结论。韦斯特曼等（Westerman et al.，2007）研究发现国家文化和同伴在伦理决策困境中均扮演了重要的角色，尽管同伴对个体伦理决策的影响似乎更大，但其影响会受到民族文化中的个人主义和权力距离的调节。毕昆与韦斯特曼（Beekun & Westerman，2012）的研究发现有意识的伦理的行为与灵性、民族文化和同伴的影响存在显著相关。另有研究者从社会网络视角对非伦理行为进行了研究（Brass，Butterfield & Skaggs，1998；Brian et al.，2005；Seevers，Skinner & Kelley，2007）。可见，尽管人们日益关注社会文化因素在伦理决策中的作用，但目前总的来说，对伦理决策的社会文化影响因素的探究还远远落后于其他因素的研究。

### （二）伦理决策影响因素中的中介和调节变量

奥法伦和巴特菲尔德（O'Fallon & Butterfield）早在其 2005 年发表的伦理决策实证研究综述中，就特别指出在未来的研究中需要更多的研究来考察交互效应。克拉夫特（Craft，2013）的综述没有特别地对调节和中介变量之间相互作用和间接影响做过多的考察。但莱纳特等（Lehnert et al.，2014）在其对近 10 年实证伦理决策研究综述中，则对伦理决策实证研究中的调节和中介变量进行了较为详细的说明，其发现在 2005—2012 年共有 14% 的研究探讨了调节变量，相较于奥法伦和巴特菲尔德（2005）对 1994—2004 年的综述中的 11% 而言，略有提高。并且，莱纳特等（2014）指出在过去 10 年的研究中研究者们还探索了一些相对未开发的，但重要的伦理决策过程中的调节变量，如内在的宗教、个人的灵性、道德义务、打击报复、智力、非伦理程度等（见表 1-2）。

表1-2 探究伦理决策影响因素实证研究中识别的调节变量

| 作者 | 年份 | 期刊 | 主要发现 | 调节变量 |
|---|---|---|---|---|
| Ko 等 | 2019 | Journal of Purchasing and Supply Management | 道德领导与非伦理决策行为之间的负面关系因采购代理人在道德意识形态上的差异而异 | 道德意识形态 |
| Chan 和 Ananthram | 2019 | Journal of Business Ethics | 宗教调节了伦理美德、伦理观念与伦理决策的关系 | 宗教 |
| Van 等 | 2017 | Journal of Business Ethics | 当组织氛围被认为合乎伦理时，组织认同与伦理决策的关系更强、更积极 | 组织伦理氛围 |
| Costa, Pinheiro, Ribeiro | 2016 | Accounting Education | 个人特质调节个人品德对伦理决策的影响 | 个人特质 |
| 刘或或、张佳良、刘雨萌 | 2015 | 管理学报 | 不同类型的伦理氛围在道德强度对伦理决策行为意向的正向关系中起着不同的调节作用 | 伦理氛围 |
| Hoyt 和 Price | 2013 | Journal of Business Ethics | 社会角色调节自我建构（self-construal）对基于群体的伦理决策的影响 | 社会角色 |
| O'Fallon 和 Butterfield | 2012 | Journal of Business Ethics | 道德认同显著地负向调节他人的非伦理行为对观察者的非伦理行为的影响，而内向性和归属需要起正向调节作用。消极的关系效果不显著 | 道德认同、归属的需要、内向性和消极的关系 |
| Elango 等 | 2010 | Journal of Business Ethics | 雇员的年龄负向地调节组织伦理和伦理意图之间的关系 | 年龄 |
| Callanan 等 | 2010 | International Journal of Management | 个体有机会实施某个非伦理行为和被抓住的风险正向调节伦理意识形态和决策制定的关系。非伦理决策的收益并没有起调节作用 | 机会、动机 |
| 王进 | 2010 | 华东经济管理 | 功利导向性气候则会干扰道德强度知觉对伦理决策意向的影响 | 伦理氛围 |
| Watson 等 | 2009 | Business & Society Review | 仁慈正向调节结果的严重性和伦理决策过程的关系 | 仁慈 |

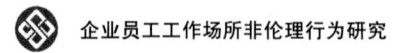

续表

| 作者 | 年份 | 期刊 | 主要发现 | 调节变量 |
| --- | --- | --- | --- | --- |
| Mencl 和 May | 2009 | *Journal of Business Ethics* | 同情心正向调节邻近类型和伦理决策过程的关系 | 同情心 |
| Zhang 等 | 2009 | *Journal of Business Ethics* | 组织伦理文化正向调节判断和意向之间的关系,但是并没有正向的影响 | 伦理氛围/文化 |
| Miyazaki | 2009 | *Journal of Business Ethics* | 客户的高伦理标准正向调节了保险扣税金额和公平感之间的关系 | 伦理标准 |
| Watson 等 | 2009 | *Business & Society Review* | 享乐主义正向调节惩罚和伦理意图的关系以及奖赏和伦理意图的关系 | 享乐主义 |
| Vitell 等 | 2009 | *Journal of Business Ethics* | 固有的宗教信仰抵消了道德鉴定的外在宗教信仰的消极影响 | 固有的宗教信仰 |
| Mencl 和 May | 2009 | *Journal of Business Ethics* | 结果大小和相似类型对道德认知、功利性评估、基本原则评估以及道德意图有部分交互作用 | 结果大小和相似类型 |
| Watson 和 Berkley | 2009 | *Journal of Business Ethics* | 素质上的因素正向调节了环境因素和非伦理合谋之间的关系 | 与遵从相关的个人价值观(刺激、传统主义和整合) |
| Watson 等 | 2009 | *Business & Society Review* | 能力正向调节了奖赏和伦理意图的关系以及惩罚和伦理意图的关系 | 权力 |
| Liyanarachchi 和 Newdick | 2009 | *Journal of Business Ethics* | 打击报复没有调节道德推理和揭发倾向之间的关系 | 报复 |
| Watson 等 | 2009 | *Business & Society Review* | 普世主义正向调节惩罚和伦理意图之间的关系,但是并没有调节奖赏和伦理意图之间的关系 | 普世主义 |
| Chang 和 Yen | 2008 | *Journal of Business Ethics* | 对于低的道德发展的个体而言,逆向选择的存在反向中介失败的项目继续决定,但对那些具有很高的道德发展的个体而言则差异不明显 | 逆向选择 |
| Vermeir 和 Kenhove | 2008 | *Journal of Business Ethics* | 性别差异在双标准的使用中是依赖非伦理行为的类型的 | 非伦理的程度 |

续表

| 作者 | 年份 | 期刊 | 主要发现 | 调节变量 |
| --- | --- | --- | --- | --- |
| Nguyen 等 | 2008 | *Journal of Business Ethics* | 性别并没有调节道德强调和伦理判断之间的关系 | 性别 |
| Bloodgood 等 | 2008 | *Journal of Business Ethics* | 智力正向调节了伦理指示和欺骗行为程度之间的关系,以及宗教和欺骗行为程度之间的关系 | 智力 |
| Haines 等 | 2008 | *Journal of Business Ethics* | 道德义务正向调节判断意向关系 | 道德责任 |
| Kolodinsky 等 | 2008 | *Journal of Business Ethics* | 个人精神性并没有调节组织精神性和工人后果之间的关系 | 个人精神 |
| Bloodgood 等 | 2008 | *Journal of Business Ethics* | 宗教信仰正向调节伦理指示和欺骗行为的程度之间的关系 | 宗教 |
| Pflugrath 等 | 2007 | *Managerial Auditing Journal* | 伦理准则对审计判断的质量的影响对会计师的影响要比学生更大 | 雇用 |
| Reynolds | 2006 | *Journal of Applied Psychology* | 形式主义并没有调节违规行为规范和道德意识之间的关系 | 形式主义 |
| Reynolds | 2006 | *Journal of Applied Psychology* | 危害、行为规范的违背以及形式主义对道德意识存在交互作用 | 危害,行为规范的违背和形式主义 |
| Pelletier 和 Bligh | 2006 | *Journal of Business Ethics* | 非正式伦理规范的认知并没有调节合适的伦理决策过程认知以及伦理程序有效性之间的关系 | 感知到非正式的伦理规则 |
| Reynolds | 2006 | *Journal of Applied Psychology* | 功利主义积极地调节了伤害和道德意识之间的关系 | 功利主义 |
| Honkanen 和 Verplanken | 2004 | *Journal of Consumer Policy* | 中心性态度正向调节了价值态度关系,但是并没有影响态度—意向的关系 | 中心性态度(attitude centrality) |
| Spicer 等 | 2004 | *Academy of Management Journal* | 国家环境正向调节了伦理态度和决策制定者对于地方准则但并非超级准则的伦理意图 | 国家背景 |
| West 等 | 2004 | *Journal of Business Ethics* | U—获得—正义—推理正向调节了道德判断和欺骗行为之间的关系 | "U"形的公平推理 |

注:表1-2主要根据莱纳特等(2014)对近10年的相关研究整理而来,并补充了相关研究,但可能存在遗漏。

对调节变量考察的一般主题进行总结是比较困难的，这在一定程度上是由于研究者们在研究中使用了多种多样的调节变量。我们按照对相关研究的第一印象做了一些简单的整理，如有一些具体的因素在各影响因素和伦理决策中起着微弱的调节作用，例如性别（Nguyen et al.，2008；Vermeir & Van Kenhove，2008；Yona Miller et al.，2019）、国籍（Spicer et al.，2004）以及年龄（Elango et al.，2010）。阮等（Nguyen et al.，2008）指出性别并未调节道德强度和道德判断的关系，然而，威米尔、范·肯霍夫（Vermeir & Van Kenhove，2008）发现性别的双重标准取决于非伦理行为的类型。国籍积极地调节局部规则下的态度和意图的关系，但更高规则时则不起调节作用（Spicer et al.，2004）。这些研究表明，当处理具体因素时，情境的差异性对调节效应有着强有力的影响。相反，当我们查看情感和心理的调节变量时，我们发现这些结构表现得相对一致。诸如仁慈（Watson et al.，2009）、同情（Mencl & May，2009）、价值观（Watson & Berkley，2009；Chan & Ananthram，2019）以及宗教主义（Bloodgood et al.，2008）均正向调节伦理环境和伦理决策的关系。

当然，今后的研究仍需要进一步调查或验证，以更好地理解伦理决策过程的调节变量。事实上伦理决策模型和以往研究者的综述都强调需要进一步探讨个人和情境方面的调节变量，如心理控制源、自我力量、场依存性、道德想象力、朋辈影响、对权威的服从、角色扮演、规则的结构等（O'Fallon & Butterfield，2005；Treviño，1986）。尽管研究者们此后就伦理决策中的调节变量进行了许多积极的探索，但仍然需要进行更多的研究，因为只有强调和支持交互效应的研究，才能真正解决伦理决策实证研究中的边界条件问题。因此，除了以往提及的调节变量外，我们还可以探索社会化的影响、员工培训、实施准则、合规计划甚至是跨文化因素等可能影响组织伦理决策过程的因素，以进一步扩大我们对组织情境下伦理决策的理解。

除了探讨调节变量的作用外，考察有哪些独特的中介变量可能会影响道德决策过程中的因果序列也是非常重要的。表1-3总结了25项研究探讨了中介效应的文献。在这些研究中，所发现的中介效应相当不同。例如，斯滕豪特和范肯霍夫（Steenhaut & Van Kenhove, 2006）的一项研究揭示了预期的罪恶感如何部分中介道德信念、道德行为意图的关系。同样地，库皮斯等（Kurpis et al., 2008）的研究发现承担道德的自我改善同时中介宗教信仰对伦理问题认识和行为意图的影响。舒等（Shu et al., 2019）探讨了伦理判断在网络伦理自我效能感和伦理行为意图之间的中介作用。在这些研究中，有两个中介因素位于突出的位置：推理策略和态度。无论消费者是通过推理或获取意义（Caughron et al., 2011）、管理层的判断（Awasthi, 2008）、道德评价，或结果的预期（Smith et al., 2007; Ashkanasy et al., 2006）卷入理性评价，这些均成为其个人和他们的道德决策的中介因素。这一组研究强调了通过认知参与个体对环境因素的评估，更容易实现强的伦理行为。这再次强调当我们强调诸如义务（Haines et al., 2008）、文化情境（Ho, 2010），或该行为的严重性（Curtis, 2006）等环境因素时，所有这些因素均正向中介个人和他们的决策之间的关系。第二个主要的中介因素，是伦理决策前的态度。当个人已对伦理情境持有坚定的信念，这种信念随后会中介结果。这在有关盗版（Shoham et al., 2008）的态度、造假（de Matos et al., 2007）、个人承担（Kurpis et al., 2008），和一般的态度（Honkanen & Verplanken, 2004）的研究中得以证明。这些研究强调当个体卷入伦理决策时，其所依靠的事先启发式工具的重要性。未来的研究可以进一步考察这些启发式规则是如何使用的，以及该如何打破源自启发式决策所导致的潜在的伦理偏见和障碍。

表1-3 探究伦理决策影响因素实证研究中识别的中介变量

| 作者 | 年份 | 期刊 | 主要发现 | 中介变量 |
|---|---|---|---|---|
| Sean 和 Lynn | 2019 | Journal of Business Research | 道德强度中介检举意图对道德决策的作用 | 道德强度 |
| Shu 等 | 2018 | Computers in Human Behavior | 网络伦理判断在自我效能与互联网伦理决策行为之间起中介作用 | 网络伦理判断 |
| 王萍、朱进炎 | 2018 | 人类工效学 | 道德推脱在马基雅维利主义人格对道德判断及道德意图阶段的负向预测中存在中介效应 | 道德推脱 |
| Laura 和 Noval | 2016 | Organizational Behavior and Human Decision Processes | 焦点错觉中介情感影响的预期与道德决策的关系 | 焦点错觉（即过分注重结果） |
| 张娜、张剑、宋亚辉 | 2016 | 中国人力资源开发 | 道德判断在倾向性商业道德敏感性与道德决策之间起部分中介作用 | 道德判断 |
| Anna 等 | 2014 | The Leadership Quarterly | 真正的领导通过影响追随者保持更高的内疚感，来限制"道德衰落"或"滑坡" | 内疚感 |
| 王端旭、赵君 | 2013 | 现代管理科学 | 员工道德认同和道德勇气在伦理型领导对员工非伦理行为的影响之间发挥中介作用 | 道德认同、道德勇气 |
| Caughron 等 | 2011 | Ethics & Behavior | 推理策略中介的环境因素对获取意义的影响 | 推理策略 |
| Caughron 等 | 2011 | Ethics & Behavior | 意义寻求中介推理策略对道德决策的影响 | 意义寻求 |
| Ho | 2010 | Business Ethics: A European Review | 由于方案之间不同的文化价值，伦理问题特征可能中介文化和伦理观念之间的关系 | 文化情境 |

续表

| 作者 | 年份 | 期刊 | 主要发现 | 中介变量 |
|---|---|---|---|---|
| 王进 | 2010 | 华东经济管理 | 个人道德成熟度是经由道德强度知觉对伦理决策意向产生的影响效果 | 道德强度知觉 |
| Vitell 等 | 2009 | Journal of Business Ethics | 自我控制并不中介宗教对道德认同的内在维度的影响 | 自我控制 |
| Sardzoska 和 Tang | 2009 | Journal of Business Ethics | 工作压力中介生活满意度的非伦理意图的影响 | 工作压力 |
| Kurpis 等 | 2008 | Journal of Business Ethics | 承担道德自我完善中介宗教对伦理问题认知和行为意向的影响 | 对道德的自我改进的承诺 |
| Shoham 等 | 2008 | The Journal of Consumer of Marketing | 剽窃的态度中介客户道德以及在实际剽窃中伦理的影响 | 盗版的态度 |
| Greenfield 等 | 2008 | Journal of Business Ethics | 伦理职位中介个人利益对盈余管理行为的影响 | 伦理取向（理想主义 vs 现实主义） |
| Greenfield 等 | 2008 | Journal of Business Ethics | 专业承诺中介个人利益对盈余管理行为的影响 | 专业承诺 |
| Rabl 和 Kühlmann | 2008 | Journal of Business Ethics | 愿望和意图通过腐败行动获得一个目标来中介态度和主观规范对腐败行动的影响 | 通过腐败行为实现私人或职业目标的意图 |
| Haines 等 | 2008 | Journal of Business Ethics | 感知的重要性中介意识判断的关系 | 感知到的重要性 |
| Haines 等 | 2008 | Journal of Business Ethics | 责任中介判断、意图的关系 | 责任 |
| Schweitzer 和 Gibson | 2008 | Journal of Business Ethics | 合理性调解伦理行为的解释和辩护中介的影响 | 自我辩白 |
| Awasthi | 2008 | Journal of Business Ethics | 管理判断中介道德判断和管理意图的关系 | 管理判断 |
| Parboteeah 和 Kapp | 2008 | Journal of Business Ethics | 安全动机中介伦理气候和安全加强行为之间的关系 | 参与的动机 |

续表

| 作者 | 年份 | 期刊 | 主要发现 | 中介变量 |
|---|---|---|---|---|
| McEachern 等 | 2007 | The Journal of Product & Brand Management | 道德责任中介关于自由食品对购买意愿的影响 | 道德义务 |
| Smith 等 | 2007 | Business Ethics Quarterly | 道德评估中介正式制裁对于其效果的影响 | 道德评价 |
| Smith 等 | 2007 | Business Ethics Quarterly | 结果期望中介道德评估对企业违规的影响 | 结果预期 |
| de Matos 等 | 2007 | The Journal of Consumer of Marketing | 对仿造品的态度中介了认知风险，无论消费者之前是否买过仿造品的主观规范，诚信，价格质量推断以及个人满足对购买产品意愿的影响 | 对待假货的态度 |
| Steenhaut 和 Van Kenhove | 2006 | Journal of Business Ethics | 预期的内疚中介伦理信念—伦理行为意图的关系 | 预期的内疚 |
| Curtis | 2006 | Journal of Business Ethics | 严重性和责任感中介揭发意图影响的效果 | 行为的严重性，报告的责任性 |
| Ashkanasy 等 | 2006 | Business Ethics Quarterly | 结果的预期中介接触非伦理行为和伦理决策之间的关系 | 结果的预期 |
| Honkanen 和 Verplanken | 2004 | Journal of Consumer Policy | 中央的态度中介价值观和行为意向之间的关系 | 中央的态度 |

注：表1-3主要根据莱纳特等（2014）对近10年的相关研究整理而来，并补充了相关研究，但可能存在遗漏。

## 第四节　伦理决策的研究趋势和变化

在描述伦理的领域，对伦理决策的强调吸引了研究者近半世纪的兴趣。本部分将通过对福特与理查森（Ford & Richardson, 1994），洛伊等（Loe et al., 2000），奥法伦和巴特菲尔德（2005），克拉夫特

(2013),莱纳特等(2014)发表的有关伦理决策的综述,对近30年来伦理决策的研究趋势做一个简单地审视。

上述五篇研究综述共综述了约500个有关伦理决策的研究。从上述综述所涵盖的研究所发表的期刊来看,《商业伦理杂志》(*Journal of Business Ethics*)是伦理决策研究的主要刊登的期刊。该期刊涵盖洛伊等(2000),奥法伦和巴特菲尔德(2005),克拉夫特(2013)所评议的大部分研究,在莱纳特等(2014)的样本中,也有83项研究在该期刊上发表。但从莱纳特等(2014)的综述中不难看出,在过去的10年间,在市场营销、管理、国际商务、金融和其他商业领域的主要期刊也已经开始更多发表伦理决策领域的研究。这一传播表明一个积极的趋势,即将企业伦理研究整合为各种商业学科的趋势。但这也可能是因为随着电子存储和检索的更为广泛和方便,我们能够检索和访问到更多研究人员的学术著作。

通过对目前发表的5篇伦理决策综述可见,这些研究显示出了研究者们从雷斯特(1986)的伦理决策模型四个阶段视角探讨伦理决策问题的持续兴趣。奥法伦和巴特菲尔德(2005)的述评表明,过去伦理决策的三个阶段(判段、意向以及行为)在过去几年中最受到关注,并呼吁更多的研究关注初步意识阶段。克拉夫特(2013)和莱纳特等(2014)的述评则表明呼吁更多的研究意识阶段已经得到了研究者们的回应。在洛伊等(2000)的综述中有15项研究探讨了意识问题,奥法伦和巴特菲尔德(2005)的80项研究中,涉及意识方面的只有28项研究。而到莱纳特等(2014)的研究中这一领域的研究数量则上升到70余项。然而,相较于奥法伦和巴特菲尔德(2005)的研究,克拉夫特(2013)和莱纳特等(2014)的研究发现道德行为研究有显著下降的趋势,克拉夫特(2013)的研究中提及37项,莱纳特等（2014）的研究提及63项。可见，目前有关伦理决策四阶段的总的研究趋势似乎是朝着弥补已有文献的不足和证实新的个体和组织因素，发现可能的调节变量和中介变量方向发展。如莱纳特等（2014）在其综述中，就对伦理决策过程中的调节和中介变量开辟专门章节进行了较为详细的介绍。

此外，以往的综述（O'Fallon & Butterfield，2005；Craft，2013）也呼吁更多的研究者可以对雷斯特的框架进行概念扩展、整合其他理论和模型以增强对伦理决策理解的模型研究。这一趋势已在莱纳特等（2014）的综述中得以实现。莱纳特等（2014）发现已出现了从多种途径、模型和理论整合概念和想法的趋势。其中，包括隐性的社会认知方法（Marquardt & Hoeger，2009）、获取意义的模型（Caughron et al.，2011）、理性行为理论（Beekun et al.，2008）、计划行为理论（Buchan，2005；Gurley et al.，2007）、理性选择理论（Smith et al.，2007）、社会学习理论（Deshpande，2009；Zhang et al.，2009）、施瓦兹的个人所持价值观理论（Watson & Berkley，2009）、伦理氛围理论（Buchan，2005）、性别识别理论（McCabe et al.，2006），以及社会认同理论（Bell & Hughes-Jones，2008）等。

与此同时，莱纳特等（2014）的综述也强调了一个新的趋势，即通过扩大分析跨行业、国家、学生和管理者样本，以及特定学科的伦理挑战来扩展伦理决策的研究情境。例如，其在综述中指出在过去的10年中有18项研究使用了跨国样本来扩展伦理决策的研究情境。

# 第二章　组织中的非伦理行为

自20世纪80年代起,对组织中的(非)伦理行为的系统研究——所谓(非)伦理行为通常被称为组织中的行为伦理或组织伦理(Treviño et al., 2006)——开始成形。而当前全球频发的组织和工作伦理危机,使得非伦理决策与行为逐渐成为组织管理理论界与实务界普遍关注的问题(Kish - Gephart et al., 2010; Craft, 2012)。组织中的(非)伦理行为是指对某个组织情境下伦理和非伦理的决策或行为的研究,尤其是工作情境下的研究(Treviño, Den Nieuwenboer, Kish - Gephart, 2014)。而所谓工作场所非伦理行为是指对组织内外他人有害、违反了人们广为接受的道德准则而不能被组织其他成员所接受的行为(Jones, 1991; Treviño, 1986),如虚报绩效、恶意怠工、偷窃财物等。工作场所非伦理行为是一种普遍的现象。毕马威管理辅助资源咨询公司(KPMG, 2008)实施的包含5065名美国管理者和雇员的研究表明,在过去的一年内,74%的人观察到了他们组织中的非伦理行为。合规与道德领导委员会(Compliance & Ethics Leadership Council, 2008)对5个国家大公司的1752名管理者和雇员的研究表明,在过去的一年内,16%的人观察到了组织中的骚扰,15%的人观察到了歧视，11%的人偷窃和7%的人伪造开支。工作场所的非伦理行为会逐渐破坏并且有损人际关系（Treviño et al.，2006）。由于非伦理行为造成的财务、声誉和情绪成本（Den Nieuwenboer，2008；Karpoff et al.，2008），使得组织面临着阻止、检测和应对非伦理行为的极大挑战（Giacalone et al.，2008；Goodpaster，2007；Kidwell & Martin，2005）。

就非伦理行为而言，按照雷斯特的分类框架，其属于伦理决策的最后阶段，因此，不少研究都将其纳入伦理决策的研究框架之中。如一项研究发现惩罚可能导致非伦理行为（Gurley et al.，2007）；而引入互惠和内疚则会导致非伦理行为的减少（Yonas et al.，2019）。一些研究也发现了组织的伦理环境对伦理行为有积极影响，如对公司社会责任的强调（Armstrong et al.，2004；Houghton et al.，2009；Husted & Allen，2008；Rothwell & Baldwin，2007；Shafer & Simmons，2011）。然而也有一项研究表明自我利益和规则/准则在伦理行为中扮演了重要的角色（Smith et al.，2009）。奖励和惩罚与伦理决策有着重要的关联（Smith et al.，2007）。鲍恩（Bowen，2004）发现强调伦理、培训以及奖励伦理行为的强组织文化加强了伦理判断。更为强调社会观点和伦理基础的企业则更为伦理（Gallego-Alvarez，2008；Husted & Allen，2008）。但本书的研究重点关注的是工作场所的非伦理行为，因此，本部分将重点对工作场所的非伦理行为进行梳理。而目前，在工作场所员工非伦理行为研究领域，研究者主要关注两个焦点问题：一是非伦理行为的影响因素；二是非伦理行为产生的过程，在此分别加以阐述。

# 第一节 组织中非伦理行为的影响因素

为了更好地理解组织中的非伦理行为，学者首先主要关注违规者的个体特征，即所谓的"坏苹果方法"（Treviño & Youngblood, 1990）。近年来，研究的关注点则转向了非伦理行为产生的组织情境特征即"坏木桶方法"（Treviño & Youngblood, 1990）。特雷维尼奥、丹·尼文伯和基什·吉法特（Treviño, den Nieuwenboer, Kish – Gephart, 2014）对组织中非伦理行为的影响因素进行了较为全面的综述，其从组织层面、人际间层面、个体差异以及个人认知层面对目前研究较为关注的因素进行了总结。在此借用其框架，对目前组织中非伦理行为的影响因素进行梳理。[①]

## 一 组织中伦理的基础建设

组织中的伦理环境是组织中非伦理行为产生的主要外部环境，是组织中伦理的基础建设（Tenbrunsel & Smith – Crowe, 2008）。常见的组织伦理基础建设方面的研究包括了伦理制度和程序、伦理氛围和伦理文化。

### （一）伦理制度和程序

组织伦理制度是组织伦理氛围中正式的规则和程序，所谓正式制度是指"成文并且标准化的，且对于组织内外部的任何人而言都是可见的"（Tenbrunsel et al., 2003），作为组织伦理的基础设施它们往往通过正式的行政渠道得以提出。重要的是，正式的系统在不同的组织

---

① 对于2014年前的研究的梳理，我们部分转引了特雷维尼奥、丹·尼文伯和基什·吉法特（2014）的研究。

之间功能强弱不同，有些组织有着由无数组件构成的强大的正式系统，而有的组织仅有由一些功能构成的较弱的正式系统。由于这些系统是公开的，并且能被组织外部观察到（如顾客等其他利益相关者），他们试图传递一些信息，指出什么是适当的行为。比方说一些官方沟通方式，如培训和建议热线，就为这些信息的传递提供了来源。

这些正式的机制使得组织得以提倡伦理行为，反对非伦理行为（Treviño，1990）。也正是由于这股社会约束力量的存在，员工可能较少实施偏差行为（Hirschi，1969），尤其当员工对组织产生强烈的依附时，会更加受组织伦理制度的约束，减少非伦理行为。事实上，研究也发现了正式的系统可以减少员工在组织内的非伦理行为（McCabe et al.，1996；Treviño et al.，1998；Deshp&e & Joseph，2009；Valentine et al.，2010）。如施韦普克（Schwepker，2001）指出，伦理规则、伦理政策和报酬体系都是伦理氛围的重要组成部分，并且对雇员伦理行为的调整有重要作用。但也有研究者得到了不同的结论，如基什·吉法特等（2010）的元分析发现伦理制度的存在与非伦理选择仅有微不足道的关系，但在制度实施和非伦理选择上则存在强的负相关。正如基什·吉法特等（2010）的元分析所示，对于非伦理行为，制度实施存在消极影响（员工对现有的制度的感知是被强制执行的）。其同时指出，当所感知的制度是强制执行以及其他组织的变量（例如，道德文化和伦理气氛）同样被考虑在内时，规范对于非伦理行为就会有很小的积极影响。这表明了当其他因素存在时，员工仅仅只观察到制度作为一个消极的迹象存在，制度仅仅代表了弄虚作假，因此产生了一个愤世嫉俗的回应且导致了更多的非伦理行为。

可见，尽管越来越多的组织采用了伦理制度，但是关于制度存在的影响的研究目前尚无定论。研究结论的不一致使人们开始思考，究竟何时伦理制度能发挥作用，何时又会无效甚至产生相反的作用。舒等（Shu et al.，2012）通过实验室和现场实验研究发现当诚实的保证被置于行动之初，而不是行动的结束，就像其通常所做的那样，诚实保证是更有效的（欺骗是最低的）。通过在行动前让伦理变得显著，注意力就被指向其自身；道德的思想在合适的时间被激活，变得更可以理解了。相反，若置于保证与行动之后，这也就允许了自利动机和大脑的判断来取代。

此外，制度的实施需要借助于相应的程序，如伦理培训程序，寻求引导或者作为举报问题（匿名的）途径的电话热线，伦理调查过程，包含了法律承诺的标准以及惩罚做错事的人的绩效管理系统等。尽管在过去的 20 年中，对于一些大型组织，正式伦理程序已经得以建立并且日益规范，而且也得到了业界的普遍关注。业界的一些调查发现综合的伦理程序（包含了多重要素）与重要的结果是有关联的，例如，对于妥协的标准，感觉压力的减少，观察到的不良行为的减少，以及感知报复的报道和增加不良行为的报道一样（Treviño，den Nieuwenboer，Kish–Gephart，2014），但目前有关的学术研究仍然较为少见。未来的工作需要考虑到这些伦理程序的成分是否决定了它们中的一些比其他更为有效，且如何通过伦理和承诺的程序让伦理管理变得更有效。

（二）伦理氛围

维克多和卡伦（Victor & Cullen，1988）将伦理氛围定义为"对有伦理内容的典型的组织实物程序的普遍认知"并且"工作氛围的那些方面决定了工作中是什么形成了伦理行为"。他们最初提出了九种伦理氛围类型，以 3×3 矩阵形式表示，行代表道德标准（利己主义、仁慈、原则），列代表分析层次（个人、地方、世界主义）（Victor &

Cullen，1988），随后他们发现有些类型无法得到实证检验，为此，他们将原有的九种类型细化为五种，这些氛围通常是可以得到经验证据的支持的。这五种伦理氛围分别为：工具、关怀、独立、法律和法规，以及规则（Victor & Cullen，1988）。自从维克多和卡伦（1988）引入伦理氛围的概念以来，研究者们在测量伦理氛围时几乎毫无例外地将其视为个体感知而非聚合性的团体水平的概念。在马丁与卡伦（Martin & Cullen，2006）伦理氛围研究的元分析综述中，作者发现关怀氛围和员工态度例如承诺和满意度之间呈正向关系，以及关怀氛围和不正常的员工行为之间呈负向关系。该研究发现了与自身利益相关的氛围相反的关系。同样地，基什·吉法特等（2010）的元分析研究了伦理氛围的三种类型（自私自利的、仁慈的和有原则的）与组织中的非伦理选择（意图和行为）之间的关系，并且发现自利氛围与非伦理选择呈正相关，而仁慈的和有原则的氛围则与非伦理选择呈负相关。随后艾哈迈德等（Ahmad et al.，2014）对马来西亚的组织进行了研究，其研究结果与伦理氛围理论一致，并且该发现证实了以前的研究。此外，张永军等（2017）研究发现自利型、关怀型伦理氛围分别对亲组织非伦理行为具有正向影响，规则型伦理氛围对亲组织非伦理行为具有负向影响，道德辩护分别在三种伦理氛围与亲组织非伦理行为关系间起部分中介作用。

尽管相较于对伦理氛围后果变量的探讨，关于伦理氛围的前因的研究还不太多，但研究者们也展开了许多有意义的探索，识别了若干影响伦理氛围的前因变量：组织和文化情景（行业部门、组织类型、国家文化）、组织实践（如人力资源实践）、领导和管理实践（领导行为、领导风格、管理实践）和个体差异（工作任期、受教育情况、层级角色、组织匹配）（Martin & Cullen，2006；Newman et al.，2017），在此我们主要选择下述几种加以介绍：

1. 领导力和管理实践

大多数有关伦理氛围前因的研究都将领导力确定为导致建立和维持伦理氛围的关键变量。研究人员通常利用社会学习理论来解释领导者通过对员工期望行为树立榜样来影响组织中的伦理氛围的过程（Demirtas & Akdogan, 2015; Shin et al., 2015; Shin, 2012; Mayer et al., 2010）。马丁和卡伦（2006）的元分析只强调了少数几项研究，这些研究侧重于将领导或管理取向视为伦理氛围的前因变量。如施明克等（Schminke et al., 2005）发现领导者的道德发展认知水平正向影响员工对伦理氛围和其他员工的态度的感知。该研究表明领导者的选择和发展对于创造和维持某种伦理氛围是非常重要的，并由此指出了研究其他伦理氛围前因变量的潜在重要性。自那以后，越来越多的研究调查了具体领导风格对伦理氛围的影响，如伦理领导对伦理氛围的影响。借助社会信息处理和社会学习理论，迈耶等（Mayer et al., 2010）发现，伦理领导导致伦理氛围的产生，促进对道德标准的遵守。同样，卢和林（Lu & Lin, 2014）以及德米尔塔斯和阿克多安（Demirtas & Akdogan, 2015）都发现，伦理领导加强了员工对其组织中伦理氛围的认知。申等（Shin, 2012; Shin et al., 2015）发现，高层管理者的伦理领导力在他们的组织中培育了积极的伦理氛围。汉森等（Hansen et al., 2016）的纵向研究发现员工对组织企业社会责任实践的看法影响了他们对高层管理人员伦理领导力的看法，这反过来影响了他们对伦理氛围的看法。鲁伊斯·帕洛米诺和利努萨·兰格雷奥（Ruiz-Palomino & Linuesa-Langreo, 2018）利用来自西班牙不同银行实体的436名员工的数据分析了道德领袖是否缓冲了马基雅维利主义对员工道德工作意图的负面影响。研究发现与道德领袖的互动会削弱员工在高马基雅维利（High Machs）下做出非伦理行为的意图，低马基雅维利主义（low Machs）则相反。研究人员还研究了其他领导风格对伦理氛围的影响，研究发现工具型领导（Mulki，Jaramillo，& Locander，2009）、仁慈领导（Ghosh，2015）以及家长式领导的仁慈和道德维度（Maria & Pedro，2018；Cheng & Wang，2015；Otken & Cenkci，2012）均影响伦理氛围。

此外，研究人员还研究了管理实践对伦理氛围的影响。帕博特等（Parboteeah et al.，2010）利用社会交换理论发现，管理者沟通行为的使用与原则型氛围呈正相关，使用授权实践与自利型氛围呈负相关。总之，在过去十几年中，越来越多的研究推进了我们对特定领导风格和管理实践是否影响伦理氛围的理解。

2. 组织实践

在马丁与卡伦（2006）早期的元分析中并没有提及对组织实践与伦理氛围之间关系的研究。但从那时起，研究人员开始研究组织实践（如人力资源管理实践）对伦理氛围的影响。尽管曼罗普及其同事（Manroop，2015；Manroop，Singh & Ezzedeen，2014）在其思辨性研究中借鉴了企业的资源基础观，假设人力资源管理可能是发展伦理氛围的重要前因变量，但只有古尔兹等（Guerci et al.，2015）通过实证检验了人力资源管理对伦理氛围的影响。他们利用能力—激励—机会（AMO）框架发现，一个组织能力增强实践和机会增强实践的使用情况与员工对仁慈和原则型组织氛围的看法正相关，而激励提升实践的使用与员工对自利型氛围的看法正相关。卢里亚和亚吉尔（Luria & Yagil，2008）发现，员工对其组织中正义氛围的看法与伦理氛围正相关，汉弗里斯与伍兹（Humphries & Woods，2016）的质性研究证实，医疗机构人员不足导致员工长期的工作压力，从而造成员工对他们面临的伦理氛围持负面看法。相反,另一项医疗保健员工的定性研究发现,促进满足患者和最近亲属的需求的组织实践,接受并提供支持和信息以及制定行为标准促进了积极的组织氛围(Silen et al.,2012)。① 马拉姆等(Malam et al.,2019)采用 PLS-SEM 测试了尼日利亚教育机构中伦理氛围的中介效应,结果发现伦理氛围在人力资源管理实践(招聘和选拔)与组织绩效中起中介作用,这些管理实践反过来可以鼓励和激发组织内部伦理行为的产生。尽管研究已经开始逐步关注组织实践对伦理氛围的影响,但考虑到组织环境的复杂性以及组织策略和实践的普遍性,研究者们均指出需要更多地借助资源基础观关注组织政策或程序在塑造伦理氛围方面的作用(Newman et al.,2017;Manroop,2015;Manroop et al.,2014)。

3. 组织和文化情境

在马丁与卡伦(2006)的元分析中,其强调早期实证研究将组织情境作为伦理氛围的关键预测因素。这些研究表明,伦理氛围在不同的行业部门,营利组织和非营利组织之间有所不同,研究揭示了家族和非家族企业之间,非营利和政府部门之间,公共和私营部门组织之间以及处于不同发展阶段的企业之间的伦理氛围的差异。例如,杜赫、贝拉克和米尔弗纳(Duh, Belak & Milfelner, 2010)在家族企业中发现了比非家族企业更强烈的关怀氛围和法律法规氛围。然而,家族和非家族企业在其他氛围之间没有显著差异。马洛伊和阿加瓦尔(Malloy & Agarwal, 2010)发现,虽然社会关怀是非营利组织中最明显的氛围,但个人关怀是政府组织中最明显的氛围。他们还发现,虽

---

① 转引自 Newman A., Round H., Bhattacharya S. et al., "Ethical Climates in Organizations: A Review and Research Agenda", *Business Ethics Quarterly*, Vol. 27, No. 4, 2017。

然独立和效率氛围在这两个部门都很明显,但工具氛围和法律与法规氛围只在公共部门可见,而规则氛围则存在于非营利部门。另有研究发现会计师对公共和私营部门伦理氛围的看法存在显著差异。虽然规则和守则、关爱、自我利益、社会责任和工具主义氛围在公共部门更普遍,但私营部门的效率和个人伦理氛围更为普遍(Venezia,Venezia & Hung,2010)。贝拉克和穆莱(Belak & Mulej,2009)指出,虽然在企业发展的早期阶段,关爱和规则氛围盛行,但规则和法律法规氛围在成长阶段最为明显,并且在成熟阶段盛行工具氛围。韦伯与格德(Weber & Gerde,2011)发现组织背景影响了军队的伦理氛围,风险水平和环境不确定性越高,单位的任务相互依存性越大,关怀和工具氛围的流行率就越高。

也有一些实证研究考察了文化背景对伦理氛围的影响。例如,对英国和日本非营利组织的伦理氛围的比较研究发现,两者都有关怀氛围的迹象,但英国组织的独立氛围更强,日本的规则和条例氛围更强(Laratta,2009)。帕博特、瑟瑞奇和霍格尔(Parboteeah,Seriki & Hoegl,2014)发现,国家背景形成了非洲组织的伦理氛围。[1] 艾哈迈德(2018)通过对具有个人主义文化的澳大利亚与具有集体主义文化的巴基斯坦进行比较研究,来审查道德领导对工作场所欺凌行为的直接和间接影响,发现道德领导力改善了对工作场所正义的看法,并减少了员工在澳大利亚和巴基斯坦这两种不同文化中遭受欺凌的风险。总之,员工对伦理氛围的看法在不同的组织背景下存在差异,包括所有权类型,组织生命周期阶段和利润导向,但对整个文化背景影响的

---

[1] 转引自 Newman A., Round H., Bhattacharya S. et al., "Ethical Climates in Organizations: A Review and Research Agenda", *Business Ethics Quarterly*, Vol. 27, No. 4, 2017。

关注，仍然较少。

4. 个体差异

正如马丁与卡伦（2006）的元分析工作所强调的，对伦理氛围前因变量的早期研究集中于组织因素或外部因素，几乎没有关注个体差异的解释力。最近，研究人员才开始考虑个体差异的可能影响。如高盛和塔巴克（Goldman & Tabak, 2010）发现拥有更多职位的员工更有可能感知其组织中的工具性氛围，受教育程度较低的工作人员则认为工具和服务氛围更强。威克斯等（Weeks et al., 2006）发现，员工的认知道德发展水平负面预测了他/她对墨西哥员工的伦理氛围的看法，但对美国员工却不是这样。阿瑙德和施明克（Arnaud & Schminke, 2012）指出，如果将道德情感和道德功效考虑在内，伦理氛围对于减少非伦理行为的影响会大大加强。尤其是，员工伦理氛围感知（在一个单元级别）和工作单位的非伦理行为之间的关系，会因为集体情绪（某部门内一种共同的移情关怀意识）和集体伦理效能感（一种部门中的人能够执行伦理行动的共同的信念）而得到增强，该研究用一种更复杂的方式，即通过阐明伦理氛围发挥作用的条件探究了伦理氛围的影响。多米诺、温格林和布兰顿（Domino, Wingreen & Blanton, 2015）发现，员工的更高控制点、频繁工作变化的历史以及越来越适合组织伦理氛围可用来预测其是否符合职业道德氛围。贾恩等（Jain et al., 2018）讨论了学校伦理氛围与青少年关系虐待之间的关系，其发现学校对伦理氛围的干预措施可能对青少年关系虐待的预防具有溢出效应。与其他影响因素相比，对个体差异和伦理氛围关系的研究还略显不足。纽曼等（Newman et al., 2017）认为，重要的是要考虑个人在确定他们对伦理氛围的看法方面的影响力，并关注在未来研究议程中如何做到这一点。

纽曼等（2017）在其综述性的研究中，总结了当前研究涉及的伦理氛围的结果变量，主要包括：工作态度（组织承诺、工作满意度、离职意愿、主动缺勤、组织认同、个人组织匹配、管理者信任、质量承诺）；伦理意图；工作行为和其他伦理结果（道德意识、个人公正规则、伦理意图、伦理和非伦理行为）；心理状态（正念、道德压力、同理心）；以及绩效产出（工作绩效、销售绩效、顾客满意度、组织公民行为、安全和质量、团队工作、财务绩效、领导成员交换）。在此我们主要围绕伦理氛围对人类追求的终极目标——幸福的影响加以总结介绍。

伦理氛围与各种影响主观幸福感、心理幸福感、生理幸福感以及社会幸福感的工作产出因素相关。主观幸福感的概念涵盖整体生活满意度与幸福。而心理幸福感被解释为由六种需要个体努力实现的维度构成：自我接纳、环境掌控、积极的人际关系、个人成长、生活目标（即在个人努力与挑战中寻找意义），以及机能自主（即追求自主性和个人权威）（Keyes, Shmotkin & Ryff, 2002）。因此，可以推测，一个人在上述各项上获得的越多，他的心理幸福感就越强。生理幸福感涉及个体生理结构上的幸福（如生理幸福的人不会有心脏病或溃疡）。社会幸福感是由社会整合（社会归属感）、社会认同（认为人类天性友好并且能与他人相处舒服融洽）、社会贡献（相信个人能为社会贡献价值）、社会实现（能够认可社会的潜力），以及社会和谐（理解并关心世界）所构成的（Keyes, 1998），上述各因素与社会幸福感之间均存在正向的关系。

伦理氛围对角色压力有显著影响，主要表现为角色冲突和角色模糊。当个人同时面对两种或两种以上角色期望时，符合某一期望会与另一个期望相抵触，即产生角色冲突（Kahn et al., 1964）。角色模糊是指个体对一个角色的相关预期、达成预期的最佳方式以及角色扮演结果的不确定程度（Behrman & Perreault, 1984）。一些聚焦于氛围结构维度的研究显示，当员工察觉到他们的氛围变得更符合伦理时，他们将经历更低水平的角色冲突和角色模糊（Babin Boles & Robin, 2000; Schwepker & Hartline, 2005; Jaramillo, Mulki & Solomon, 2006; Mulki, Jaramillo & Locander, 2008）。进一步，伦理氛围有可能导致更少的伦理冲突（员工与管理者或组织之间价值观更加匹配），以及更少的角色冲突（Schwepker, Ferrell & Ingram, 1997）。贾拉米洛、穆尔基和所罗门（Jaramillo, Mulki, Solomon, 2006）相信，伦理氛围可以通过明确道德期望来帮助员工处理来自利益相关者的模糊与冲突的期望。上述观点在施韦普克和古德（Schwepker & Good, 2009）的研究中被证实，该研究发现伦理氛围的结构维度对销售经理理解什么是道德暴力有积极影响，这增加了销售经理在评估应聘人员时考虑伦理因素的可能性以及在销售培训中为道德培训投入更多时间的可能性，并且减少了他们对销售人员非伦理行为的许可。

伦理氛围可能通过影响角色压力从而对个人幸福感产生重要影响。角色压力是工作压力产生的主要因素，会导致更低的工作动机、工作满意度以及绩效，同时增加工作疏离感（Ingram, LaForge & Schwepker, 2011），这些均在一定程度上会影响整体幸福感和生活满意度，进而影响人的主观幸福感与生理幸福感。另外，工作压力会造成个人的痛苦，造成消极行为（如食欲失调、吸毒、事故倾向），消极心理（如耗竭、沮丧），以及消极生理反应（如心脏病、肝病、背痛）等后果（Quick & Quick, 1984）。此外，一些证据显示工作中的冲突，不论来源，均与以下因素有关：身心失调、倦怠、相关压力指标（如慢性疲劳）（De Dreu, Van Dierendonck & De Best‐Waldhober,

2002；Sepctor & Jex，1998）。然而，当个体属于低随和性、低外向性、低情绪稳定性时，冲突更可能对幸福感产生负面影响（Dijkstra et al.，2005）。通过培育一个更符合伦理道德的氛围，可能减少角色压力并降低它对幸福感造成的负面影响。

伦理氛围能够影响工作场所越轨行为，这些行为同样有损个人幸福感。工作场所越轨行为包括那些违背组织规范、威胁组织成员幸福感的有意行为（Robinson & Bennett，1995）。大多数员工曾参与过工作场所越轨行为，如盗窃、欺诈、故意破坏、怠工、暴力、撒谎、散布谣言、漏税和缺勤等，使组织收益受损，工作环境被破坏（参见 Appelbaum，Deguire & Lay，2005）。其中一些属于违法行为，而多数则是非伦理的。这些越轨行为可能伤害受害者、目击者以及施恶者的幸福感。工作场所越轨行为危害组织成员，损害他们的生理幸福感（如引发压力相关问题、暴力造成伤害），心理幸福感（如感觉无力掌控环境）和主观幸福感（如因工时损失造成不愉快、因工作环境恶劣引发离职）（Henle，Giacalone & Jurkiewicz，2005）。持续处于工作场所越轨行为中的受害者和目击者可能开始对人性失去好感，随后降低社会幸福感。此外，作为施恶者（如为了公司利益被迫做出欺诈行为）可能承受巨大压力并遭受生理和心理上的折磨。

现有的研究大多显示规则或法律导向的伦理氛围以及关怀导向的伦理氛围能够减少工作场所越轨行为（Martin & Gullen，2006；Perterson，2002；Schminke，Ambrose & Neubaum，2005；Vardi，2001）。具体而言，关怀导向的伦理氛围能减少公司越轨行为中的政治型越轨（散布谣言、相互指责、厚此薄彼），而规则或法律以及规范导向的伦理氛围可以减少财产型越轨（接受回扣、谎报工作时间、窃取公司财物、蓄意破坏设备）（Peterson，2002）。当存在工具主义导向的伦理氛围时，更有可能产生生产型越轨（在工作时间做私事、旷工、磨洋工）（Peterson，2002）。

欺凌是工作场所越轨行为中的一种典型行为。欺凌是重复的、怀有敌意的，是在持续时间内系统地以弱者为目标进行的非伦理沟通（Bulutlar & Oz，2009）。它可能包括人身攻击、人身威胁和轻视被欺凌者（Bulutlar & Oz，2009）。调查显示大概有70%的员工受到过欺凌（Mattice，2009）。欺凌造成了许多消极后果，包括缺勤与离职增多、组织承诺和工作满意度降低、生产率与工作效率下降、损害身心健康、诱发焦虑与沮丧（Bulutlar & Oz，2009；Nielsen & Einarsen，2018）以及产生对组织的敌对（Zhang & Dorothy，2018）。一项关于工作场所欺凌现象的调查发现，被欺凌者的生理幸福感会受到影响，45%的被欺凌者遭受着与压力相关的健康问题，例如妨碍型焦虑、无端恐惧症、临床忧郁症和创伤后应激障碍（Workplace Bullying Institute，2007）。另外，被欺凌者还会经历头痛、胃痛、食欲不振、失眠，变得更加脆弱并感到沮丧、无助、愤怒与震惊（Oppermann，2008）。主观幸福感同样会受到影响，随着生产率与工作满意度降低，加上离职率增加，它们共同削弱了生活满意度（至少暂时如此）。由于自我接纳与自主感（自我决定）在反复的欺凌攻击中被削弱，欺凌也会对心理幸福感造成负面影响。另外，欺凌的受害者可能感到不被社会接纳，导致社会幸福感降低。综上可见，欺凌作为一种越轨行为对组织成员的生理幸福感、主观幸福感、心理幸福感和社会幸福感均会产生影响。规范、关怀、独立的伦理氛围会降低欺凌的发生率，而工具主义导向的伦理氛围则会促进这类行为的发生（Bulutlar & Oz，2009）。

工作场所伤害是一个严重的隐患，其会给组织造成巨大的损失

(Parboteeah & Kapp, 2008)。2009 年在美国有超过 310 万例非致命性职业伤害和 4551 起工作场所死亡（U. S. Bureau of Labor Statistics, 2010, 2011）。大型管件制造公司麦克韦恩公司（Mc Wane Inc.）自 1995 年以来，因违反安全（400 法则）和健康规定造成了 4600 起工伤（如残疾、烧伤、患病）和 9 起工作场所死亡，它的教训表明伦理氛围影响着工作场所伤害。据麦克韦恩公司管理层估算，监管机构的罚款低于完全遵守安全和环境法规所产生的成本。在应对职业安全与健康管理局的安全检查时，他们通过撒谎、掩饰违规行为来蒙骗调查员（Barstow & Bergman, 2003a）。麦克韦恩公司管理层通过在员工的健康与安全保护上压缩成本，给公司制造了非伦理氛围。调查显示，关怀导向的伦理氛围与更低的工作场所伤害发生率相关（Parboteeah & Kapp, 2008）。此外，当伦理氛围中的独立、法则与法律、规则等维度存在时，组织成员更有动机参与并遵守工作相关的安全行为（Parboteeah & Kapp, 2008）。

值得注意的一点是，当公司氛围更符合伦理要求时，员工的伦理行为将得到改善（Cohen, 1995; Schminke, Arnaud & Kuenzi, 2007; Verbeke, Ouwerkerk & Peelen, 1996; Wimbush & Shepard, 1994）。明确这一点是至关重要的，它可为改善伦理行为提供重要的依据。已有研究显示伦理行为与个体绩效之间呈正向关系（Schminke, Arnaud & Kuenzi, 2007; Schwepker & Good, 2010）。一些证据表明，伦理氛围本身与个人努力（Mulki, Jaramillo & Locander, 2009）以及个体绩效之间呈正相关（Mulki, Jaramillo & Locander, 2008; Weeks et al., 2004）。此外，经理们察觉到当公司的伦理氛围处于较高的关怀维度与较低的工具主义维度时，伦理与成功间存在强有力的联系（Deshpande, 1996a）。积极的个人表现与工作上的成功可能有助于个体的幸福感，因为它们能培育工作安全感，增强自尊，唤起满足感，并且有可能使收入增加，以此提高个人生活质量。事实上，研究发现主观幸福感与工作成功之间存在一种积极关系（Pavot & Diener, 2004）。相反地，非伦理氛围则会削弱员工的斗志（Mulki, Jaramillo & Locander, 2008；Thomas, Schermerhorn & Dienhardt, 2004），可能产生负面影响，并降低工作满意度，继而伤害个人的幸福感。

大量研究已经对伦理氛围与员工工作满意度之间的关系进行了考察。大体上，组织氛围更符合伦理，员工满意度就越高（Babin, Boles & Robin, 2000；Cullen, Parboteeah & Victor, 2003；DeConinck, 2010；Jaramillo, Mulki & Solomon, 2006；Koh & Boo, 2001；Mulki, Jaramillo & Locander, 2006, 2008, 2009；Schwepker, 2001）。工作满意度各个方面与伦理氛围各个维度之间的关系也已被测量，关怀和规则维度与整体工作满意度、薪酬满意度、对管理者的满意度之间呈正相关，而对晋升方面的满意度仅与规则维度相关（Joseph & Deshpande, 1997）。同样地，氛围中的法律和职业规范维度已经被证实能正向影响工作满意度（Elci & Alpkan, 2009；Martin & Gullen, 2006）。然而，调查发现工具主义维度与整体工作满意度以及对晋升、同事、领导的满意度之间均呈负相关（Deshpande, 1996b）。还有研究发现伦理氛围的结构维度积极影响整体工作满意度（Schwepker & Hartline, 2005）、对管理者的满意度（Mulki, Jaramillo & Locander, 2008），以及工作满意度的各个方面（薪酬、晋升、领导、政策、同事、职业、整体）（Schwepker, 2001）。根据帕博特和卡伦（Parboteeah & Cullen, 2003）的研究，那些能为组织提供道德准则的伦理氛围，可以使个体对他们的工作感觉良好并激发更令人满意的重要工作。工作是人生活中的重要部分，因此，工作满意度可能影响个人对生活满意度的评估，是主观幸福感的重要组成部分。事实上，工作满意度能积极影响主观幸福感（Juage & Locke, 1993）。正因为如此，伦理氛围应该培育更高的工作满意度，继而创造更高的幸福感。

纽曼等（2017）在其对伦理氛围的综述中，全面回顾了自2006年以来十年间有关伦理氛围的前因和后果的研究，以及伦理氛围和其他变量之间关系的调节变量。在此基础上，他们还提出了未来有关伦理氛围的研究议程。他们强调可将情境强度理论、特质激活理论、社会信息处理理论和制度理论等目前相互替代的理论视角结合起来，以更好地理解伦理氛围；此外，其还强调了未来的研究需要结合动态的角度来研究伦理氛围，考察伦理氛围对工作成果的曲线效应，将伦理氛围的研究扩展到组织的不同层次，并考察文化在伦理氛围中的影响。更多有关伦理氛围的研究可以参考这篇文献综述。

（三）伦理文化

组织中的伦理文化被认为是组织中重要的（Ford & Richardson, 1994; Fritzsche, 1991; Key, 1999; Sims & Brinkmann, 2003; Sinclair, 1993），但也许并不是最重要的解释非伦理行为的情境因素（Casey et al., 2001; Lease, 2006）。早在特雷维尼奥（1986）的伦理决策模型中，就引入了伦理文化的概念，其把伦理文化视为道德认知的发展和（非）伦理行为之间关系的调节变量，强调了组织环境的重要性。后来，她详细地说明了伦理文化概念的意义（Treviño, 1990），认为伦理文化是组织文化的子集并且表现了有关伦理的正式的（例如，规则和政策、绩效管理系统）和非正式的（例如，规范、语言、固定程序）组织系统之间的相互作用，其可对员工的伦理和非伦理行为产生影响。与伦理氛围研究相似，关于伦理文化和它的影响的调查研究主要把伦理文化当作一种对组织环境的个体感知，而不是聚合一个整体的概念（Schaubroeck et al.，2012）。元分析揭示了伦理文化和非伦理选择之间的负相关的证据，而当其他的组织环境特征（三种伦理氛围维度、规范存在以及强制性）与伦理文化被同时研究时，这种关系却消失了（Kish – Gephart et al.，2010）。这主要是因为伦理文化与规范的执行和三种伦理氛围维度高度相关。这些研究结果表明，以后的研究更进一步需要决定伦理文化是否以及何时在未来的研究中起作用，且将会起什么作用。比方说，也许伦理文化先于伦理氛围的感知，以至于有一种强大的伦理文化影响员工的伦理氛围认知。

与将组织中伦理文化视为整体的研究不同的是，有研究者探讨了单位层级伦理文化对可观察的非伦理行为的影响，发现单位层级的伦理文化调节伦理领导和（非）伦理行为之间的关系（Schaubroeck et al.，2012）。赛拉等（Saira et al.，2017）的研究讨论了不当行为发生时，员工行为是如何受到企业内部伦理文化和制度影响的以及企业内部检举是如何发生的。与对伦理氛围的研究相似，研究人员需要更好地了解何时组织层级的伦理文化可能比单位层级的伦理文化更重要，因为直到最近，几乎所有的伦理情境的研究均测量的是个体对组织所有文化的认知。然而，在相同的组织内，子单元可能会依据他们所创造的伦理文化和氛围环境而变化。

组织层级的伦理文化的重要成分是正式系统，包含了决策过程、组织结构和绩效管理系统。因为组织中的人们通常会密切关注奖赏是什么，纪律是什么，绩效管理系统——包括设定目标且把奖励和这些目标联系在一起——显得尤为重要。其在产生非伦理行为目标设定中的角色也是广受争议的。威尔士和奥多涅兹（2014）声称当没有关怀地实施目标设定时，目标设定可能会引起系统的伤害，包括增加非伦理行为。他们基于自身的工作（Schweitzer et al.，2004）和他人的研究，提出了许多使这一情况可能发生的行为机制，包括注意力过于集中于狭窄的底线目标从而将其他伦理的考虑排除在外，冒险的增加，以及通过鼓励人们错误地呈现绩效以满足目标，从而增加非伦理行为。洛克与莱瑟姆（Locke & Latham，2009）引用他们自己的文章（Latham & Locke，2006）批评了这项工作，在文章中他们概括了目标设定的潜在缺陷和可能的矫正方法。文鹏等（2017）全面梳理了国外对于目标设置影响非伦理行为的相关研究，系统地介绍了两者的直接关系、边界条件及理论基础，在总结这些研究的基础上提出未来研究应从拓展研究方法（基于真实组织情境下的调查）和研究内容（强化调节、中介及社会性视角下的研究）两方面展开。作为一个更广泛的绩效管理系统的一部分，今后还要深入理解目标设置在何时，怎么设定目标，才会促成非伦理行为。更多研究关于绩效管理系统的其他方面也是必需的。例如，惩罚违规者有多么重要，保持信息隐秘或者与以某种方式公开信息又会产生什么影响？

此外，值得注意的是研究者们很少思考这些组织的影响是否可以纳入有关伦理决策这个自动而非审慎的研究之中。作为一个例外，雷诺兹（2006）对关于他们的神经认知模型怎样适用于理解组织文化的失败提出了一些建议。例如，共享的认知原型可能被错误标记，或者文化可能会强调不恰当的道德规则。事实上，很可能随着时间的流逝，一个组织的文化或者氛围可能经由组织成员而根深蒂固且能被组织成员内化。从而使确定的行为可能变成自动属性且成为"我们在组织中做事方式的一部分"。在强大的伦理文化下，像一个售货员应该不可能向他的顾客撒谎，因为不撒谎是做事的方式，并且，售货员没有必要仔细考虑其决定。但不幸的是，相反的态度在组织中也有可能是真实存在的，因为在那些组织中，向顾客撒谎却被视为是规范的。

## 二 其他组织因素

企业伪善、目标设定、工作自主性、职场排斥等是其他可能与工作场所非伦理行为有关的组织因素。

企业伪善（corporate hypocrisy）是指企业在履行社会责任的过程中产生的伪装现象，即企业所发出的社会责任宣言与其真实目的不一致（Wagner et al., 2009）。企业试图通过伪善行为，如商业做秀、漂绿、虚假慈善等，伪装出一副积极承担社会责任的形象，从而获得良好的声誉以博取顾客青睐，实则是为了自身更好地获利（Van de Ven, 2008）。亲组织非伦理行为本身虽然有违道德标准，但意图在于促进企业与个人的共同利益（Vadera & Pratt, 2013）。在企业伪善的影响下，员工可能认为企业倾向于支持那些牺牲道德伦理以使组织获利的行为，从而模仿、追随企业决策以表现出亲组织非伦理行为，员工通过这种行为不仅期望为企业牟利，同时也显示自己对组织或管理者的追随，以获得工作资源、晋升机会等个人利益。赵红丹和周君（2017）探讨了企业伪善对员工亲组织非伦理行为的影响，尤其是道德推脱的中介作用以及道德认同对这一中介路径的调节作用。他们的研究发现：道德推脱完全中介企业伪善对员工亲组织非伦理行为的正向影响；道德认同显著调节企业伪善通过道德推脱影响员工亲组织非伦理行为的间接效应，表现为这一间接效应对于低道德认同的员工而言相对较强，对于高道德认同的员工而言相对较弱。

罗帆、徐瑞华（2017）探讨了高承诺人力资源管理实践对亲组织非伦理行为的影响。结果表明：高承诺人力资源管理实践正向影响亲组织非伦理行为；组织支持感在高承诺人力资源管理实践与亲组织非伦理行为之间起完全中介作用；道德认同负向调节高承诺人力资源管理实践与亲组织非伦理行为之间的关系，但并未显著调节高承诺人力资源管理实践与亲组织非伦理行为之间经由组织支持感的间接效应。袁凌等（2016）研究了绩效考核目标取向对企业员工非伦理行为的影响。结果表明：评估取向的绩效考核对非伦理行为有显著的正向影响，发展取向的绩效考核对非伦理行为有显著的负向影响；工作控制显著弱化了两种取向的绩效考核与非伦理行为之间的关系。李志成等（2018）研究发现绩效压力对亲组织非伦理行为存在显著的正向影响；绩效压力通过诱发员工的职场焦虑而使员工做出亲组织非伦理行为；员工的尽责性会正向调节绩效压力对职场焦虑的影响，进而调节绩效压力通过职场焦虑对亲组织非伦理行为之间的间接影响。高尽责性的员工在面临绩效压力时，更会体验到职场焦虑，进而做出亲组织非伦理行为。周君（2018）基于社会认知理论，发现当员工感知到企业伪善后，此类现象与一贯弘扬的职场规则与道德要求发生冲突，员工因此产生认知失调，为了解决这个问题，员工或改变认知，扭曲对企业伪善的感觉甚至盲从企业，做出短视逐利行为，比如偷窃公物等反生产行为；或改变行为，比如消极怠工、与上级发生冲突，利用这些反生产行为发泄对自身或企业的不满，缓解惭愧、内疚、愤怒等情绪。为了能顺利实施不道德的反生产行为，员工需要借助道德推脱的心理机制将责任推卸给企业方。费尔等（Fehr et al.，2019）同样也发现，如果员工认为领导通过一些行为产生支持道德推脱的表现时，员工更容易遵从领导的行为增加对非伦理行为的参与。

张桂平（2016）研究发现职场排斥对员工的亲组织性非伦理行为具有显著的正向影响；道德推脱在职场排斥与亲组织性非伦理行为的关系中发挥完全中介作用；组织认同在职场排斥与道德推脱的关系中发挥正向调节作用；组织认同在职场排斥与亲组织性非伦理行为的关系中发挥正向调节效应。蔡双利、高阳（2019）认为，道德解脱作为自我伦理行为决策的一种机制，它最大的危害在于破坏了自我道德约束规范，为自身的非道德行为寻找到了安慰，忽视了非伦理行为给组织或者社会带来的长远负面的影响。面对企业非伦理行为，道德推脱通过四大流程重新构建了人的认知，让员工在非伦理问题面前保持沉默，并且不认为自己不道德、不合理。

人们普遍认为，工作自主性是一种可以产生积极成果的工作特征。但吉诺与威尔特姆斯（Gino & Wiltermuth，2014）和卢等（Lu et al.，2017）的四个研究则揭示了体验工作自主的潜在黑暗面。吉诺与威尔特姆斯（2014）发现，感觉不受规则约束与人们的非伦理行为倾向正相关，高工作自主性的经历会增加非伦理行为，这种影响是由不受规则约束的心理状态感觉所调节的（Jackson et al.，2017）。在卢等（2017）的研究中，研究1和研究2通过对以色列雇员的实地调查发现，有经验的工作自主不仅可以正面预测工作满意度，而且也可以正面预测非伦理的行为。通过实验设计，研究3利用来自现实世界公司的实际工作自主权政策，使美国员工体验不同层次的工作自主。与低自主或与自主无关的控制情境的参与者相比，高自主情境下的参与者更可能表现出非伦理的行为，因为他们感觉不到规则的约束。此外，体验到的工作自主权与非伦理行为之间的关系受到参与者赋予工作自主权的重要性的调节，因而，高度自主权的体验不太可能引起具有工作自主权的参与者的非伦理行为。研究4除了复制所有这些发现之外，还揭示高自主的经验同时增加了非伦理的行为和创造力，进一步证明了工作自主是一把"双刃剑"。韦慧民、鲁振伟（2017）发现，员工角色超载可能会导致非伦理行为的增加；角色超载对非伦理行为的这种正向影响可能通过情绪耗竭的中介传递；组织支持在角色超载对非伦理行为的影响过程中起调节作用，呈现一定的缓冲效应。

此外，尽管人们通常尽量避免撒谎，但潜在的金钱回报的诱惑常常导致非伦理行为。巴拉苏布拉曼尼亚（Balasubramanian et al., 2017）通过以印度的在线工人为实验对象，证明了不诚实和财务奖励之间的关系取决于激励范围。因为所使用的激励超过了大多数以前的研究，他们发现两个新的效果。首先，当报酬从最初的每次 0.5 美元增加到 3 美元，收入达到 15 美元时，不诚实行为增加并达到最大值，表明当奖励的确足够大时，可能会激发更多的作弊行为。更重要的是，他们发现工人的不诚实行为在最高奖励水平（高达每人次 5 美元）后将下降。王和穆尼汉（Wang & Murnighan, 2017）则通过四个实验研究探讨了诚实的小额金钱奖励是否有助于人们抵制较大激励的诱惑，还是会适得其反，导致更多的不诚实行为。实验 1 表明，人们偏向于采取更诚实的行为获得 1 美元的奖金而非通过说谎获得 4 美元；然而，相同的奖金，并没有增加不诚实。实验 2 使用不同的情境，再次显示 1 美元的奖金使人们更诚实地行事；此外，也没有发现证据表明这个小小的回报挤占了随后的利他行为。实验 3 表明，即使当说谎的回报增加到 8 美元、12 美元和 16 美元时，1 美元的奖金也增加了人们的诚实，但是当说谎的回报增加到 20 美元时，1 美元奖金没有能够增加诚实。实验 4 发现，较小的诚实奖金仍然有影响，虽然它往往有点弱。此外，与没有奖金相比，几个小额奖金（1 美元、75 美分、50 美分和 25 美分）的联合效应略微减少。朱利安和玛丽（Julien & Marie, 2019）发现除了金钱欲望之外，在竞争环境中非伦理行为主要是由无条件的求胜欲望所驱动的，这对以往的研究进行了补充。

上述这些关于（非）伦理行为的组织因素的研究提醒我们，未来需要进一步思考这些组织中伦理的基础设施问题：伦理程序（包括制度）、伦理氛围和伦理文化等，到底什么是最重要的？这些因素间彼此是独立的还是一起的？我们如何才能从组织层面而非个人层面更好地描述和测量这些伦理基础设施？对这些问题的回答对于组织伦理建设而言，可能更有实用价值。

### 三　人际间的影响

工作场所中与其他人的人际间交互作用是另一种组织中（非）伦理行为的重要情境影响因素，其主要包括同伴影响、领导影响，以及下属影响。

#### （一）同伴影响

尽管虚拟组织和无边界组织逐渐兴起，但对于传统员工而言，同事仍然是日常工作经历的重要组成部分。就其本身而言，对于（非）伦理行为，同伴是一种潜在的强有力的影响（Bandura, 1986, Kohlberg, 1969; Robinson & O'Leary - Kelly 1998; Dimitriou et al., 2018）。正如摩尔与吉诺（Moore & Gino, 2013）所认为的，同伴"通过他们的行动或无所作为帮助伦理行为建立一个标准"。对于组内群体成员的研究发现，当一个组内的成员欺骗时，组内其他的成员也更可能出现欺骗［如 Gino 等（2009）的研究］。而根据吉诺和加林斯基（Gino & Galinsky, 2012）的研究，这可能与心理的亲密性，以及与那些有非伦理行为的人的情感联系有关，因为这"可能给一个人自身的道德界限创造了距离"，增加了一个人模仿非伦理行为和进行道德脱离的倾向。

一个特别有趣的研究领域关注于探讨人们是否会基于当地组织的规范调整他们的非伦理行为的水平。在汽车尾气排放测试检查员行为的研究中，皮尔斯与斯奈德（Pierce & Snyder, 2008）发现当工作跨越不同的情境（也就是转换工作地点），检查人员不是逐步地调整他们的非伦理行为的水平，而几乎是立即服从当地组织的非伦理行为规范——在这种情况下,这也就意味着允许车辆通过检查,尽管检查的标准是不合格的。然而,正如皮特萨和陶(Pitesa & Thau, 2013)所发现的,并非每个人都同样容易受到这些社会规范的影响。相比起关注其他的人更关注自身的倾向、有更高权力的人更容易忽略(非)伦理的社会影响,且更不可能去模仿其他人的(非)伦理行为。此外,尽管观察者受他人非伦理行为的诱导,也可能实施非伦理行为,即"有样学样"(Monkey See, Monkey Do),但"有样学样"的程度存在差异性,其会受个体道德认同水平的调节,当道德认同水平较高时,这种负面影响效果相对较低(O'Fallon & Butterfield, 2011)。文鹏和史硕(2012)立足中国特定文化背景探讨了团队内存在的"害群之马"和"近墨者黑"的现象。他们指出在个体初始化的非伦理行为影响集体实施非伦理行为的过程中即"害群之马"现象中,个体的社会地位和团队工作互依性起调节作用,而在集体非伦理行为影响焦点个体的非伦理行为的过程中即"近墨者黑"现象中,集体主义导向和传统性则发挥调节作用。肯尼迪和施韦策(Kennedy & Schweitzer, 2018)发现,企业内部的同伴指控可以遏制非伦理行为。此外,指控还为管理人员提供了有用的信息。管理者不仅了解组织内潜在的违规行为,还可以收集有关员工诚信的信息,如果指控反映了捍卫道德规范的真正动机,提出指控的员工正是担任领导职务的合适类型。关于团体外成员的非伦理行为的影响则更为复杂。团体外成员的欺骗影响了人们的非伦理行为,但是团体内的成员很少如此(Gino et al., 2009a)。此外,在另一种情境中,对于组内成员所表现出来的非伦理行为,一个组外成员(观察者)的存在可能诱发赔偿行为(过于道德),如吉诺等(2009b)发现被组外成员所观察到的组织成员的非伦理行为会引起组内成员内疚,组内的领导成员会为他们同伴的非伦理行为进行补偿。

研究也表明了当同伴通过简单的讨论使伦理的问题突出时，非伦理行为可能会被减弱。例如，吉诺等（2009a）的工作表明，当同伴被问及非伦理行为是否是可接受或者不可接受的，人们很少会有欺骗。其他相似的研究亦支持与同事讨论伦理的有益的影响。如古尼亚等（Gunia et al., 2012）发现，与快速做出决策相比，让个人有机会与影响他们做出更多伦理决策的同伴进行一场关于伦理而非个人利益的直接对话，会产生更多伦理决策。因此，应该鼓励员工与同伴讨论伦理问题，但需要注意的是，这样的对话应当集中在伦理而不应集中于自我利益。可见，工作场所的同伴对组织（非）伦理行为有重大影响，为此，未来的研究应该进一步探索个人、团体应怎样共同地发展支持（非）伦理行为的规范。

（二）领导的影响

除了检验同伴的作用外，组织伦理学最近的研究已经大量地集中在（非）伦理行为领导角色的系统研究之上。在组织伦理的环境中，领导能力是一个特别重要的主题，因为领导者作为权威人物和角色楷模扮演着一个重要的角色，并且他们影响了下属的态度和行为。

基于社会学习理论（Bandura，1986），布朗、特雷维尼奥和哈里森（Brown, Treviño & Harrison, 2005）提出了伦理领导的概念，把伦理领导定义为"通过个人行为和人际关系展示出规范适当的行为，并且通过双向沟通，强制和决策向其下属也提出这样的行为要求"。根据他们所言，员工们注意伦理领导者的行为和信息，是因为领导者像典范一样具有吸引力、可信性、合法性，同时他们也通过其在组织中的地位和权力来影响员工的产出。他们的研究发现，伦理领导能力与追随者的工作满意度和表达呈正相关（有关伦理领导的综述，可参考

Brown & Treviño, 2006; Brown & Mitchell, 2010)。迈耶等（2012）的调查支持领导者的道德认同和员工的伦理领导的认知之间的关系。约旦等（Jordan et al., 2011）发现，更高水平的领导者认知的道德发展与员工的伦理领导认知有关。鉴于伦理领导对于组织产出的重要性，需要进行更多的工作来研究伦理领导的个体差异和情境前因变量（Brown & Treviño, 2006）。

大多数的伦理领导能力的研究已经调查了这一领导类型的影响成果，研究发现，伦理领导改善了员工的态度，例如工作满意度、情感承诺、工作投入以及减少了离职意向（Brown et al., 2005, Kim & Brymer, 2011, Neubert et al., 2009, Ruiz et al., 2011, Tanner et al., 2010）。研究也已经集中于积极行为的效果，包括组织公民行为（Avey et al., 2011, Kacmar et al., 2011, Piccolo et al., 2010），表达（Brown & Treviño, 2006, Walumbwa & Schaubroeck, 2009），以及工作绩效（Piccolo et al., 2010, Walumbwa et al., 2011, Joao & Pedro, 2018）。瓦伦布瓦（Walumbwa）和同事们对中国大陆的管理研究认为，伦理领导的概念在非西方文化中可能也是有效的。事实上，国内不少研究也揭示了伦理领导对员工态度和行为的积极作用（舒睿、梁建，2015；康飞等，2018）。

此外，越来越多的研究证明伦理领导可被用来减少异常行为和非伦理行为（Mayer et al., 2009；王端旭等，2015）。迈耶和同事（2012）发现了伦理领导和减少工作团体冲突和非伦理行为之间的重大关系。章发旺和廖建桥（2017）基于社会学习理论和道德意动能力视角，探讨了伦理型领导对员工伦理问题报告的影响，结果发现伦理型领导显著正向影响员工的伦理问题报告，道德效力在两者间起部分中介作用；当员工的道德认同较高时，伦理型领导对伦理问题报告具有更强的正向作用，当员工的道德认同较低时，伦理型领导对道德效力具有更强的正向影响，并且通过道德效力对伦理问题报告的间接作用更强。肯、冯、英（Ken, Feng & Ying, 2019）发现领导参与负责任的领导行为——与组织内外的不同利益相关者建立和培养可持续和信任的关系，并协调他们的行动，以实现共同目标、业务可持续性和合法性，并最终帮助实现良好和共享的商业愿景（Maak & Pless, 2006），这种鼓舞人心的目的和负责任的行为可能会将领导者树立为员工的榜样。因此，员工可以效仿领导者的社会责任行为，减少非伦理行为的发生。高等（Ko et al., 2019）利用基于情景的实验和基于调查的实证研究发现伦理领导在减少不道德的购买行为方面发挥着关键作用。随后又有研究者发现伦理领导的不同风格对情绪调节也会产生不同的影响（Maria & Pedro, 2018）。然而，德特尔特（Detert et al., 2007）依据在他们餐厅的实际食物的损失测量所得，认为餐厅经理与反生产的工作行为是不相关的。作者推测伦理领导可能对于低水平的雇用环境没有什么影响，对于低收入的员工，公平对待和严密监督（其与反生产工作行为是显著相关的）可能比伦理领导更重要。

与此同时，伦理领导自身的多层次特质也在一些研究中得以体现。如迈耶等（2009）研究了不同水平伦理领导（执行的和监督的）的影响，研究表明，高层管理人员的伦理领导影响了监督层的伦理领导，并且通过监督层领导影响组织公民行为和偏差行为，据此他们提出了执行层伦理领导的滴流效应。在一系列的研究中，迈耶等（2013）进一步假设发现，领导者的影响并不是在真空中操作而是与同伴相互作用来影响员工对不当行为的举报的。如果员工相信他们有同伴和领导者的支持，他们更可能对于举报不当行为感到安全。这些研究结果表明未来研究应该调查伦理领导如何与更广泛的同伴以及其他的可能产生社会影响的环境相适应。

另有部分研究开始探讨在伦理领导和员工非伦理行为之间发挥作用的中介或调节变量。如王端旭等（2015）聚焦社会影响理论，探究了道德明晰在伦理型领导和员工非伦理行为之间的中介作用，以及员工权力距离在以上关系中的调节作用。实证研究结果表明：道德明晰在伦理型领导与员工非伦理行为之间起中介作用；权力距离显著调节了伦理型领导与员工道德明晰的关系；权力距离显著调节了道德明晰在伦理型领导与员工非伦理行为之间的中介作用。

当然，伦理型领导不是唯一可能影响（非）伦理行为的领导类型。变革型领导（Bass & Avolio，1990；王晓辰、应莺，2018）中也有伦理的成分，正如诚信领导（Avolio & Gardner，2005；Bauman，2013）、责任型领导（文鹏等，2016）、家长式领导（张永军等，2017）也是如此。如研究发现责任型领导可通过向下属传递责任，进而影响他们的伦理意愿与行为（文鹏等，2016）。此外，消极的领导风格例如辱虐管理（Tepper，2000）也与非伦理行为密切相关。所谓辱虐管理是指管理者对下属持续表现出的、不包含身体接触的、言语和非言语的敌意行为，一般包括"公然指责下属、嘲笑或孤立下属、对下属出尔反尔、不守承诺"等行为（Tepper，2000）。相关的实证研究显示：管理者的辱虐行为会引发下属的反生产行为、情绪耗竭、职场偏差行为（曹元坤等，2015；刘军等，2009；孙旭等，2014；魏峰等，2016）等负面情绪和行为出现。最近的工作已经表明了它的效果可以从管理者渗入监督人员（Mawritz et al.，2012）。当个体的权力距离水平越高，更倾向于把具有权力和地位的领导作为自己的学习榜样，当领导实施辱虐管理时，则更容易效仿领导而实施人际越轨行为（Lian，Ferris & Brown，2012）。魏峰等（2016）发现辱虐管理会通过破坏领导认同而导致员工非伦理行为的增多,而职业伦理标准会抑制领导认同对员工非伦理行为的影响作用。其他的非伦理领导的类型也可能存在同样的问题(Brown & Mitchell, 2010),但是,减少不当督导似乎对于期望减少追随者非伦理行为的组织特别重要。

此外,还有研究关注了管理者的公正和不公正的对待与各种各样的有关行为伦理的效果的关系,包括了亲社会行为和反社会的或者偏差行为。例如,员工的偷窃和其他的非伦理行为(如 Greenberg, 1990; Weaver & Treviño, 1999)。Rupp 和 Bell(2010)发现,那些对过去行为不公正的违法者表现出报应性认知(retributive cognitions)的受试者更有可能牺牲自己的资源来惩罚违法者。员工不仅是关心他们自己的公平对待还关心他们的团体,而且作为观察者,当他们得知无关的人受到不公平对待时,他们也可能采取报复的行动。

近期,不少研究开始关注领导对亲组织非伦理行为的影响。李根强(2016)研究发现伦理型领导与亲组织非伦理行为呈倒"U"形关系;组织认同在伦理型领导和亲组织非伦理行为的关系间起中介作用;特质调节焦点调节了伦理型领导与亲组织非伦理行为之间的倒"U"形关系。林英晖、程垦(2016)研究表明,领导—部属交换和组织情感承诺对员工亲组织非伦理行为均有显著正向影响;组织情感承诺在领导—部属交换与亲组织非伦理行为间起部分中介作用,且道德认同负向调节这种中介作用;道德认同负向调节组织情感承诺对亲组织非伦理行为的影响,但对领导—部属交换与亲组织非伦理行为之间的关系没有显著调节作用。其后续的研究表明,差序式领导对圈内人和圈外人亲组织非伦理行为存在正向影响,但影响程度不存在显著差异(林英晖、程垦,2017)。张永军(2017)等探讨了家长式领导对个体亲组织非伦理行为的影响。研究表明威权领导正向影响员工亲组织非伦理行为，德行领导与亲组织非伦理行为呈倒"U"形曲线关系，威权领导、仁慈领导分别与德行领导对员工亲组织非伦理行为具有显著的交互作用。威权领导对高传统性个体亲组织非伦理行为的正向影响更强烈。德行领导与亲组织非伦理行为的倒"U"形曲线关系受传统性的调节影响，即德行领导从低水平上升至中等水平过程中，对低传统性个体亲组织非伦理行为的影响更强烈，而从中等水平增至最高水平过程中，对高传统性个体亲组织非伦理行为的影响更强烈。

（三）下属的影响

相较于以往研究更多地从"自上而下"的角度关注领导对下属非伦理行为的影响，近期不少研究者开始从"自下而上"的角度思考下属对伦理领导或领导非伦理行为的影响。德赛和库查基（Desai & Kouchaki，2017）采用五项实证研究和一项组织调查探讨了展示道德标志能否使下属阻止上级要求他们做非伦理的行为。结果表明，让上级看到下属展示的道德标志可以阻止上级参与非伦理的行为，同时也可以阻止上级要求下属从事非伦理行为。该研究发现，道德标志的展示可以导致两个结果：一是激发他人心中道德的概念，提高道德意识，减少非伦理的行为；二是引发做出关于展示者道德品质的推论，降低展示者面临非伦理指示的可能性。此外，他们的研究还证实，道德标志影响道德决策，且并不诱发针对展示者的隐含的抵制效应。总的来说，他们的研究结果表明，下属具有社会影响力，能引导上司的行为，减少在工作场所中非伦理行为的发生。

克诺尔等（Knoll et al.，2017）的研究考察了追随者在非伦理领导中的作用，重点关注了领导行为和追随者信息处理如何相互作用以产生非伦理的结果。研究结果表明，内隐追随理论（Implicit Followership Theories，IFTs）在理解追随者在非伦理领导中的角色做出了独特的贡献，IFT 不服从减少了追随者对非伦理领导的贡献，并且这种贡献取决于领导者如何制定他们非伦理的要求。互动效应表明，追随者的特点需要考虑，因为他们是嵌入在特定的情境环境中，而非孤立的特征。

**四 个体差异**

个体差异是组织中不能忽略的影响（非）伦理行为的变量。在本节中，我们主要关注的是近期文献所提及的一些个体差异变量，以强调他们可能对组织伦理带来影响的重要程度。事实上，基什·吉法特等（2010）的元分析也对在行为伦理研究中涉及的一些本部分未提及的个体差异（例如，控制点、道德认知的发展）的研究做了相关的综述。

（一）道德注意力

雷诺兹（2008）基于社会认知理论，提出了道德注意力的概念，其将道德注意力定义为：个体在其经历中能在多大程度上长期地认知到和考虑到道德和道德要素。雷诺兹从道德敏感性和道德意识中区分出道德注意力，因为前两者需要一个特别的道德问题的存在，然而，道德意识却不需要。一个人道德注意力的程度被认为用于描述一个人怎样认知和解释即将到来的与道德相关的信息。除了发展测量道德注意力的量表之外，雷诺兹提出并发现了所感知的道德注意力（信息是怎样被描述的正如它被接收到的一样）是与伦理相关行为的报道、回忆以及道德意识呈正相关的。同样，雷诺兹也认为，组织可能影响道德注意力。例如，他指出道德注意力可能增加某些类型的经历，因此，组织似乎可以用头脑中的道德注意力形成伦理举措。

（二）道德努力

传统意义上，研究者将更多的注意力集中在道德判断上，而道德动机的问题却一直未得到解决。为此，一些研究者更深入地对伦理决策的动机问题进行了探讨。在这样的背景下，汉娜等（2011a）发展了道德努力的概念，所谓道德努力是指，"在面对逆境的时候形成责任和动机且采取道德行动的能力，并通过挑战得以坚持"。道德努力包含了三个成分——道德勇气、道德功效以及道德所有权——其与雷斯特（1986）模型的后两个阶段（道德动机和道德行动）有关。

此外，研究表明了道德努力的三个成分与（非）伦理行为相关。例如，汉娜等（2011b）发现了道德勇气（一种可塑的性格优势可以使一个人能够在面对危险的时候遵循道德原则）与亲社会行为和伦理行为效果呈正相关，并且它能被诚信领导所影响。科默和塞克卡（Comer & Sekerka，2017）在其研究中确定了促进工作场所道德勇气持久的因素，其中组织反应的可管理性被认为是影响道德勇气的行为者经历持久道德勇气或士气低落的一个重要因素。其进一步提出了人力资源专业人员除了建立通常创造道德环境的流程和政策外，还需要特别致力于增强持久的道德勇气的建议。当谈及道德所有权时，汉娜等（2011a）认为，那些拥有高道德所有权的人将为他们自己和其他人的行为承担更大的责任，因为他们是不可能对非伦理行为"故意视而不见的"。自身责任的归属对于伦理决策来说一直被认为是十分重要的（Schwartz，1968），达娜等（Dana et al.，2012）的研究综述亦表明通过减少道德的"摆动幅度"来增加某人的个人问责对伦理行为是特别重要的。道德效能感或一个人对其在必须采取道德行动时的能力的信仰，有助于自我监管的过程，这个过程支持人们做正确的事情，即使这样做是困难的。

尽管汉娜等（2011a）将道德努力概念化为某种个体差异，但是他们也指出道德努力是可以通过社会学习、训练、伦理楷模以及其他的方式得以发展的,这有待进一步的研究。此外,今后还需要考虑道德努力究竟是三个独立的概念还是需要被视为一个整体。与此同时,道德到底有多大程度是包含了有意识的考虑,目前仍然是不清楚的。道德所有权激活责任感,这似乎常常伴随着慎重的思考。但是那些有高道德功效的人可能更是凭着直觉行事,因为他们更擅长如此。道德勇气与行为相比,可能看上去更为直观和冲动,但是道德勇气可能是来自思考和实践,从而随着时间的流逝使个体行为趋于自动化。

(三) 道德认同

道德认同根植于社会认同理论(Ashforth & Mael, 1989)和社会认知理论的自我监管的假设(Bandura, 1986)。根据阿基诺和里德(Aquino & Reed, 2002)的观点,道德认同可以被定义为"围绕一套道德品质组织起来的自我概念"。他们指出,道德认同代表了某个人的社会自我架构的成分并且补充了道德发展理论。也就是说,尽管道德认知的发展(Kohlberg, 1969)取决于复杂的解释道德行为的道德推理,但道德认同激发了道德行为,因为个体把某些道德品质认为是自我概念和认同的整合。

邵(Shao et al., 2008)评估了关于道德认同的研究并且报道了道德认同与亲社会行为的重要的正面关系,例如志愿活动和慈善捐赠,其还报道了道德认同与非伦理行为的重要的负面关系,例如欺骗。他们同时也指出道德认同与情境变量的相互作用会使有更强认同的个人对大量的情境线索更加敏感,例如领导行为的某些类型和组织的文化。

当将道德认同和个体差异、道德判断同时考虑时,道德认同仍然对人们的伦理行为存在影响。如有研究者发现把道德判断(效果论和形式主义)与道德认同联系起来时,伦理行为(慈善给予)和非伦理行为（欺骗）均受到上述两者相互作用的影响（Reynolds & Ceranic，2007）。王等（Wang et al.，2017）发现个人在道德认同上的差异可以缓和自我消耗对非伦理行为的影响。因此，自我消耗不会使具有高尚道德认同感的个人产生不道德行为。而从初步实验研究证明来看，道德线索可以激活强烈的道德认同感，并影响随后的道德判断（Leavitt, Zhu & Aquino, 2016）、亲社会行为（Reed et al., 2016）以及非伦理行为（Welsh & Ordóñez, 2014）。

德赛尔等（DeCelles et al.，2012）研究发现一个强有力的道德认同可以在那些能感觉强大的心理体验的人中防范自利行为（通过性格力量或者可操纵的力量）。其含义是组织应该考虑被提拔到重要位置的人们的道德认同，因为，那些道德认同感弱的人期望从事更多的自私自利的行为。对于那些已经在重要位置上和有性格力量的人，组织应该考虑帮助他们发展道德认同的干预措施。

奥赖利和阿基诺（O'Reilly & Aquino，2011）从概念模型上阐明了道德认同在一个人对不公正的直觉反应上所起的作用。根据他们的模型，一个人的道德认同增加了其视虐待为道德侵害的可能性，并且增加了其将体验到的愤怒和公平的认知作为结果的可能性。此外，阿基诺等（2011）发现，在曝光了其他人的"罕见的美德"的行为之后，那些道德认同得分较高的人体验到了道德崇高的状态（一种温暖的或者舒适的情感体验）。道德崇高的感觉调节了道德认同和亲社会行为之间的关系。尽管研究结论是在实验室中获得的，后者的研究仍然体现了组织的影响。例如，观察到了领导者或者同事从事特别的助人行为的组织成员可能会体验到道德的崇高，并被激发做相同事情的积极性。

阿基诺和弗里曼（Aquino & Freeman，2012）同时也强调了与所处的商业环境的联系，他们提供了道德认同的一种社会认知模型，使道德认同概念化为某种个体差异和心理构念，这种能够被环境所激活的心理构念，影响了从精细的启动到其他各种与商业相关的情境线索。例如，他们提出了，经济报酬（引发了一种经营框架）可能会削弱强道德认同的力量，反而突出了对物质的认同。他们也讨论了，团体规范和角色模型如何能支持或者抑制道德认同。他们为道德认同的启动作用（Reed et al.，2007）以及财物激励的影响提供了证据（Aquino et al.，2009），其观点得到了其他研究的支持。

吴明证等（2016）研究发现组织承诺与内化道德认同、象征化道德认同对亲组织非伦理行为的影响存在三元交互的关系；组织承诺对亲组织非伦理行为的影响主要体现在低内化道德认同或高象征化道德认同者中。

**五 认识和认知过程**

本部分仍然将关注影响（非）伦理行为的个体差异变量，但不同的是，本部分将聚焦在更为细致的个体认知和认知过程上，重点关注道德脱离、道德许可、决策框架、情绪情感、自我损耗和自我调节的过程。

*（一）道德脱离*

根据班杜拉（Bandura，1986）的社会认知理论，人们通过社会化使行为的标准内在化，这些标准进而将引导行为。如果有非伦理行为出现，道德标准的理论过程被激活，自我调节机制（例如，内疚和自我谴责）随后便会阻止人们从事那些行为。然而，这种自我调节的过程并不总是成功的。在社会认知理论的外延中，班杜拉（1999）的道德脱离理论表明利用道德脱离技术，自我调节过程可能会失效，例如，分散责任，置换责任，谴责受害者，或者声称行动是有理由的，因为它服务于更高的目标[可参见 Moore 等（2012）的综述性研究]。这些技术有助于脱离自我调节的过程，此时，防止自责或者内疚并对某人的道德表现出非伦理行为是没有问题的。在呈现认知扭曲的八种类型的机制中，班杜拉的理论有助于从理论上支持由其他的研究人员所鉴定的合理化的技术（也被称为道德辩护或者中立）（如 Ashforth & Anand；2003；Kelman & Hamilton，1989；Sykes & Matza，1957；Tenbrunsel & Messick，1999）。

行为伦理研究人员已经利用该理论来帮助解释工作场所的（非）伦理行为。研究已经表明个体对道德脱离的倾向与非伦理行为的增加有关，即使考虑到可替代性的个体差异变量后，结果依然如此（Aquino et al.，2007；Bandura et al.，2001；Detert et al.，2008）。摩尔等（2012）开发了一个由8个项目组成的，可靠的道德脱离倾向的测量工具，且发现了其与包含自我报告的非伦理行为，欺骗决策行为，自利决策以及其他的非伦理行为是积极相关的。研究也找到了道德脱离的个体倾向和其他的个人特质，例如犬儒主义、控制点、道德认同以及道德人格之间的关系（Detert et al.，2008；Duffy et al.，2005）。

除了将道德脱离视为一种个体差异外，还有一些研究认为某一情境可能影响辩护策略的利用，从而影响非伦理行为的发生率（Bersoff，1999；Mazar et al.，2008；Shalvi et al.，2012）。这项研究大部分都是基于这样一种观点，即人们不仅希望使自己受益，而且希望成为善良和道德的人（Kunda，1990；Tsang，2002）。这样的非伦理行为在情境中被认为是经常发生，这样就"正当地"为非伦理行为辩护提供了机会（通过合理化的操作），从而得以维护道德的表象。威尔特姆斯（2011）指出了这种现象可被称为"道德伪装"。通过四个实验研究，他发现人们在允许参与者因帮助其他人，不是他们自己，而替他们的欺骗行为辩护的情境中更可能发生欺骗的行为。尽管这些研究没有直接合理化的测量方法，但是参与者通过提出他们的行动也是服务其他人而可能使他们的行为合理化，因此"功过相抵"（the metaphor of the ledger）（Ashforth & Anand，2003）。同样有研究发现员工们利用中立的方法来为非伦理行为辩护，他们认为这有利于组织（Umphress et al.，2010，2011）。近期的一些研究工作表明，当通过情境进行事先指导创造性的思考和体验积极的影响，员工们在寻找方式为自利行为辩护时可能更具创新精神（Gino & Ariely，2012，Vincent et al.，2013）。钟熙、王甜（2019）利用两阶段调查问卷发现，道德推脱反映了员工头脑中的非伦理认知倾向，当员工的道德推脱水平较高时，员工会通过对自身行为重新进行定义、减少自己在行为后果中的责任以及降低对目标痛苦的认同等对来为自己实施的非伦理行为进行辩护。此外，瑟瑞奇等（2018）也谈论了道德脱离的中介作用，其研究发现通过强有力的道德榜样在销售组织高层营造道德氛围，有助于缓解道德脱离对适得其反行为的功能失调后果，即道德榜样可以帮助减少道德脱离。

党等（Dang et al.，2017）研究发现，当在社交网络账号（social accounts）（Sitkin & Bies，1993）中提及下属的非伦理行为时，领导者可能会使用与班杜拉（1991，1999）在道德脱离工作研究中所描述的认知策略一致的语言进行。也就是说，领导者的社交网络账号可能会重构或重建下属的非伦理行为，使其看起来不那么可耻。实验和现场研究的结果表明，观察员在社交网络账号使用道德脱离语言时，会对领导者做出负面反应，具体而言，观察员会排斥这些领导者。此外，观察者的道德脱离倾向会调节这种效应，使得当观察者的道德脱离倾向较低时，领导者在社会交往中使用道德脱离语言与排斥的关系更强。观察者之所以排斥领导者，是因为观察者认为领导者的道德脱离语言的社交网络账号是非伦理的。可见，感知到的领导者的社交网络账户道德性将中介领导者在社交网络账户中使用道德脱离语言和观察者的道德脱离倾向的交互效应对排斥的影响。

尽管有关利用辩护的情境的实证研究主要是在实验室里进行的。然而，一些理论的工作却也表明了这些研究和工作场所之间的联系（Liu et al.，2012）。例如，博伊和巴克利（Beu & Buckley，2004）认为，精明的领导通过情境框架引发员工的非伦理行为来帮助员工们进行道德脱离。尽管需要实证研究来测试博伊和巴克利的争论，未来的研究也应该考虑道德脱离的防范措施。也就是说，教育者和管理者应该怎样影响道德脱离，例如，人们意识到它的发生和参与其中是否可减少道德脱离？又如，教会个体领会危险信号，当他们听到某些短语，例如"它不是我们的责任"或者"每个人也都是这样做的"的时候，就要考虑到自己是否是在为自己辩护？

（二）道德许可

道德许可指的是当人们回忆起过去的道德行为或者故意夸大未来可能实施的道德行为时，他们会减少道德行为甚至做出败德行为（Monin & Miller，2001；Miller & Effron，2010；Effron et al.，2013）。这一现象表明生活中的善与恶并非泾渭分明，个体的道德水平是动态发展的（李谷等，2013；Barque-Duran et al.，2010）。基于大数据的研究发现，CEO因企业社会责任行为获得道德许可后会减少对利益相关者履行企业社会责任（Ormiston & Wong，2013）。目前，有关道德许可导致非伦理行为增加的研究较为多见，研究发现员工的道德许可会导致员工的反生产行为（Klotz & Bolino，2013）、工作中和工作外的偏差行为增加（Yam et al., 2017）、欺骗行为和违背组织规范等（Vincent & Polman, 2016）。此外，管理者获得道德许可之后，会导致工作场所的辱虐领导行为（Lin et al., 2016），还会使公司的税务计划发生改变，表现为避税行为增多（Bai & Zhao, 2017）。严等（Yam et al., 2016）以自我决定理论和道德许可理论为基础，提出组织公民行为可能导致越轨行为。该研究认为，当员工出于外部压力而参与到组织公民行为中时会认为自己已经达到或超过了本职工作的要求，从而产生心理权利感，而这种心理权利感则给员工带来了人际的与组织的越轨行为的道德许可。此外，该研究发现，由于从事组织公民行为所产生的心理权利感突破了组织的边界，其甚至可能引发组织外的越轨行为。更多有关道德许可的研究综述可参见刘婷婷等（2017）。

（三）决策框架

对非伦理行为认知过程的关注不可忽视的就是个体将怎样考虑非伦理行为的情境并做出响应，即决策框架的强有力的影响。许多研究已经探讨了与在卡尼曼和特维尔斯基（Kahneman & Tversky, 1979）的前景理论中相似的框架问题。例如，克恩与楚格（Kern & Chugh, 2009）直接测试了损失与收益框架对不道德行为的影响。他们的研究证实了当情境被构造为潜在的损失框架时（例如，不可能进行销售并损失佣金），相比较当同样的情境被构造为收益框架而言，参与者更可能从事非伦理行为。可是，有趣的是如果参与者接受明确的指示去花费他们的时间，那么这种影响就消失了。这些结论再次表明了花费时间使得个体做出了减少非伦理行为的决策，也许是因为它减少了与损失规避有关的风险寻求的偏见。

格林鲍姆等（Greenbaum et al., 2012）引进了另一种类型的决策框架，其被称为底线心理（bottom-line mentality, BLM）或者"单维思考反复围绕着安全底线的效果从而忽略了竞争的优先顺序"。在一些组织中，情境大多是依照决策和行为怎样影响经济底线来构造的。例如，底线心理能经由社会学习过程从监督者传递到下属，且能够引起人们单独地集中在以其他的考虑为代价的底线上（例如，伦理或者质量）。在研究领域里，作者发现底线心理与社会的破坏行为有积极的关系，因为，更多底线心理思考要求一种输赢的方法，从而在员工中培养了对抗的行为。正如库查基（2013）所表明的，问题的根源实际上可能是金钱观念所引发的心智模型。在一系列的实验研究中，库查基和同事发现仅仅曝光金钱引起的企业决策框架，其反过来导致了非伦理行为和意图的更大的可能性［参见 Gino 和 Pierce（2009a），下面将进行详细的介绍］。同样地，莫林斯基等（Molinsky et al.，2012）研究发现，触发以经济为导向的决策架构也会降低人们的同情心。

经济框架，许多人认为大多数商业组织采用的框架也影响着人们怎么在工作中谈论社会问题。索南森（Sonenshein，2006）提出了问题制定的概念，他将其描述为一种人们可以用来增加社会问题合法性的策略，从而影响受众更认真地对待问题。索南森发现，在谈论社会问题时，个人使用更经济和更不规范的语言，即使他们私下会做相反的事情。索南森（2009）的其他工作表明，个人以不同的方式构建问题，从而对行为产生潜在影响。他发现，一些员工将战略性业务问题视为具有道德成分，而另一些员工则并未如此。将战略问题视为具有道德成分的员工倾向于采用员工福利框架来解读问题，在那里，他们将战略问题重新解释为具有道义论（例如，侵犯一个人的权利）或功利主义（例如，具有负面结果）的影响。通过这种方式，人们自己建构的问题框架可以使他们将某些问题视为道德问题而其他问题则不然。

第二章 组织中的非伦理行为

在最近的伦理决策的文献综述中,滕布伦塞尔和史密斯·克罗(Tenbrunsel & Smith-Crowe, 2008)以一种模型和象征主义来强调认知决策框架的角色以及他们有意(或者无意)的影响。在他们的模型中,如果决策者意识到他们面临的是一种伦理决策(也就是道德意识),他们作出了伦理或非伦理的决策意图。但是,如果他们没有意识到,他们的决策就陷入了与道德无关的领域,他们的伦理或者非伦理决策也会被归类为无意识的。作者使用了"有限的伦理"和"伦理衰退"来指代一种心理过程,该过程促成了伦理意识的缺乏,并且妨碍人们用一种有意识的方式来做正确的事(Tenbrunsel et al., 2010)。时间是影响决策框架,进而影响一个人的道德意识的一个因素。滕布伦塞尔等(2010)认为,就眼前来说,"想要的"自我(急躁的,关注短期结果)通常胜过"应该的"自我。然而,当后来回顾非伦理行为的时候,"应该的"自我再度出现并且激发了对过去行为的一种更积极的(伦理)框架。这种伦理衰退观点的全面性的综述在巴泽曼和滕布伦塞尔(Bazerman & Tenbrunsel, 2011)《盲点》(*Blind Spots*)一书中可见。

组织可能无意地操纵决策的框架。然而,研究暗示了决策框架能对行为产生强大的影响。培训管理人员使他们更加了解他们(有意或无意)利用并强加给他人的决策框架,应有助于避免使用导致不道德行为的决策框架,并可能以支持道德行为的方式支持框架问题。

(四)情绪和情感过程

行为伦理的研究人员也已经开始考虑关于非伦理行为的情感过程的影响。在Damasio(1994)的早期工作中,即通过研究在道德决策和行为中调节情绪的大脑区域,开启了这个让人们备感兴趣的领域。后来,高迪恩与索恩(Gaudine & Thorne, 2001)反对在组织研究中普遍盛行的假设，即情感在"理性的"伦理决策过程中没有位置，以一种先进的理论框架把情感唤醒和消极或者积极的情感陈述连接到了雷斯特（1986）的四阶段模型中。最近，更多的行为伦理研究人员已经开始考虑一些具体的情感，如对嫉妒这一社会情绪展示出了极大的兴趣。

嫉妒是一种"在个人相关领域与他人的优势进行社会比较"所引发的人际间的情感（Hill et al., 2011）。使用功能性磁共振成像技术的神经科学研究表明，嫉妒激活了与社会性疼痛相关的大脑部位，类似于伴随着社会排斥的痛苦（Takahashi et al., 2009）。反过来说，这种社会性疼痛促使人们从事旨在缓解嫉妒情感的行为（Tai et al., 2012）。例如，一种选择是寻找破坏或侮辱其他人的方法。正如波尔曼和鲁坦（Polman & Ruttan, 2012）所指出的，嫉妒促使人们"改善自己的境遇或者使他人的境遇更糟"。

已有的实证研究已为嫉妒激发非伦理行为的观点提供了证据，如嫉妒引发的欺骗（Moran & Schweitzer, 2008）和不诚实（Gino & Pierce 2009a, 2009b, 2010）。例如，吉诺和皮尔斯（2009a）已经进行了多个研究来探讨不公平对引发偶发性嫉妒和随后的不道德行为的影响，甚至证明物质项目的存在（如房间里的钱堆）可能会影响人们的嫉妒体验并诱导作弊行为。

达菲等（Duffy, 2012）更直接地将其焦点聚集在组织中，其探讨了何时以及为什么嫉妒影响了工作中的社会破坏行为。他们发现了情境嫉妒可产生影响的证据，或者"在一个环境中普遍的嫉妒别人"（Duffy et al., 2012），通过道德脱离的中介作用引发社会破坏。然而，两个变量——认同受害者（高社会认同）和一个团队的一部分没有倾向于从事破坏（团体规范的低破坏）——会削弱嫉妒和道德脱离之间的关系。作者对队友的高度认同可能使其非人性地对待队友或者将责任转嫁给队友变得更困难，并且低团队规范破坏也会使其证明其行为是为了团队更好的利益（道德辩护）变得更加困难。这些结果表明，管理者可以采取措施来减少嫉妒的消极影响，如培养有明确道德规范的环境以及与同事建立亲密联系。鉴于工作场所倾向于形成社会比较，因此它是潜在的滋生嫉妒的"温床"。未来的研究可继续探讨额外的可能削弱情感的消极影响或者利用情感的积极影响的组织因素。

尽管，最近嫉妒在文献中已经受到了许多的关注，但是只有相对较少的行为伦理研究关注其他具体的情感的影响，例如，羞耻、愤怒或者恐惧（Gino et al.，2009b；Kish-Gephart et al.，2009；Umphress & Bingham，2011；Polman & Ruttan，2012）。但可喜的是，研究者对情绪和情感在伦理决策中的关注在持续增加，特别是那些可能经由工作场所中常见的人际间关系的情境所引发的情绪情感，以及那些对组织的伦理有强大影响的情绪情感。例如，同理心一直被视为与亲社会行为有关（Eisenberg & Miller，1987）。如果组织可以增加决策者对可能受到正在考虑的行动所造成伤害的利益相关者的同情，则可以改变决策以降低该风险。组织也可能会希望支持愤怒的情感或者道德愤怒，这可以使员工克服恐惧并阻止非伦理行为的发生（Kish-Gephart et al.，2009）。

也有一些关于社会决策的研究表明，贪婪的人表现出更多的非伦理行为。因为贪婪的人根本不考虑他们的行为的后果（Seuntjens et al.，2019）。贪婪与视野狭窄和以目标为导向有关（Seuntjens et al.，2015）。专注于一个特定的目标可能会让人不注意其他事情，但这反过来会导致更多的非伦理行为。

此外，还有研究者探讨了情感怎样影响道德理性或者一个人用来解决伦理困境的方法。例如，格林（Greene，2009）的道德判断的双重过程理论认为更多无意识的消极情感反应是与义务类型的判断相关的（例如，不赞成杀害一个人来拯救许多人的决策），然而，更多的控制过程是与功利主义类型的判断相关的（赞成同样的决策是因为拯救了许多人，提供了更大的好处）。

另有研究关注了情绪劳动与非伦理行为之间的关系，如洪等（Hong et al.，2017）通过系列研究探讨了情绪劳动对非伦理行为的预测作用。研究 1 以 123 名全职员工为样本，发现情绪劳动中的表层扮演与非伦理行为是正相关的，情感的不真实性解释了这种关系。相比之下，深层扮演与非伦理行为无关。研究 2 以 117 名全职员工为样本，复制了研究 1 中的表层扮演效应，并通过情绪不真实性发现了深层扮演与非伦理行为之间的正相关关系。研究 3 使用双波设计（two-wave design）复制了研究 2 中的结果，发现感知公平性通过情绪劳动加强了表层扮演与非伦理行为之间的关系。

虽然关于非伦理行为情感过程的影响有时可能会直截了当地出现，但需要注意的是，人的情感是复杂的，并且这些情感的效果可能是依情境语境而定的。例如，内疚被认为可减少非伦理行为的发生率（Agnihotri et al.，2012；Cohen，2010）。然而，有内疚体验的人也能变得关注纠正其他人的内疚感，但在这一过程中却会产生无意的伤害（De Hooge et al.，2011）。同样地，虽然同理心可以促使亲社会的行为，但研究表明了人们可能更愿意以不诚实的方式帮助其他人，当他们体验到的是同情而不是嫉妒时（Gino & Pierce，2009b，2010）。这些研究结果表明，今后我们仍然需要进一步深入了解情感的复杂影响，以及这些影响对组织中的（非）伦理行为的意义和价值所在。

(五)自我损耗和自我调节的过程

在前面的章节中,我们阐述了某些认知和情感过程怎样影响(非)伦理行为的过程。一个相关的主题涉及理解当人们经历自我控制缺陷崩溃时,认知自我调节过程如何在机会出现时阻止人们参与不道德行为。自我控制可以被定义为"改变或超越主导反应倾向的能力,以及调节行为,思想和情绪的能力"(De Ridder et al.,2012)。个人使用自我控制来抵制不受欢迎的行为,例如窃取办公用品或使用非专业的语言来回应辱虐型主管。但是自我损耗理论(Baumeister & Heatherton,1996)认为,自我控制是一种会在短期内耗尽的有限的资源,像肌肉一样疲惫不堪。将自我损耗理论与非伦理行为结合在一起考虑,吉诺等(2011)发现,当一个人的自我控制被先前需要自我控制的行为耗尽时,非伦理行为的可能性就会增加。然而,在非伦理行为互动观的支持下,对于那些有强烈的道德认同的人来说,情况则不一定如此。王等(2017)认为,自我控制使人们能够抵御短期的诱惑,为长期目标服务,但先前的自我控制的努力会导致自我耗竭的状态。其通过三项研究表明,自我消耗导致高水平的非伦理行为。这些研究还假设并证实,自我耗竭的个人之所以表现出非伦理行为,是因为低的道德认同。依据相似的理论论证,巴尔内斯等(Barnes et al.,2011)发现睡眠的缺乏是与非伦理行为有关的。睡眠剥夺与偷窃和人际间的异常行为是有关的(Christian & Ellis,2011)。

了解到自我监督资源枯竭的人更有可能从事不道德的行为,对组织而言具有重要的意义。克里斯蒂安与埃利斯(Christian & Ellis,2011)建议组织应对此采取可能的措施予以回应。例如,管理者应该唤起对伦理问题的注意,调动动机(如果可能),提供压力较少的工作环境,提供睡眠的机会,帮助员工发展他们的自我控制资源,减少阻碍睡眠的工作要求（如扩展的轮班），并且监控那些资源可能被耗尽的人。希望通过对自我控制资源的耗尽可能会导致非伦理行为的了解，相关管理者可以采取行动来减少它。

当然不少个体的工作场所非伦理行为是同时受到组织和个人因素的影响的，并且两者叠加在一起还可能产生放大效应。如格林鲍姆等（2017）在特质激活理论的基础上，研究了个人—情境交互模型来预测组织中的非伦理行为。在研究过程中，他们将辱虐管理视为雇员马基雅维利主义被激活的一个条件，通过具体考察马基雅维利主义各维度（他人的不信任、控制欲望、地位欲望和行动操纵）与辱虐管理的交互作用对非伦理行为的影响，对马基雅维利主义特征激活过程进行更细致的分析行为。他们的实地研究发现非伦理操纵和辱虐管理的相互作用是对非伦理行为的最大预测，而实验研究的结果则表明，控制欲望和辱虐管理的相互作用是非伦理行为的主要预测因素。

## 第二节 非伦理行为的形成和扩散

### 一 非伦理行为的形成

非伦理行为是一个多层次的结构（Ashforth et al., 2008），诸多因素都会诱发个体的职场非伦理行为（Baker, Hunt & Andrews, 2006; Treviño, 1986）。董蕊和倪士光（2017）从自我控制资源有限理论的视角重新诠释了工作场所不道德行为产生的原因。其通过实验研究证明，当个体处于自我损耗状态时容易做出不道德行为，并且自我损耗对不道德行为的影响可以延伸到实验室外，表现为上午道德效应；道德判断和道德行为都需要个体运用自我控制克服短期利益的诱惑。百丽和坎塔雷利（Belle & Cantarelli, 2017）运用元分析的方法，分析了与非伦理行为成因有关的 73 篇文献中涉及的 137 项实验研究。发现暴露于不良行为的群体成员或其他从非伦理行为受益的他人，会因为贪婪，自我中心，自我辩护，不断地暴露出的不诚实行为，损失厌恶以及具有挑战性的绩效目标或时间压力增加非伦理行为。相比之下，监督员工，道德提醒和个人的意愿，保持积极的自我观念会减少非伦理行为。此外，与董蕊和倪士光（2017）的研究不同的是，他们的元分析表明自我控制耗竭对非伦理行为的影响的结果是混合的。赫希、卢和加林斯基（2018）的道德效用理论则从动机角度解释了伦理行为和非伦理行为的产生。该理论将伦理决策模拟为主观预期效用（SEU）最大化的过程，从而为理解伦理决策的动机基础提供了一个综合框架。其指出，个体在追求目标时将直观地评估伦理和非伦理行为选择的 SEU，当违背伦理的预期收益超过预期成本时，非伦理行为就会出现。该模型的一个关键观点是，任何可以增加目标价值的因素（包括激励、框架和思维模式）都可以通过增加非伦理行为的 SEU 来激发不良行为。此外，虽然道德效用理论强调了大多数 SEU 评估的自动性和习惯性，但它也描述了启动道德推理过程的机制：体验道德不确定性。当伦理和非伦理行为的 SEU 在规模上相似时，可能出现道德不确定性，从而促使注意力资源分配到决策过程中。

此外，虽然多数非伦理行为都包含了个人道德观念和意图（Hosmer，1987），但正如科尔伯格（2004）所说，人们会根据道德原则思考，但行为却受到许多因素制约。一般认为，诱发非伦理行为的因素既因人而异、更因情境而异（Treviño，1986）。伦理困境的启动效应、组织领导的示范效应、组织管理制度的强化效应是诱发工作场所员工非伦理行为的主要情境因素（谭亚莉等，2012），其中伦理困境是职场非伦理行为最根本的启动因素（Treviño，1986），其对于形成伦理议题认知很关键。伦理困境道德强度表示伦理议题涉及道德层面的程度（Jones，1991），非伦理行为后果越严重、社会共识越强、影响概率越大、时间紧迫性越强、和相关人亲近程度越高，受到的关注和争议越大，道德强度就越强，做出非伦理行为的可能性就越低。负面的领导行为会增加员工的非伦理行为（高日光、孙健敏，2009），组织管理机制尤其是组织的人力资源管理机制对员工工作场所伦理行为具有重要价值（Werbel & Balkin，2010）。除了情境因素外，研究发现情绪是导致非伦理行为的重要原因（Schweitzer & Gibson，2008）。由于上述这些组织层面、人际间层面、个体差异以及个人认知层面的因素在前一节非伦理行为的影响因素中已有详细的介绍，在此不再赘述。

## 二 非伦理行为的扩散

研究者认为，非伦理行为具有易扩散性（Brass, Butterfield & Skaggs，1998），同时表现出较强的社会互动性（Ashforth & Anand，2003；Earle, Spicer & Peter，2010），即会在组织中出现"害群之马"和"近墨者黑"现象（Felps, Mitchell & Byington，2006；谭亚莉等，2011；文鹏、史硕，2012）。组织诚信危机几乎都萌芽于组织内部，源起于个人非伦理行为的不断传递与扩散（Donald，2008）。然而，相较于对非伦理行为形成和影响因素的研究，对这一行为的扩散和衍变过程，及相应的微观机制的剖析的研究仍不多见。为此，我们将从非伦理行为扩散的主效应、作用机制和影响扩散的情境因素三方面对相关的文献加以梳理。

（一）非伦理行为扩散的主效应

在任何组织内部，员工的行为不可避免地会受其领导和同事的行为的影响（Chiaburu & Harrison，2008；Kraus et al.，2012）。阿什福思和阿南德（Ashforth & Anand，2003）从理论层面分析了组织内腐败的传染效应，他们指出组织内的腐败传染路径有两条：其一，自上而下进行传染，即领导的腐败行为会沿着权力链条向下属进行传染；其二，自下而上进行传染，即下属的腐败行为会影响其直接上级。他们认为，非伦理行为在组织内自上而下进行传染的速度大于自下而上传染的速度。当员工的直接主管和高层领导实施了非伦理行为，员工尽管可能并不认可这种行为，但还是会由于服从权威的心理，倾向于追随和模仿他们，从而导致非伦理行为在组织内自上而下的快速蔓延。

谭亚莉等（2011）从心理社会微观视角出发，探讨了从管理者非伦理行为到集体不道德、最后导致组织腐败的衍变过程及内在机制。他们指出，从管理者非伦理行为到集体不道德的扩散机制实际上就是一种"害群之马"效应，从集体不道德到组织腐败则是一种"法不责众"过程，而集体腐败向新员工的渗透则是一种"近墨者黑"过程。他们进一步指出，管理者非伦理行为诱发阶段、横向扩散导致集体不道德阶段和纵向传递导致组织腐败的 3 个阶段中，心理动力机制和社会动力机制各不相同。以"害群之马"效应——从管理者非伦理行为到集体不道德的扩散机制为例，下属或同级跟随管理者的非伦理行为的心理动力机制主要有被动防御、主动学习和认知平衡重建。而由于工作场所的非伦理行为镶嵌于组织内复杂的社会互动过程中，因此组织内社会互动过程、社会网络结构等因素会助推非伦理行为在组织内的横向扩散，这是集体不道德形成的社会动力机制。而管理者职场非伦理行为的管理主要依靠两个方面：组织政策与规范的惩戒和组织伦理氛围的约束。苗等（Miao et al.，2013）通过对中国政府部门 239 位员工进行三轮追踪调查发现，伦理领导与其下属的非伦理的亲组织行为存在倒"U"形的非线性关系，并且这种关系依赖于下属对领导的认同程度。刘晓琴（2017）提出了一个组织非伦理领导行为衍生、传递的理论模型，其随后采用实证研究探讨了上级非伦理领导对下级非伦理领导的影响，领导—成员交换在两者之间的中介作用，以及道德认同的调节作用，结果发现下级领导施行职场非伦理领导行为源于其对领导—成员交换关系的感知；道德认同感低的下级领导更容易转移压力和施行非伦理领导行为（刘晓琴，2017）。迈耶等（2009）基于社会学习理论，提出了一种涓滴效应的有中介的调节模型，以探讨高层领导的伦理领导如何影响低层领导的道德伦理领导和下属员工的工作成果。研究结果表明，高层领导者的道德领导能够渗透到低层领导者身上，从而减少员工的社会惰化，同时提高他们的任务绩效。研究还发现，低级别领导者的自我提升动机可以缓和高层和低层领导者的伦理领导之间的积极关系，从而在动机低而不是高的时候加强这种关系。这一发现进一步表明，低水平的自我提升动机加强了伦理、高层领导对员工社会惰化和任务绩效的间接影响。

罗宾逊和奥阿里·凯利（Robinson & O'Leary-Kelly，1998）最早对"近墨者黑"效应进行了探讨。他们通过对35个团队的调查发现，焦点个体的反社会行为会受到团队内其他人该行为的正向影响，他们用美国俚语"猴子看，猴子做"（Monkey see, Monkey do）来形容这种现象。另有研究者则进一步拓展了前人的研究，他们以人际攻击行为为研究对象，通过对25个团队的调查发现，团队内其他人的人际攻击行为以及成为攻击的目标这两种因素都会影响焦点个体的攻击行为（Ulomb & Liao，2003）。费普斯、米切尔和比灵顿（Felps，Mitchell & Byington，2006）则在理论上分析了非伦理行为"近墨者黑"效应的心理过程。他们指出，当团队内有人实施偷懒、宣泄负面情绪和人际偏差等负面行为时，团队内成员会对这些行为做出相应的反应，分别是不公平感、负面情绪和信任破坏。受此影响，团队成员也会实施相同或相似的负面行为。德斯潘德和约瑟夫（Deshpande & Joseph, 2009）以美国医院的护士为调查对象，调查护士的日常工作中的非伦理行为，例如"将办公用品带回家"和"为提高工作效率而漠视相关作业程序规定"等，结果发现，旁观者的非伦理行为与个体非伦理行为显著正相关。奥法伦和巴特菲尔德（2011）则以美国大学本科生为调查对象，调查大学生的日常非伦理行为，例如"伪造阅读书目"和"考试中帮助别人作弊"等，结果表明，其他同学的非伦理行为与本人的非伦理行为显著正相关。陈刚（2013）对中国官员的腐败行为的研究也发现，腐败存在上行下效的现象，高级官员的腐败对基层干部具有较强的示范效应。厄尔、斯派塞和彼得（Earle, Spicer & Peter, 2010）在组织层面检验了企业非伦理行为"近墨者黑"效应。他们利用俄罗斯1992—1998年的数据发现，在某一个社区内，当有多家企业拖欠薪水时，其他的企业也会效仿该行为，并且利益受损的股东不会反对这种非伦理行为。

（二）非伦理行为扩散的作用机制

吉诺等（2009）提出个体受他人非伦理行为的影响存在三种潜在中介机制：成本收益分析、社会规范和行为的伦理显著性。他们基于美国大学生的实验研究结果支持社会规范和行为的伦理显著性的中介效应假设，但不支持成本收益分析的中介效应假设。奥法伦和巴特菲尔德（2012）认为，他人的非伦理行为影响个体非伦理行为有三个中介变量：间接学习、群体身份匹配感知和相对剥夺感。这三种中介机制分别为：同事非伦理行为为个体树立了行为的榜样，从而引发个体的间接学习，进而从事非伦理行为；当组织中普遍存在非伦理行为时，非伦理行为逐渐成为一种组织规范，为了遵守组织规范，个体往往也会参与到非伦理行为当中；当同事因为非伦理行为获益时，个体会产生相对剥夺感，为了消除这种不公平感，避免竞争中处于劣势地位，个体也会采取非伦理行为。这三种中介机制都在他们以美国大学生为样本的实证研究中得到了支持。此外，吉诺等（2009）认为，情绪可能在非伦理行为传染过程中发挥中介作用。他们的实验研究发现，当存在外部监督者时，群体内成员的非伦理行为会引发个体的内疚感，这种负面情绪会使个体做出补偿受害者的行为，而不是跟随他人实施非伦理行为。伊莎贝尔和希尔比格（Isabel & Hilbig, 2018）的研究表明，（非）伦理行为遵循了传统的基于效用的逻辑，即潜在制裁的风险和严重程度会影响人们是否说谎。也就是说，在撒谎这个行为产生时个人不仅要考虑外部收益和谎言造成的内部成本，还要考虑被抓住撒谎的外部成本。

文鹏、史硕（2012）提出了团队内非伦理行为的社会互动理论模型。他们指出，当团队内其他成员都实施某种非伦理行为时，焦点个体会产生较强的从众心理，同时对于自身道德的认同程度也会降低，进而产生类似的非伦理行为。这种过程可能还会受到个体文化价值观（如集体主义）的影响。文鹏、陈诚（2016）进一步认识了非伦理行为"近墨者黑"效应的发生机制，研究表明，当他人实施非伦理行为时，焦点个体会产生较强的道德推脱，进而导致其实施类似的行为。

舒晓村（2015）将非伦理行为区分为亲组织的非伦理行为和反组织的非伦理行为，并指出这两种非伦理行为的传染效应具有差异性。其通过实证研究证明：同事非伦理行为对个体非伦理行为具有显著的正向影响。非伦理亲组织行为的传染效应大于非伦理反组织行为的传染效应。领导监管对非伦理反组织行为的传染效应具有负向调节作用，但对非伦理亲组织行为的传染效应具有正向调节作用。组织认同对非伦理亲组织行为的传染效应具有正向调节作用，但对非伦理反组织行为传染效应的调节作用不显著。道德辩解在两种类型非伦理行为传染过程中均发挥着中介作用。间接学习在非伦理反组织行为传染过程中发挥着中介作用，但在非伦理亲组织行为传染过程中的中介作用不显著。同事非伦理亲组织行为与领导监管的交互项是通过道德辩解的中介作用影响个体非伦理亲组织行为的。同事非伦理亲组织行为与组织认同的交互项也是通过道德辩解的中介作用影响个体非伦理亲组织行为的。

（三）影响非伦理行为扩散的情境因素

罗宾逊和奥阿里·凯利（1998）提出了影响员工的反社会行为与同事的反社会行为之间关系的各种缓冲变量，包括团队内部反社会行为的一致性、在团队中的任期、任务依赖性以及领导监管等。具体而言，团队中其他成员如果都实施非伦理行为，就会在团队内形成一种不道德的团队氛围，在这种氛围下个体更可能从事非伦理行为；随着个体在团队内的工作时间增长，对团队成员也更为熟悉，受同事非伦理行为的影响越大；团队员工如果需要互相协作以完成工作任务，团队成员间的互相影响就越大；领导监管加大了非伦理行为被发现的可能性，而且领导对下属非伦理行为进行惩罚也会降低非伦理行为发生的可能性。

吉诺、阿亚尔和阿里里（Gino, Ayal & Ariely, 2009）在研究旁观者非伦理行为对个体产生作用的条件时发现，当个体发现"圈内"的旁观者实施非伦理行为时，个体会改变关于行为伦理社会标准的认知，从而提高个体实施非伦理行为的可能性。而实施非伦理行为的旁观者属于"圈外"人，则会让社会伦理标准更加凸显，从而减少实施非伦理行为。此外，当存在外部监督者时，个体会因为内群体成员的非伦理行为感到内疚，从而降低了非伦理行为传染效应，如果没有外部监督者，内群体成员的非伦理行为易于发生传染效应。

奥法伦和巴特菲尔德（2011）基于人际距离理论和相关实证研究结果，进一步探索了罗宾逊和奥阿里·凯利（1998）所说的"有样学样"现象的边界条件。他们实证发现学生自身的非伦理行为与其他同学的非伦理行为之间关系的强弱受到个体道德认同的影响，道德认同高的个体更有可能将同事非伦理行为界定为不道德行为，且不易于受到同事非伦理行为的影响。杜斯特等（Dust et al.，2018）认为，道德领袖是以价值观为本、以人为本、以社会化而非自私的权力动机为本的领导人。其通过提出心理赋权为道德领导与员工当前的成功和成功潜力之间建立了联系，道德领导激励了员工认同，使员工更倾向于做正确的事。

舒晓春（2015）发现，领导监管对反组织非伦理行为的传染效应具有负向调节作用，但对亲组织非伦理行为的传染效应具有正向调节作用；组织认同对亲组织非伦理行为的传染效应具有正向调节作用，但对反组织非伦理行为传染效应的调节作用不显著。文鹏、陈诚（2016）也指出个体的道德认同和内部控制点会负向调节他人非伦理行为与焦点个体非伦理行为的关系。具体而言，当焦点个体的道德认同较高，或内部控制点较强时，他人非伦理行为对个体实施非伦理行为的影响会减弱。

此外，还有研究者基于社会网络的视角探讨了非伦理行为传染过程的缓冲变量。例如布拉斯等（Brass et al.，1998）提出组织内部的社会网络关系连接的集中度越高，网络结构洞越少，团队成员之间越是多重关系，非伦理行为就越容易传染。布莱恩等（Brian et al.，2008）从关系类型和关系结构两个方面解释了非伦理行为在组织中的传播。王端旭等（2015）运用计算机仿真方法发现，团队社会网络特征如关系密度和关系强度对非伦理行为在团队内的传染效应具有正向调节作用。汪伟良、董阳（2014）以某大学"撤稿事件"为例，研究了网络关系强度在学术不端行为演变过程中的作用。祖伯（Zuber,2015）提出了一个非伦理行为传播的动态的社会网络分析框架，在该框架中，传播被定义为肇事者、受害者和观察员对非伦理行为的初步行为反应的结果。该理论框架表明，这些参与初始行动的行动者之间的社会关系以多种方式影响了非伦理行为蔓延的可能性。此外，该框架揭示了社会关系可能改变随后的非伦理行为，因此，组织中可能会出现间接的负面影响。祖伯（2015）所提出的框架为网络的、动态的、正式随机行动者导向模型的提出提供了基础，这将使对非伦理行为的扩散进行仿真模拟得以实现。

平托、利恩斯和皮尔（Pinto, Leans & Pil, 2008）在对组织中腐败的两个基本方面：个人或组织是否是腐败活动的受益者；以及腐败行为是由个体行为者还是由两个或更多行动者承担进行研究时指出，其所识别的组织内部因素可能影响组织内部不同个体或团队之间非伦理行为的相关性，组织外部因素可能影响组织之间非伦理行为的相关性（详见 Pinto, Leans 和 Pil, 2008）。库利克、奥法伦和萨利玛（Kulik, O'Fallon & Salimath, 2008）对安然公司的案例研究发现，非伦理行为会在组织成员间扩散和蔓延，尤其是当组织内存在激烈的竞争时，非伦理行为更易于在组织成员间进行传染。

# 第三章 文献述评

综合前面介绍的（非）伦理决策和行为的研究成果，可以发现尽管研究者们对（非）伦理决策和行为问题已经开展了广泛的研究并且取得了较为丰富的成果，但现有关于（非）伦理决策和行为的研究仍存在一些不足，这些不足将成为我们今后进一步研究、改进的方向。接下来我们将主要从研究议题、理论的发展和研究方法等方面对已有的研究进行反思，并展望未来的研究。

## 第一节 研究议题

尽管目前有关（非）伦理决策和行为的研究活动如火如荼地展开，但许多值得注意的问题尚未得到足够的关注。比方说新的工作方式和安排的作用，因为当前工作正在越来越多地通过广泛的距离和技术接口来完成（例如邮件、网络应用、即时通信和视频会议等）。在如今松散型的组织中，团队通常跨越时空限制分散到不同的地方，他们或是在家或是在不同城市或国家的办公室中办公。这些工作安排对于当前的组织可能会带来独一无二的伦理管理挑战。最近的已有研究表明，与笔和纸交流相比，当通过邮件进行交流时，人们更愿意撒谎（Naquin et al.，2010）。当通过技术交流进行工作的时候，物理观察者的缺乏或者来自家庭的影响会进一步增加非伦理行为的可能性。因为当人们进行远程工作的时候，监控变得更有挑战性了。这些新工作安排也可能增加人们从事非伦理行为的机会。此外，这些新的工作方式和安排可能改变了员工考虑伦理问题的方式。例如，远程工作实际上可能减少对利益相关者的潜在伤害，从而减少道德强度或减少伦理对话的机会。

### 一 伦理决策过程研究需要新的突破

雷斯特（1986）提出的伦理决策过程框架在描述性伦理研究中占主导地位，但这四个步骤是否真正揭示了个体伦理决策过程的本质？在这之前、之中、之后是否还有其他步骤？如前景理论将在不确定或风险条件下的选择过程分为两个阶段：编辑和评价。在编辑阶段决策者会主动搜寻对他们有影响的关键环境变化和事件，并运用各种各样启发式来编辑前景信息以简化问题，并形成参照点。而雷斯特的模型中并没有提到决策的编辑阶段。但事实上，决策者在面临伦理问题时是否也会运用各种启发式来简化问题，形成参照点？这些问题尚未得到探讨。从雷斯特的模型本身而言，至今少有实证研究对雷斯特模型进行整体检验，如果对模型四个基本步骤的边界条件进行深入分析，是否能够揭示伦理认知在何种条件下会引起伦理判断？伦理判断在何种条件下又会引起伦理意图？伦理意图又在何种条件下会导致伦理行为？这一系列问题都有待解答。

### 二 寻找其他影响伦理决策和行为的因素

尽管目前研究者们就伦理决策和伦理行为的影响因素开展了许多有意义的探索，俘获了许多影响伦理决策和行为的因素，但在影响因素的探讨上，还存在一些不足。如对某些个体因素，如认知、偏见、冲突、意图、认知需要、组织承诺等关注甚少，但这些因素对工作场所的伦理决策的影响却是不可忽视的。同时，目前研究也较少从社会关系视角研究伦理决策问题，社会网络概念与社会网络分析同员工伦理或非伦理行为的研究之间有某种天然契合性，以社会网络视角透视员工非伦理决策和行为，将为研究者提供新的研究范式，同时在社会关系因素中，现有的研究也较少关注社会地位对伦理决策的影响。但随着2008年国际金融危机的爆发，安然、世通等高管非伦理行为的集体曝光，使得我们不得不思考这一问题，这些位于高社会地位，拥有财富、权力和声誉的个体，为何会做出非伦理的决策和行动？此外，对情绪因素的忽略也是目前伦理决策模型的主要缺陷之一，其过于强调了道德决策的理性因素，忽视了情绪等伦理决策的直觉性特点，未来的研究应更加注重将情绪因素引入伦理决策研究中，这将有助于更深入地理解人类的道德决策。

组织结构特征的潜在影响也经常在研究中被忽略，特别是那些要么是为了提高员工的伦理行为的明确地设计的特征，要么是那些可能有助于非伦理行为的特征。例如，除了概念性的工作之外，我们对组织中伦理与合规官（ethics and compliance officers）或者是组织中的纪律检查部门的了解甚少，比如，他们是如何开展工作的？是什么使他们和他们的工作变得有效和无效？考虑到他们在管理伦理程序、伦理氛围、伦理文化以及支持伦理和不支持组织中的非伦理行为中的作用而言，这似乎是很有必要思考的问题。

组织中权威结构和系统的作用也还在研究和探索中。例如，间接代理涉及通过其他人进行非伦理的行为，例如当经理建议下属通过不道德的手段完成任务时。虽然间接代理在过去与非伦理的行为有关

（Milgram，1974；Paharia et al.，2009），但未来的研究应该超越权威动态的概念，以更好地理解组织中间接代理的范围、机制、触发因素和结果。

在伦理决策和行为影响因素研究中的另一个常见的问题是，研究者大多仅仅从个体、组织、伦理问题、社会文化中的某一个角度探讨伦理决策和行为的影响因素，却很少探讨决策者个体特征、组织情景、决策任务和社会文化之间的交互作用。而个体伦理决策和行为往往会受到多方面因素的影响，综合考虑各因素的交互作用，可能更加符合实际。

### 三 挖掘伦理决策影响因素中的中介和调节变量

奥法伦和巴特菲尔德（2005）曾特别指出在未来的研究中需要更多的研究来考察交互效应，即进一步识别伦理决策影响因素中的中介和调节变量。尽管目前研究者们在这一问题上已做出了许多积极的尝试和努力，但要进一步挖掘相关因素对伦理决策的影响机制，精确揭示其影响路径，还需要识别在其中起中介作用的关键变量。另外，对边界作用的探讨，即识别伦理决策影响因素中的调节变量，有助于理解在何种情况下相关因素会对伦理决策产生影响，何种情况下这一影响会增强、减弱或者消失。这有助于研究者们寻找到促使个体做出伦理决策，减少或避免个体做出非伦理决策的有效手段并付诸实践。因此，对伦理决策影响因素中的中介和调节变量的探究是今后需要进一步探讨的问题。

### 四 拓展工作场所员工非伦理行为的研究

现有文献对工作场所员工非伦理行为进行了许多有意义的探讨，但仍存在许多值得继续深入研究的问题：如目前尚缺少对工作场所非伦理行为的系统分类；对非伦理行为本身形成机制研究不足；再者，虽然已有学者呼吁要关注非伦理行为的社会互动现象，但相较于对非伦理行为的影响因素的系统探究而言，目前关注非伦理行为在个体和个体之间、个体和群体之间，以及群体与群体之间的传染和扩散的研究还较为零散，相关实证研究也才刚刚开始。工作场所非伦理行为的扩散机制究竟是怎样的？哪些因素会对其产生影响？这些问题尚未得到清晰的回答。此外，现有研究也甚少关注各影响因素之间对员工非伦理行为的交互作用，也缺少根植于中国情景下的工作场所员工非伦理行为研究，非伦理行为的形成和扩散过程中会具有哪些本土化的特征呢？哪些策略能有效地干预非伦理行为的形成和扩散呢？这些问题均值得进一步探讨。

此外，现有的研究较少关注团体阶层伦理决策制定或者行为，尽管事实上，组织中的许多决策是在团体环境下制定的，并且大多数工作包含了团体。直观上而言，非伦理行为在团体中将会更高似乎是合理的，由于道德脱离（例如，责任的分散）或者某些团队成员或多或少地可能影响了（非）伦理行为，因此未来可以对团体中的非伦理决策或行为的形成和扩散加以关注，发掘那些可能放大、加剧或减少、消除团队中非伦理决策或行为的可能性的因素。

### 五 开展有中国特色的伦理决策和行为研究

目前，几乎所有的伦理决策和行为研究都是在西方文化背景下进行的，尽管也有学者在亚洲和大洋洲开展过一些伦理决策研究（Rossouw，2012），但是相比西方大范围的研究，这些研究只占很小的比例。而我国现有关于伦理决策和行为的研究也大多是对西方已有研究成果的介绍和理论思考（吴红梅、刘洪，2006；周延云、李瑞娥，2006；李晓明等，2007；张彦，2008；王鹏等，2011；夏绪梅，2011），少有的一些实证研究也大多是在西方伦理决策和行为理论指导下的尝试性探索（Lam & Shi，2008；Zhang, Chiu & Wei，2009；阎俊、陈丽瑞，2009；王进，2010）。但中、西方明显存在较大的文化差异，中国在其伦理道德体系发展上有着自己的独特性，现阶段的中国，处于社会经济转型时期，传统观念和新思想的碰撞融合使得其伦理决策和行为研究也应有其独特的一面。因此，未来应立足中国国情，开拓有中国特色的伦理决策和行为研究领域，寻找具有中国特色的影响伦理决策和行为的因素，如探讨独具中国特色的"潜规则"对工作场所非伦理行为的影响。

## 第二节　理论的发展

从本篇的综述中可见，班杜拉（1986）的社会认知理论被数十次地提及，其研究工作已经指导了（非）伦理决策和行为许多领域的研究，从道德注意到道德努力，到道德脱离，到道德认同，到伦理领导，再到非伦理行为的扩散等。可见，组织中（非）伦理决策和行为的许多研究领域的理论是持续关联的。社会认知理论是一个宽泛的理论，能够容纳组织行为伦理研究的各种不同的方法。该理论不仅考虑到了成功的自我调节的研究，而且也考虑到了失败的自我调节的研究（道德脱离）。但是，由于社会认知理论的出发点似乎也是"理性人"假设，即假设个体会预先计划好并采用某个明显的认知观点，然而越来越多的证据已表明人是有限理性的个体，未来的研究应该考虑怎么用理论来补充社会认知理论以便更好地解释（非）伦理决策和行为中无意识的直觉和情感过程，特别是在复杂的组织生活的环境中尤其如此。但现有的一些理性和深思熟虑的伦理决策和行为模型是难以完全解释伦理思维和实践困境的复杂性的，认知的理性模式常常难以俘获真实的人类选择和行为,伦理决策过程的有限理性同样值得人们关注。如海特(2001)发现个体在道德决策时存在"道德失声"现象,即个体能够进行快速并十分肯定的道德判断,却无法给出支持这种判断的适宜理由。据此,他认为真正影响道德决策的是一种快速、自动化且无意识的道德直觉,即"个体突然产生了包含情绪效价(好—坏、喜欢—不喜欢)的道德判断,他虽然意识到了这个判断,却无法觉察到其中搜索、权衡或结论产生过程中的任何步骤"。海特(2001)声称,判断和支撑它的信念之间的关系并不意味着信念会产生判断。相反地,道德判断是道德直觉的产物,并且,其随后即便有道德推理(如果必需的话),也是事后建构用以证明决策和用来影响他人的(直觉)。

尽管在承认和理解伦理决策的慎重的和直观的特征上,已有的研究已经取得了很大的进步,但是未来还需要更多的实证和理论研究对伦理决策的过程和结果进行分类研究。例如,未来研究需要了解何时组织中的伦理决策是更加直觉的?何时是更为审慎的?何时一种决策方式比另一种更可取?如古尼亚等(2012)发现,与做出快速决策相比,给个体机会从事其打算的行为,或者与伦理的同事进行一场会话会影响他们做出更合乎伦理的决策。与此相反,钟(2011)发现,与基于情感或者直觉的决策相比,意图减少了人们的伦理行为。在他的研究中,慎重的决策增加了非伦理行为,并且减少了利他的动机。而来自认知神经科学的证据则发现,当将道德判断视为类属概念时,研究倾向支持道德判断的非理性加工;当视为类似记忆的连续体时,倾向支持理性与非理性的双加工。研究还显示,个体进行风险回避的道德判断时多是基于行动的非理性判断;进行奖赏趋近道德判断时多是基于意图的非理性判断。[①] 墨菲和达辛（Murphy & Dacin，2011）在研究欺骗的心理路径时，发现当面临机会和激励/压力时，"没有意识到""应对合理化的直觉"和"推理"这三种取决于态度合理化的心理路径将引导个体走向欺骗。未来的研究需要提供能帮助解决在这些研究中出现的明显的矛盾的理论。

事实上，已有研究已经尝试提出相关的理论，如海特（2001）提出了一个道德的社会直觉主义模型以替代理性主义模型，但遗憾的是，他没有提供相关的经验证据来证实其模型。韦斯逊（2011）提出了将伦理决策的理性水平加工和直觉水平加工整合在一起的商业伦理决策模型，打破了以往仅仅从意识层面和理性加工角度探究伦理问题的局面，是对经典伦理决策过程模型的有益补充。

可见，在社会认知的双过程加工理论的推动下，目前研究者已经逐步承认了直觉在伦理决策中所扮演的角色，开始探索直觉因素在伦理决策中的作用及其发挥作用的边界条件。但有关伦理决策的直觉水平加工过程本身的研究还较为少见，现有的大多数伦理决策模型均描绘的是基奇纳（Kitchener，1984）提出的临界—评价水平之上有意识的伦理决策过程，即以伦理认知为起点，却少有研究关注在直觉水平的伦理决策过程究竟是怎样的？其生理机制如何？其与临界—评价水平的伦理决策模型所刻画的决策过程是否存在差异？其又是如何与伦理决策的理性过程产生交互作用的？这些问题目前尚未得到很好的回答和解释。

---

[①] 转引自沈汪兵、刘昌《道德判断：理性还是非理性的？——来自认知神经科学的研究》，《心理科学》2010年第4期。

## 第三节 研究方法的问题

调查法和实验法是研究者们研究（非）伦理决策和行为的主要方法，其中调查法可以称得上是目前在该领域使用最多的方法。近年来，随着各类商业丑闻的爆发，人们对不道德的工作行为越来越感兴趣，从而增加了对非伦理行为有效测量的需求。对非伦理行为，尤其是工作场所非伦理行为的测量一方面可以评估组织伦理管理政策的有效性，具有重要的实践意义；另一方面，有效测量非伦理行为对于检验非伦理行为方面的理论至关重要。尽管调查法在非伦理行为的学术和实践领域被广泛使用，但迄今为止很少关注这些调查中可能存在的设计问题。除了调查法固有的不足外，另有几个重要问题也可能影响关于该主题中问卷数据的可靠性和有效性，例如社会期望偏差。如沃特斯等（Wouters et al., 2014）讨论了关于非伦理工作行为的在线调查设计中的两个重要问题：关于某些类型的非伦理工作行为频率问题的回应量表以及在线调查中背景问题的可能影响。他们基于关于政府诚信的大样本（n=3386）中双重分裂选票实验的分析结果研究发现，当比较具有所有类别标签的响应标度与响应标度最终只有锚点的两种不同作答方式时，后者提供的答案具有更高的有效性。此外该研究并没有得到相关的证据支持在最后才提出背景问题比以避免对匿名的担心的传统做法更为有效。相反，研究认为这可能会因为社会期望效应反过来影响数据的可靠性和有效性。且令人惊讶的是，他们的研究结果表明，在调查开始时，被调查对象会回答更多的人口统计问题，并且背景问题的位置并不影响参与者的回报率和反应行为。沃特斯等（2014）的研究对象是公共部门，那对于企业等私营部门是否也是如此？是否有更好的方式可以控制（非）伦理行为研究中社会赞许效应的影响？是值得未来继续思考的问题。

由于问卷调查仅能对变量做相关推断，也较难分解根植于复杂环境因素中数据的因果关系，因而无法构建出变量间的因果模型。而社会科学研究中逐渐兴起的实验室实验，由于具有可控性、可重复性和低成本等巨大优势，使得许多貌似无法用传统经验数据加以验证、难以用标准现场数据进行测试的问题得以研究，从而成为社会科学研究者们用于构建、检验因果关系模型，发掘新理论的重要研究方法与社会科学知识的主要来源（Falk & Heckman, 2009）。因此，这种方法也逐渐被用来帮助理解（非）伦理决策和行为的影响机制。如功能性核磁共振成像技术的使用，使研究者可以观察在伦理决策过程中各种各样的因素对大脑的影响［详见 Salvador and Folger（2009）的研究综述］。然而，需要警醒的是，我们更加希望在组织情境中来探寻（非）伦理决策和行为问题，而组织内工作的现实是难以用实验室实验法俘获的。例如，要在实验室中复制权威关系，群体动力学或者认同的作用以及对组织的承诺等在实验设计中是具有挑战性的。因此，今后研究者们可以用其他方法将实验室研究的结果扩展到现实领域，以确保研究结果对复杂的组织环境的普遍适用性。

此外，考虑到（非）伦理决策与直观的和自动的过程有关，一些用以研究直觉和自启动议题的心理学方法，如精细的启动研究和内隐联想测验（IAT）也可以用于（非）伦理决策的问题中来。雷诺兹等（2010）自主研发了一种隐性测量"企业本质上是道德的"的个体假设的方法，借用该方法，其研究表明，个体关于企业道德认同的假设通过影响其非伦理行为（超出了明确的态度）以及与微妙的环境线索（关于竞争）的相互作用来影响行为。另一项研究利用 IAT 认为职业身份可能有道德的内涵，职业的身份可以用精细的线索来启动，并且这些身份随后预测了伦理的判断（Leavitt et al.，2012）。有关该方法的介绍可参见 Uhlmann 等（2012）对该方法的研究述评。

需要注意的是，传统的实验和调查研究的另外一个局限在于，他们检验的是事先已经被理论化和概念化的模型。而定性研究可能解决这个局限性（Lee，1999），特别是在当前缺乏了解的组织伦理领域。例如，格曼等（Gehman et al.，2013）曾使用扎根理论方法提出了"价值观工作"（values work）的理念，这一过程强调了将价值观实践融入组织生命之中并在一段时间内维持下去的挑战。未来可以进一步开拓的研究领域可能包括调查管理组织中伦理氛围、文化，以及其他伦理基础设施的复杂性；了解组织成员回应伦理举措的方式；并且学习伦理信息是怎样向上、向下和在组织周围进行传递的。对于这些探索性的工作，定性研究方法是一个不错的选择与补充。

# 第二篇

## 企业员工工作场所非伦理行为的形成和传导

# 第四章 企业员工工作场所非伦理行为的类型探析

## 第一节 引言

伦理学家常常从伦理道德的角度将人类行为划分为伦理行为和非伦理行为。其中,伦理行为是指在一定道德意识的支配下发生的,有利于他人、社会或者有害于他人、社会的行为。非伦理行为则是指不受一定意识的支配,也不涉及对他人或社会是有利还是有害这一问题的无道德意义、不能进行道德评价的行为,如精神病患者的行为(洪科芳,2010)。而组织行为学、心理学和管理学家则将非伦理行为定义为有害于他人、社会,违反了人们广为接受的道德准则,其仍属于伦理学家所定义的伦理行为的范畴。本书的研究则主要从管理学的视角出发将工作场所非伦理行为定义为对组织内外他人有害、违反了人们广为接受的道德准则而不能被组织其他成员所接受的行为(Jones,1991;Treviño,1986),如虚报绩效、恶意怠工、偷窃财物等。现有的一些调查(KPMG,2008;Compliance and Ethics Leadership Council,

2008）表明工作场所非伦理行为已成为一种普遍的现象。并且由于非伦理行为造成的财务、声誉和情绪成本（Den Nieuwenboer, 2008; Karpoff et al., 2008），往往使组织面临阻止、检测和应对非伦理行为的极大挑战（Giacalone et al., 2008; Goodpaster, 2007; Kidwell & Martin, 2005）。因此，如何控制、减少和消除工作场所非伦理行为已成为研究者和实践家们面临的共同挑战。然而，不同类型的非伦理行为可采取的控制措施可能不同，因此要控制、减少或消除工作场所非伦理行为的前提就是要准确识别员工工作场所非伦理行为及其类型。为此，本部分将通过问卷调查，识别工作场所非伦理行为的不同类型，并对其在人口统计变量等特征变量上的差异性加以比较。

## 第二节 研究设计与方法

### 一 研究样本

本部分的研究主要采用问卷调查法收集样本，研究同时发放纸质问卷和电子问卷（详见附录"调查问卷"），共回收问卷458份[①]，其中有效问卷379份，有效率为82.75%。有效问卷研究样本主要来自北京、湖南、深圳、广西、贵州、广州、辽宁、云南等地的企业员工。

从样本的基本分布情况来看，被调查对象中男性占53.07%，女性占46.93%，男女比例较为均衡。被调查对象平均年龄30.33岁（SD=6.63），平均工龄6.59年（SD=6.40），在目前所在单位工作时间平均为3.99年（SD=4.57）。在被调查对象中有宗教信仰的占12.77%；未婚者占57.26%，已婚者占42.20%，离异者占0.54%；

---

① 由于电子问卷无法精确统计发放的数量，故此处仅统计回收的问卷数。

政治面貌中,党员占31.73%。在提供职称信息的被调查对象中,59.52%的调查对象为初级职称,31.97%为中级职称,8.50%为高级职称。在提供受教育程度的369名被调查对象中,小学文化的2人,初中文化的12人,高中文化的34人,中专文化的28人,技校文化的9人,大学专科文化的75人,大学本科的154人,硕士及以上的55人。在提供单位性质的被调查对象中,国有或国有控股企业者占38.02%,集体所有或集体控股企业者占9.64%,私有/民营或私有/民营控股者占45.73%,港澳台资或港澳台资控股、外资所有或外资控股以及其他者占6.61%。

### 二 研究工具

非伦理行为:对于非伦理行为的测量,本部分的研究主要综合采用了阿卡赫(Akaah,1996)开发的非伦理行为量表和苏阿尔和昆提亚(Suar & Khuntia,2010)在研究中使用的非伦理实践问卷,剔除了两者之间表意重复的题项和不符合中国国情的题项后,最终保留了26个题项。

所有的测量均采用李克特(Likert)7点量表,表示同意的程度和行为的频率。具体调查问卷详见附录"调查问卷"。

本部分的研究采用SPSS 17.0软件对数据进行相关统计分析。

## 第三节 数据分析与讨论

### 一 非伦理行为调查问卷的信效度分析

由于本部分的研究采用的非伦理行为调查问卷来自国外的量表或问卷,因此在进行分析之前有必要对所采用的工具中的测量题项进行进一步筛查,并对测量工具的信效度进行检验,检验具体程序如下:

首先，采用探索性因素分析，探究测量工具的维度，删除所抽取的公因子载荷小于0.4的题项；其次，对各测量工具的内部一致性系数进行考察，删除会使量表或问卷内部一致性系数降低的题项；最后，按照探索出来的因素进行验证性因素分析，计算因子载荷，并计算删除题项后的量表或问卷的内部一致性系数。结果如表4-1所示。

表4-1　　　　　　　　研究工具信效度分析

| 因素 | 题项 | 因子载荷 |
| --- | --- | --- |
| 因素1（percentage variance % = 29.338；Cronbach's α = 0.939） | 25. 泄露、滥用或误用组织保密信息或私有信息 | 0.866 |
| | 24. 破坏计算机、网络或数据库控制 | 0.856 |
| | 26. 盗窃或不恰当处理公家财产（如现金、设备、材料等） | 0.833 |
| | 16. 将工作失误嫁祸给无辜同事 | 0.736 |
| | 22. 授权下属违反组织规定 | 0.711 |
| | 12. 通过威胁或敲诈获得工作 | 0.649 |
| | 18. 利用别人的无知 | 0.616 |
| | 15. 指使接线员谎报个人在岗情况 | 0.544 |
| | 14. 篡改时间、质量、数量等工作报告 | 0.548 |
| 因素2（percentage variance % = 21.317；Cronbach's α = 0.888） | 23. 不上报他人违规行为 | 0.729 |
| | 17. 为个人利益使用单位资源 | 0.713 |
| | 19. 不按时上下班或中途离岗 | 0.701 |
| | 1. 上班时间处理私人事务 | 0.646 |
| | 20. 隐瞒个人失误 | 0.619 |
| | 4. 抱怨他人的工作 | 0.587 |
| | 21. 装病请假 | 0.559 |
| 因素3（percentage variance % = 19.326；Cronbach's α = 0.902） | 8. 公务差旅中，在最昂贵的酒店吃、住 | 0.724 |
| | 7. 为受到优待而收礼 | 0.762 |
| | 6. 为受到优待而送礼 | 0.711 |
| | 2. 公费携配偶或家人出差 | 0.698 |
| | 5. 虚报账目 | 0.626 |

从表4-1中可见，本部分研究所采用的由26个题项构成的非伦

理行为问卷，经过题项的删减后，最终剩余的 21 个题项按照凯撒（Kaiser）准则可析出 3 个公因子，累积方差贡献率为 58.51%，整个问卷的内部一致性系数为 0.958。具体而言，第一个因素由 9 个题项构成，除题项 15、题项 18 外，其余各题项描述的均为较为严重的非伦理行为，如"盗窃或不恰当处理公家财产""通过威胁或敲诈获得工作"，有的甚至触犯法律法规，因此可以将其命名为触犯法律法规的非伦理行为；第二个因素由 7 个题项构成，各题项描述的均为较为常规和轻微的非伦理行为，如"上班时间处理私人事务""装病请假"等，因此可以将其命名为一般性质的非伦理行为；第三个因素由 5 个题项构成，所涉及的均是与财物有关的非伦理行为，如"公费携配偶或家人出差""为受到优待而收礼"等，因此可以将其命名为财物指向的非伦理行为。问卷三个维度的内部一致性系数均在 0.8 以上，满足测量学要求。

## 二 不同群体差异比较

（一）不同性别企业员工非伦理行为比较

以往的相关研究综述表明，性别对非伦理决策和行为的影响还缺乏较为稳定的证据（Kish-Gephart et al.，2010；Craft，2013；Lehnert et al.，2015）。采用独立样本 T 检验探讨男女性员工在三类非伦理行为得分上的差异，结果如表 4-2 所示。可见，尽管男性员工在触犯法律法规的非伦理行为、一般性质的非伦理行为和财物指向的非伦理行为的得分均略高于女性，但三类非伦理行为上所体现的性别差异并未达到显著水平。

（二）不同代际企业员工非伦理行为比较

现有的研究表明不同代际的员工在工作价值观上存在显著差异（Twenge et al.，2010；Hansen，2011；陈坚、连榕，2011；陈翼、唐宁玉，2012）。而工作价值观是个体关于工作行为及其在工作环境中获得的某种结果的价值判断，是一种直接影响行为的内在思想体系，对员工的态度和行为有着重要影响（Elizur，1984）。员工的工作价值观会影响其工作行为，使其积极地卷入工作，或是消极地疏离工作，寻找工作之外的满足（田喜洲等，2013）。因此，不同代际的企业员工在非伦理工作行为上也可能会存在差异。

表4-2　　　　　企业员工非伦理工作行为性别差异比较

|  | 性别 | N | 平均数 | 标准差 | t | P |
| --- | --- | --- | --- | --- | --- | --- |
| 触犯法律法规的非伦理行为 | 男 | 195 | 1.842 | 1.174 | 1.381 | 0.168 |
|  | 女 | 166 | 1.678 | 1.066 |  |  |
| 一般性质的非伦理行为 | 男 | 194 | 2.523 | 1.302 | 1.274 | 0.204 |
|  | 女 | 172 | 2.354 | 1.226 |  |  |
| 财物指向的非伦理行为 | 男 | 195 | 2.148 | 1.325 | 1.550 | 0.122 |
|  | 女 | 172 | 1.943 | 1.187 |  |  |

研究将被调查对象按照出生年份划分为新生代员工和老一代员工，采用独立样本T检验对不同代际企业员工非伦理行为进行差异比较。从表4-3中可见，出生于1980年后的新生代员工在触犯法律法规的非伦理行为（t=2.151，p<0.05）和一般性质的非伦理行为（t=2.939，p<0.01）的得分上均显著高于老一代员工，在财物指向的非伦理行为的得分上则不存在显著的代际差异。可见与老一代员工相比，新生代员工更多地出现了非伦理行为。这可能是因为与老一代员工相比较而言，新生代员工在工作价值观上更加具有高度成就导向和自我导向、注重平等和漠视权威（Charu Shri，2011）[1]，这些工作

---

[1] 转引自李燕萍、侯烜方《新生代员工工作价值观结构及其对工作行为的影响机理》，《经济管理》2012年第5期。

价值观使新生代员工有清晰的个体工作偏好，该偏好一旦未能满足就有可能导致非伦理行为。而财物导向的非伦理行为之所以尚未出现显著的代际差异可能是因为大多数新生代员工在公司尚未达到独立支配、使用公司财物资源的层级，这使其少有机会实施这类非伦理行为。

表4-3　　　　　不同代际企业员工非伦理工作行为差异比较

|  | 代际 | N | 平均数 | 标准差 | t | P |
|---|---|---|---|---|---|---|
| 触犯法律法规的非伦理行为 | 新生代 | 257 | 1.845 | 1.178 | 2.151 | 0.033 |
|  | 老一代 | 97 | 1.583 | 0.958 |  |  |
| 一般性质的非伦理行为 | 新生代 | 257 | 2.569 | 1.314 | 2.939 | 0.004 |
|  | 老一代 | 101 | 2.161 | 1.123 |  |  |
| 财物指向的非伦理行为 | 新生代 | 259 | 2.062 | 1.257 | 0.161 | 0.873 |
|  | 老一代 | 101 | 2.038 | 1.293 |  |  |

（三）有宗教信仰和无宗教信仰的员工非伦理行为比较

宗教使人向善，西方的一些研究表明有宗教信仰的个体较少做出非伦理行为（O'Fallon & Butterfield，2005；Kish - Gephart et al.，2010；Craft，2013；Lehnert et al.，2015）。

为此，研究同样比较了有宗教信仰和无宗教信仰的员工在非伦理行为上的差异，结果如表4-4所示。可见，除了在一般性质的非伦理行为上，有宗教信仰的员工得分在0.1统计水平上低于无宗教信仰的员工，其他两类非伦理行为上，有宗教信仰的员工和无宗教信仰的员工之间不存在显著差异。这一方面可能是因为我国信仰宗教的人数本身较少，因此宗教对非伦理行为的规制作用有限。另一方面则表明，可能宗教信仰仅仅对一般性质的非伦理行为有一定的抑制作用，在涉及较大的利益和较为严重的问题上，其作用则有限。

表4-4 不同宗教信仰企业员工在非伦理工作行为上的差异比较

|  | 宗教信仰 | N | 平均数 | 标准差 | t | P |
|---|---|---|---|---|---|---|
| 触犯法律法规的非伦理行为 | 无 | 309 | 1.795 | 1.117 | 1.486 | 0.138 |
|  | 有 | 45 | 1.531 | 1.105 |  |  |
| 一般性质的非伦理行为 | 无 | 312 | 2.490 | 1.268 | 1.830 | 0.068 |
|  | 有 | 47 | 2.131 | 1.175 |  |  |
| 财物指向的非伦理行为 | 无 | 313 | 2.087 | 1.277 | 1.578 | 0.116 |
|  | 有 | 47 | 1.775 | 1.192 |  |  |

（四）不同政党员工非伦理行为比较

同样，研究采用独立样本T检验比较了共产党员和非共产党员在三类非伦理行为得分上的差异，结果如表4-5所示。可见，党员和非党员在触犯法律法规的非伦理行为和一般性质的非伦理行为上均不存在显著差异，但在财物指向的非伦理行为上，党员的得分在0.1的统计水平上显著高于非党员。

表4-5 共产党员和非党员在非伦理工作行为上的差异比较

|  | 政党 | N | 平均数 | 标准差 | t | P |
|---|---|---|---|---|---|---|
| 触犯法律法规的非伦理行为 | 中国共产党 | 105 | 1.810 | 1.115 | 0.526 | 0.599 |
|  | 其他 | 260 | 1.742 | 1.128 |  |  |
| 一般性质的非伦理行为 | 中国共产党 | 109 | 2.577 | 1.256 | 1.382 | 0.169 |
|  | 其他 | 260 | 2.378 | 1.271 |  |  |
| 财物指向的非伦理行为 | 中国共产党 | 108 | 2.217 | 1.331 | 1.713 | 0.088 |
|  | 其他 | 263 | 1.970 | 1.227 |  |  |

第四章 企业员工工作场所非伦理行为的类型探析

# 第四节 研究结论

通过对379名企业员工的问卷调查，结果发现：①企业员工工作场所非伦理行为可以分为一般性质的非伦理行为、触犯法律法规的非伦理行为和财物指向的非伦理行为三种不同类型；②企业员工在非伦理行为上不存在显著的性别差异；③新生代较之老一代员工更多实施触犯法律法规和一般性质的非伦理行为，但在财物指向的非伦理行为上则不存在显著的代际差异；④有宗教信仰的员工更少实施一般性质的非伦理行为，但在触犯法律法规的非伦理行为和财物指向的非伦理行为上有宗教信仰的员工和无宗教信仰的员工之间则不存在显著差异；⑤被调查企业员工中的党员更多实施财物指向的非伦理行为，但在触犯法律法规和一般性质的非伦理行为上党员和非党员员工之间则不存在显著差异。

# 第五章　企业新生代员工工作场所非伦理行为探究

## 第一节　引言

目前，有关代际问题的研究主要集中在美国、英国、加拿大和澳大利亚等国，以美国为代表，其按代际将劳动力资源划分为四类：传统型员工（1945年前出生），婴儿潮一代（1946—1964年出生），X一代（1965—1975年出生），Y一代（1980—1999年出生）（Smith，2004）。其中"Y一代"即代表着西方的新生代员工。[①] 国内一般将1980年以后出生的员工称为新生代员工。国外对新生代员工的研究起步较早，研究者们普遍认为"Y一代"具有明显不同于其他代际员工的鲜明工作特征，如位于高科技前沿（Swenson，2008）、非常自我（Bassett，2008）、流动性高、对组织忠诚度低（Rowh，2007）等，国

---

[①] 转引自伍如昕《谁更幸福？——代际视角下的中国城市居民主观幸福感研究》，《湖南城市学院学报》2014年第1期。

内研究者也基本认同这些观点（侯志林、唐宁玉，2012）。工作价值观作为影响新生代员工组织行为的重要因素，在研究过程中得到了研究者们的普遍关注（Cennamo & Gardner，2008；张剑、唐中正等，2009；周石，2009；Twenge et al.，2010；Hansen and Leuty，2011）。如特文格等（Twenge et al.，2010）发现Y一代的外在价值观（如金钱、地位等）要高于婴儿潮一代，并且更加不支持利他的价值观。陈坚、连榕（2011）也认为，中国代际工作价值观中的利他观将基本上呈现下降趋势，而陈翼和唐宁玉（2012）则认为，不同世代在利他观上不会存在显著差异。汉森（2011）的调研发现Y一代更加显著地受到报酬的激励。但雷亚尔等（Real et al.，2010）发现Y一代熟练贸易工人比婴儿潮一代更加重视社会和内在价值。此外，研究者也就如何管理新生代员工进行了探索。如乔达里与戈什（Chaudhuri & Ghos，2011）认为，可以通过逆向指导这一社会交换工具来保持婴儿潮及新生代员工的工作积极性。汤普森与格雷戈里（Thompson & Gregory，2012）认为，管理模式是激发新生代员工潜能的关键。有关新生代员工工作态度的研究则主要集中在工作满意度和组织承诺两个方面。王然（2007）发现绩效薪酬与新生代员工的工作满意度呈正相关，而基本薪酬在达到一定水平后，对员工的激励作用减弱；工作体验各项因素与工作满意度显著正相关，甚至削弱了福利对工作满意度的作用。刘红霞（2010）调查发现"80后"员工在组织承诺各成分上的平均得分均低于"80前"员工。而有关新生代员工工作行为的研究则主要集中在离职行为上（邓希泉，2009；李田，2010；徐冰霞，2011）。部分研究者也对新生代员工反生产行为和组织公民行为进行了探讨。如王妍媛、陈同扬（2012）认为在反生产行为上，新生代员工表现出行为形态的差异性和扩散性特征。刘苹等（2012）通过实证研究发现

"80后"员工的组织公民行为显著高于"80前"员工；其反生产行为和人际偏离维度则显著低于"80前"员工。从目前国内外新生代员工组织行为的研究中不难看出，现有研究覆盖的领域十分有限，研究大多集中在工作价值观的探讨上，极少关注新生代员工的工作场所行为，少有的一些关注新生代员工工作场所行为的研究在理论化和系统化方面也较为薄弱，尚未构建出可解释新生代员工某种工作场所行为的理论体系。理论和实证研究的欠缺使得对新生代员工的管理策略大多处于摸索阶段，各种措施的可靠性、有效性、适用条件还有待今后的进一步研究。

而我们前述对企业员工工作场所非伦理行为的调查研究已经表明，由于受不同的文化和价值观的影响，不同代际的员工有不同的行为表现。随着成长于改革开放背景下的新生代员工逐渐成为职场的主力军，新生代员工的工作场所非伦理行为已成为企业人力资源管理面临的新的热点问题。而要更好地规范和管理新生代员工工作场所非伦理行为，减少其带来的不良影响，则必须首先识别新生代员工工作场所非伦理行为的主要表现和特点，厘清其背后的动机和原因等问题。为此，本部分尝试采用定性的方法探讨新生代员工工作场所非伦理行为的主要表现、实施对象、动因等问题。研究可为新生代员工工作场所非伦理行为的形成问题提供新的研究视角，丰富非伦理行为理论体系，拓展员工工作场所行为理论研究范畴。同时可为企业制定有效的人力资源管理策略，杜绝或减少新生代员工工作场所非伦理行为，为提高组织的伦理道德水平提供理论指导；另外，也可为在社会层面提高公民道德素质，营造有道德、讲诚信、守秩序的社会环境提供有益的借鉴。

第五章 企业新生代员工工作场所非伦理行为探究

## 第二节 研究设计

### 一 研究方法的选择

迈尔斯与胡伯曼（Miles & Huberman，1994）曾指出定性研究最为适用于以下三种情况：①数据压缩；②数据意义的探究；③提出新的理论命题或识别新的管理现象。当需要提出一种新的理论命题或识别一种新的管理现象，而又不完全了解其细节的情况下，定性研究将是最好的选择（托马斯·W. 李著，吕力译，2014）。由于目前甚少有研究关注新生代员工工作场所非伦理行为，因此也尚未构建出可解释新生代员工工作场所非伦理行为的理论体系。而新生代有其自身的时代特征，有着区别于老一代员工的价值观念、个体偏好和偏差，因此我们不能简单地将现有的关于工作场所非伦理行为的研究结论照搬照抄到新生代员工身上，因此本部分主要采用定性研究探讨新生代员工工作场所非伦理行为的主要表现、实施对象、动因等问题。

### 二 研究对象的选择

本部分的研究旨在对新生代员工工作场所的非伦理行为进行研究，因此，研究对象的选择需符合以下要求：①属于新生代员工群体，即出生在 1980 年以后（含 1980 年），这是由本部分研究确定的研究对象的范围决定的；②工作年限在 1 年以上，有过工作场所非伦理行为的直接或间接体验，即研究对象既可以是自身体验的非伦理行为的实施者或受害者，也可以是他人实施或遭受工作场所非伦理行为的观察者；③研究对象的非伦理行为必须是发生在工作场所或与工作任务有关，而不涉及家庭伦理等其他领域，这是根据本部分研究对工作场所非伦理行为的界定来确定的。同时尽量保证研究对象性别均衡,访谈对象所处地域、行业、职业分布尽量分散,以使样本更具代表性。最终,我们获得了49个有效样本,其基本信息如表5-1所示。

表5-1　　　　　　　　访谈对象基本信息

| 编号 | 性别 | 年龄 | 工作年限 | 职务 | 企业主营业务/行业 | 访谈对象所在地 |
| --- | --- | --- | --- | --- | --- | --- |
| N01 | 女 | 24 | — | 采销员 | 零售 | 衡阳 |
| N02 | 女 | 32 | 6年 | 课程内容编写 | 幼教 | 广州 |
| N03 | 女 | 28 | 1年 | 采购员 | 进口仪器代理 | 北京 |
| N04 | 女 | 23 | — | 信贷专员 | 汽车贷款业务 | 广州 |
| N05 | 男 | 29 | 2年 | 内勤、商务、市场 | 农业、种子研发 | 北京 |
| N06 | 男 | 22 | 1年 | 操作工、机械维修 | 化工 | 江苏 |
| N07 | 男 | 24 | 1年 | 材料员 | 建筑业 | 扬州 |
| N08 | 女 | 24 | 1年 | 专利代理 | 知识产权代理、商标代理 | 上海 |
| N09 | 男 | 25 | 2年 | 会计 | 国家开发投资公司 | 安徽 |
| N10 | 女 | 26 | 1.5年 | 编辑校对 | 图书编辑 | 北京 |
| N11 | 男 | 29 | 2.5年 | 工人 | 包装行业 | 北京 |
| N12 | 女 | 28 | 5年 | 图书编辑 | 中学教辅教材 | 北京 |
| N14 | 男 | 25 | 18月 | 软件工程师 | 软件开发 | 广州 |
| N15 | 女 | 30 | 5年 | 综合办文员 | 建筑业 | 北京 |
| N16 | 女 | 24 | 2年 | 后勤服务 | 通信行业 | 太原 |
| N17 | 男 | 25 | 14月 | — | 机械制造 | 深圳 |
| N18 | 男 | 26 | 2年10月 | 管理科员工 | 机械制造 | 大连 |
| N20 | 女 | 26 | 2.5年 | 交易部高级柜员 | 金融行业 | 海口 |
| N21 | 男 | 27 | 1年 | 驱动软件开发 | 通信行业 | 南京 |
| M01 | 男 | 25 | 1.5年 | 渠道部 | 安防监控 | 南宁 |
| M02 | 女 | 25 | 2年 | 银行柜员 | 金融行业 | 桂林 |
| N22 | 女 | 23 | 1年 | 销售员 | 家电零售行业 | 北京 |
| N23 | 女 | 25 | 1年 | 行政专员 | 医疗 | 贵州 |
| N24 | 男 | 26 | — | 销售员 | 医疗器械 | 南宁 |
| N25 | 男 | 25 | 2年 | 软件工程师 | IT | 北京 |

第五章　企业新生代员工工作场所非伦理行为探究

续表

| 编号 | 性别 | 年龄 | 工作年限 | 职务 | 企业主营业务/行业 | 访谈对象所在地 |
| --- | --- | --- | --- | --- | --- | --- |
| N26 | 女 | 22 | 2.5 年 | 营业员 | 牛仔裤 | — |
| N28 | 男 | 22 | 2 年 | 渠道运营 | 教育培训 | 深圳 |
| N29 | 男 | 24 | 2 年 | 银行柜员 | 金融行业 | 成都 |
| N30 | 女 | 22 | 2 月 | 化妆助理 | 服务业 | 中山 |
| N32 | 女 | 21 | 2 年 | 销售员 | 墙纸 | 中山 |
| N34 | 男 | 26 | 1.5 年 | 软件开发 | 互联网 | 广州 |
| N35 | 男 | 25 | 2 年 | 数据分析、业务稽核 | 通信 | 珠海 |
| N36 | 男 | 26 | 1.5 年 | 大堂经理 | 地产 | — |
| N37 | 女 | 26 | 1 年 | 人力资源专员 | 医疗 | 洛阳 |
| N38 | 女 | 27 | 2 年 | 财务 | 贸易 | 苏州 |
| N40 | 女 | 24 | 1.5 年 | 英语教师 | 教育培训 | 恩施 |
| N41 | 男 | 24 | 2 年 | 前线生产 | 餐饮 | 郑州 |
| N42 | 男 | 28 | 3 年 | — | 电子 | 深圳 |
| N43 | 男 | 21 | 2 年 | 数控工人 | 锁业 | 台州 |
| M03 | 女 | 31 | 1 年 | 收银员 | 超市 | 安顺 |
| N44 | 男 | 32 | 9 年 | 电力调适 | 南方电网 | 安顺 |
| N45 | 男 | 30 | 5 年 | 项目经理 | 房地产 | 衡水 |
| N46 | 男 | 24 | 2 年 | 项目工程师 | IT 软件 | 北京 |
| N47 | 男 | 24 | 1 年 | 国内劳务派遣 | 管理咨询 | 长沙 |
| N48 | 男 | 29 | 10 年 | 业务经理 | 实验室仪器设备贸易 | 长沙 |
| N49 | 女 | 27 | 3 年 | 文员 | 管理咨询、培训、教育 | 长沙 |
| N50 | 女 | 24 | 1 年 | 网络销售 | 互联网、电子商务网站运营 | 深圳 |
| N51 | 男 | 24 | 2 年 | BIM 深化设计工作 | 建筑 | 深圳 |
| N52 | 男 | 24 | 1 年 | 销售员 | 家具制造 | 佛山 |

注：由于部分内容涉及组织机密，故企业信息中隐去了企业名称；部分受访者未报告工作年限、职务和企业所在地。

## 三　资料收集与分析

### （一）资料收集方法

本部分研究主要借鉴曾伏娥（2010）对消费者非伦理行为的研究，采用半结构化深度访谈法来收集相关资料。选择该方法主要是基于以下考虑：①由于工作场所非伦理行为涉及个人隐私，因此，难以直接进行观察。此外，除非是严重的违法违纪行为组织会记录在案，其余情节轻微或中等的工作场所非伦理行为可能都不会被记录，加上组织档案有的可能还会涉及组织机密，因此，定性研究的其他资料收集方法如观察法、档案资料法等可能难以实施。②深度访谈是一种互动性最强的调查研究方法，其可以深入揭示隐藏在表面陈述下的深层次感受和动机。本研究试图探讨新生代员工工作场所非伦理行为的形成和扩散机制等问题，这些问题需要通过与调查对象的互动，深入新生代员工的内心世界才可能完成。因此，深度访谈是本研究最为恰当的资料收集方法选择。

本部分研究依照以下步骤对访谈对象的工作场所非伦理行为进行深度访谈：

第一步：准备新生代员工工作场所非伦理行为访谈提纲。

新生代员工工作场所非伦理行为访谈提纲由以下三部分构成：

第一部分是访谈指导语，主要由访谈员向被访者介绍访谈目的。由于大众对非伦理问题较为敏感，为了消除受访者的戒备心理，研究在陈述访谈调查目的时仅告知被访者访谈旨在了解我国当前企业新生代员工的工作行为。同时，为确保被访者符合样本范畴，还特地强调了本调查所指的新生代员工是出生于1980年后的企业员工。此外，在介绍访谈目的时也附带强调了获取资料的目的在于科学研究，同时强调资料将被严格保密，不会公布受访者的任何信息。目的是希望被访者能够打消顾虑，畅所欲言。

第二部分是背景问题，主要询问被访者企业所在地、企业规模、所处行业、主营业务，被访者的出生年份和在本单位工作的时间，被访者和上级主管、同事相处的情况，以及被访者对所在单位新生代员工工作表现的看法等问题。这一方面可以帮助我们获取一些背景信息，确保被访者符合取样要求；另一方面也可以通过对日常工作生活的提问，创造较为融洽的访谈氛围，使被访者乐意接受访谈。此外，正如杨善华、孙飞宇（2005）所言，"对于受访者日常生活结构的了解，也是我们（研究者）得以了解行动者（受访者）目的动机的主要方式"。

第三部分是访谈的主体问题。分别从指向组织和指向他人两个方面询问被访者实施、参与或观察到的工作场所非伦理行为。具体又可细分为四类问题：第一类问题涉及具体的实例和对象选择。采用回溯法请被访者列举自己在工作场所曾经做过或观察到的一些非伦理行为。通过采集事例一方面可以帮助我们发现新生代员工在工作场所的各种非伦理行为的表现方式；另一方面事例为我们提供了访谈的话题，可以顺着话题访谈后续问题。对于没有工作场所非伦理行为体验也没有觉察到他人非伦理行为的被访者不纳入访谈对象范畴。在"指向个人"的非伦理行为访谈中，我们还请被访者指出主要对哪些对象实施其所陈述的事例中的非伦理行为。需要说明的是，由于个体对道德、伦理这些字眼较为敏感，我们借鉴曾伏娥（2010）的做法，在访谈中用较为中性的词——"不当行为"来替代非伦理行为。第二类问题涉及非伦理行为的动因，主要用于探寻新生代员工非伦理行为的形成原因和动机方面的问题，为了尽可能挖掘其实施非伦理行为的深层次原因，本部分需要采取追问的方式，让被访者尽可能完整地陈述其当时做出这些非伦理行为的真实想法和动机。第三类问题涉及被访者的道德意识问题，即其是否意识到其实施或观察到的行为是不道德的。第四类问题主要涉及事前和事后的情绪体验以及未来打算。主要包括："您打算做这些行为之前，您的心情怎么样？""在您做完这些行为之后，您的心情怎么样？有什么变化吗？""您今后是否还会继续这样做？""您今后不再这么做，或者继续这么做的原因是什么？"等问题。

以上三部分构成了企业新生代员工工作场所非伦理行为访谈提纲的主要内容。当然，访谈提纲的编制并不是要求被访者逐一回答问题，实际上，在访谈过程中，我们要求访谈员可以根据实际情况进行灵活删减或增补。

第二步：确定被访对象。

本部分的研究通过以下两种方式寻求被访者：一是借助互联网和即时通信平台，如QQ、微信，邀请符合要求的被访者参与访谈，同时也鼓励他们以"滚雪球"的方式推荐符合条件的被访者。访谈前在QQ和微信上约定好时间，按照预定时间直接进行深度访谈。从实际访谈情况来看，访谈时间相对于面访更长，且有时候会受网络质量及其他因素的干扰，对访谈思路有一定的干扰。但由于不用见面，其匿名性很强，被访者反倒更愿意畅所欲言。且QQ和微信访谈可直接保留原始对话，不会出现遗漏，所以效果和面访差别不大。这是本部分的研究主要采用的被访者选择方式。二是研究者身边的亲朋好友。正如曾伏娥（2010）所言，亲朋好友因为熟知，在伦理道德问题上反而比较能够畅所欲言。同时也通过亲朋好友介绍亲朋好友，以"滚雪球"的方式扩大被访问对象群体。

第三步：实施新生代员工工作场所非伦理行为访谈。

在实施访谈之前,我们先征询被访者意愿,约定访谈时间和地点(网络访谈仅约定访谈时间)。访谈实施前先告知其访谈目的,并承诺被访者可以随时要求停止访谈。访谈开始后,因 QQ 和微信访谈可直接保留原始对话,因此仅需直接储存即可,而面访时如果被访者不反对,我们对访谈过程全程录音。访谈过程中参照曾伏娥(2010)提及的四个方面的访谈技巧:以生平情境启动访谈、悬置、调动受访者积极性、"辨假"以尽可能获取真实且丰富的信息。一般而言,我们对每个访谈对象仅进行一次访谈。但有时候在进行 QQ 和微信访谈时,个别被访者会被外来干扰打断,需要延续第二次甚至是第三次。从访谈时间来看,最短为 19 分钟,最长为 99 分钟,平均访谈时间 48.53 分钟($SD = 16.93$)。同时在每次访谈结束前,我们会鼓励被访者推荐其他符合要求的同事、朋友参与访谈,并且欢迎其随时补充或澄清某些内容。访谈结束后,我们以手机话费的形式向被访者支付 30—50 元的报酬,以感谢被访者的参与和支持。

(二)资料分析方法

本部分的研究利用扎根理论技术,借鉴相关资料分析程序(Strauss & Corbin, 1998;曾伏娥, 2010),分步骤进行资料分析。

首先是访谈资料的转存和誊写。如前所述,本部分的研究大部分的访谈是在 QQ 和微信平台上完成的,因此对这部分资料仅需要如实转存到 Word 文档即可。但对于部分面访的资料,则需要根据访谈记录和录音进行誊写。在誊写过程中,我们尽量如实、完整地誊写被访者的访谈录音,以避免遗漏重要信息。

随后,我们对单位进行切割、编码和分析。本部分的研究根据研究主题和访谈内容,将被访者列举的每一个自身经历或观察到他人经历的工作场所非伦理行为视为一个单位。并将每一个单位划分成对象、情境、动因、感受、结果/后果、未来行为倾向及影响因素七个部分。对象就是工作场所非伦理行为的实施对象；情境就是非伦理行为发生的背景；动因是个体做出非伦理行为的动机和原因；感受是个体实施非伦理行为时和事后的心理感受；结果/后果是非伦理行为带来的影响；未来行为倾向是指个体继续实施该非伦理行为的可能性；影响因素是指影响个体实施非伦理行为除动因外的其他因素，如个人因素、学习因素、经验因素等。这七个部分是针对所有访谈内容而言的，但需要说明的是，在实际访谈过程中被访者所提供的每一个事例即分析单位可能只包括其中的某几个部分。

单位切割完成后，即可对每个单位进行编码，并转录到另一张访谈登录表上。① 该附录表由三部分构成：编号、非伦理行为的主要表现、摘要。其中，编号中 N 代表网络平台或即时通信访谈，M 代表面访，英文字母后的数字代表受访者编号。非伦理行为的主要表现即研究所分析的主要单位，其后第一个括号里的字母如果是 O 则表示该事例（单位）是其谈及的他人实施的非伦理行为；如果是 S 则表示该事例（单位）是其谈及的自身实施的非伦理行为。第二个括号后的字母则表示该事例（单位）涉及的访谈内容，A、B、C、D、E、F、G 分别表示对象、情境、动因、感受、结果/后果、未来行为倾向及影响因素七个部分。摘要则依据访谈内容，分析各单位在对象、情境、动因、感受、结果/后果、未来行为倾向及影响因素上的主要内容，访谈摘要英文字母后的数字表示同一成分的不同内容，如 C1、C2 表示的是该事例（单位）可能有两个动因。但需要再次强调的是，并非每

---

① 注：受书稿篇幅限制，本书并未将访谈登录稿以附件形式附在文后，感兴趣的朋友可通过邮件 ruxinwu@csu.edu.cn 向作者索要相关资料。

## 第五章　企业新生代员工工作场所非伦理行为探究

个单位都同时具备这几个内容成分。

接下来，我们采用开放式编码的方式来形成自然类别。将性质与内容相近的小单位聚合在一起，组成一个自然的类别，再把与研究主题无关的类别删除。若按照上述步骤进行归类后，还有与研究主题有关但无法形成自然类别的单位，则按照以下策略来处理这些单位：一是重新检视归类系统的合理性，必要时做适度调整；二是进行回访，以审视以前未提及这一观点的被访者是否也会做一些相应补充（吴宗右，2003；曾伏娥，2010）。

然后，我们将不同类别置于相应的研究问题之中。本研究根据实际需要确定了五个研究问题：新生代员工工作场所非伦理行为的主要表现、新生代员工工作场所非伦理行为的对象选择、新生代员工工作场所非伦理行为的主要动机、新生代员工工作场所非伦理行为的影响因素、新生代员工工作场所非伦理行为的情绪体验与认知。本部分的研究采取关联式编码的方式，来寻找每个议题下各类别之间的关联性，并得出最后的观点。

理论建构是扎根理论的重点，本部分的研究试图采取核心编码的方式，整合上述五个研究问题下的主要思想，提出新生代员工工作场所非伦理行为形成的理论设想。

效度验证。本部分的研究属于质化研究，其效度主要是指研究的结果是否反映了研究对象的真实情况，其实质上指的是研究结果和研究的其他部分之间的一种一致性程度（曾伏娥，2010）。同样参照曾伏娥（2010）的研究，采用专家评价法从描述型效度、解释型效度和理论型效度三个方面来进行效度验证。其中，描述型效度是指研究结果对外在可闻或可见的现象或事物进行描述的准确程度；解释型效度是指研究者了解、理解和表达被研究者对事物所赋予的意义的准确程度；理论型效度是指研究所依据的理论以及从研究结果中建立起来的理论是否真实地反映了所研究的对象和问题。研究邀请了组织行为学和人力资源管理方面的专家，来审查研究者整理的访谈提纲和最终的分析报告，并从上述三个效度方面进行评价。同时，研究还挑选了部分被访者，从是否切合其自身实际情况来评价研究的真实性和合理性。最后研究者根据专家和被访者的反馈意见，对结果进行适当修正，形成相应的理论观点。

## 第三节　结果与分析

### 一　新生代员工工作场所非伦理行为的主要表现

本部分的研究主要通过两个访谈问题来探讨新生代员工的工作场所非伦理行为的主要表现：①请您仔细想想，您身边的新生代员工有没有做过一些不符合单位规章制度要求，或者有损单位利益的行为？如果有，具体是什么样的行为？②请您仔细想想，您身边的新生代员工有没有做过一些您认为对单位其他员工或领导而言不太适当的行为？如果有，具体是什么样的行为？前者主要是指向组织的工作场所非伦理行为，后者主要是指向他人的工作场所非伦理行为。对被访者提及的工作场所非伦理行为做相应的频数整理，结果如表5－2所示：

表5－2　　新生代员工工作场所非伦理行为的主要表现

| 指向组织的非伦理行为 | | 指向他人的非伦理行为 | |
| --- | --- | --- | --- |
| 行为表现 | 频次 | 行为表现 | 频次 |
| 迟到 | 24 | 在背后说他人的坏话或议论他人 | 12 |
| 早退 | 15 | 欺负、排挤同事 | 11 |
| 工作时间做私人事情 | 13 | 去领导那儿打小报告，说同事坏话 | 8 |

第五章 企业新生代员工工作场所非伦理行为探究

续表

| 指向组织的非伦理行为 | | 指向他人的非伦理行为 | |
|---|---|---|---|
| 工作时上网玩微博、逛淘宝等 | 8 | 欺骗领导 | 6 |
| 工作时玩手机 | 7 | 抱怨领导，说领导的坏话 | 5 |
| 利用单位资源做私人事情 | 7 | 不服从领导的任务分配，与领导直接对抗 | 4 |
| 把公司物品带回家 | 6 | 推诿或推卸责任，把自己不愿意做的事情推给他人 | 4 |
| 利用公司的平台为自己谋利，如接私活等 | 5 | 言语中伤、恶意诽谤同事 | 4 |
| 工作时聊QQ | 3 | 虚报业绩，见风使舵，看领导意见行事 | 3 |
| 请人代刷卡 | 3 | 无视领导的意见 | 2 |
| 争夺客户 | 2 | 与领导有不正当关系 | 2 |
| 向竞争对手透露公司机密 | 2 | 与顾客产生争执，态度不太好 | 2 |
| 磨洋工 | 2 | 陷害其他同事 | 1 |
| 偷懒 | 2 | 和直接上级打架 | 1 |
| 利用公司的平台为亲友谋利 | 2 | 猜忌其他员工 | 1 |
| 撒谎请假办私事 | 2 | 对主管阿谀奉承 | 1 |
| 将公司客户名单卖给其他竞争对手 | 2 | 当着其他同事的面抱怨工作乏味，无前途等 | 1 |
| 上班时经常喝功夫茶、下午茶 | 2 | 伪造领导签名 | 1 |
| 饮酒后上班 | 1 | 送礼 | 1 |
| 下班不走，在公司蹭晚饭餐补 | 1 | 部门领导向上级汇报时会夸大业绩指标 | 1 |
| 虚报发票 | 1 | 拉帮结派 | 1 |
| 去竞争公司面试 | 1 | 掩盖事故，不向上级汇报 | 1 |
| 请假未按照请假手续 | 1 | 抢占他人的工作成绩或功劳 | 1 |
| 遵照行业潜规则做一些违法的事情 | 1 | 在大领导前诋毁小领导 | 1 |
| 自行修改公司资料 | 1 | 对领导阳奉阴违 | 1 |
| 说一些对公司不利的话，损害公司声誉 | 1 | | |
| 领导不在时不在岗 | 1 | | |

续表

| 指向组织的非伦理行为 | | 指向他人的非伦理行为 | |
| --- | --- | --- | --- |
| 利用出差的机会带家人旅游 | 1 | | |
| 利用出差的机会自己旅游 | 1 | | |
| 利用出差的机会做兼职 | 1 | | |
| 无故旷工 | 1 | | |
| 到公司吵闹 | 1 | | |
| 擅自离岗 | 1 | | |
| 私下调动工作 | 1 | | |
| 工作不认真，导致生产过程出错，需返工 | 1 | | |
| 在工作场所吸烟 | 1 | | |
| 违规拨动公司资金 | 1 | | |
| 在背后发牢骚，传播小道消息 | 1 | | |

从表5-2可见，对新生代员工而言，出现频率较高的指向组织的工作场所非伦理行为主要为：迟到；早退；工作时间做私人事情；工作时上网玩微博、逛淘宝等；工作时玩手机；利用单位资源做私人事情；把公司物品带回家；利用公司的平台为自己谋利，如接私活等。而出现频率较高的指向他人的工作场所非伦理行为主要为：在背后说他人的坏话或议论他人；欺负、排挤同事；去领导那打小报告，说同事坏话；欺骗领导；不服从领导的任务分配，与领导直接对抗；推诿或推卸责任，把自己不愿意做的事情推给他人；言语中伤、恶意诽谤同事。

二　新生代员工工作场所非伦理行为的对象选择

本部分的研究在设计访谈提纲之初，就将工作场所非伦理行为划分为指向组织和指向他人这两种类型。因此，本部分对非伦理行为对象选择的分析，主要侧重于对指向他人的非伦理行为进行分析，尝试分析新生代员工在选择非伦理行为实施对象时的特点。本部分主要采用的访谈问题包括：①请您仔细想想，您身边的新生代员工有没有做过一些您认为对单位其他员工或领导而言不太适当的行为？②请您仔细回想下，这些新生代员工主要选择什么样的对象实施这些行为？③您觉得这些新生代员工为什么要选择他们作为行为的实施对象？④请问您也对其他员工或领导做过类似的行为吗？主要是什么样的行为？⑤请您回想下，您主要选择什么样的对象实施这些行为？⑥您能告诉我，您为什么要选择他们作为对象而不是其他人？在访谈时访谈员将认真倾听受访者叙述，并进行追问，直至了解访谈对象的真实想法。访谈结果如表 5-3 所示。

表 5-3　新生代员工工作场所非伦理行为（指向他人）的对象选择

| 对象 | 特征 | 频次 |
| --- | --- | --- |
| 同事 | 能力强、业绩好，会成为自己强大的竞争对手的 | 6 |
|  | 新员工 | 5 |
|  | 老实人，老好人 | 4 |
|  | 能力弱一点的，比自己差的 | 3 |
|  | 有个人恩怨的 | 3 |
|  | 自己不喜欢的 | 2 |
|  | 性格合不来的 | 2 |
|  | 做事张狂，爱出风头的 | 2 |
|  | 贪小便宜的 | 1 |
|  | 无背景，后台的 | 1 |
|  | 内向，软弱的 | 1 |
| 领导 | 直接上级 | 8 |
|  | 间接上级 | 3 |
|  | 管理松散，管得不多的 | 2 |
|  | 看上去好说话的 | 2 |
|  | 做事不合，仗势欺人的 | 2 |

续表

| 对象 | 特征 | 频次 |
| --- | --- | --- |
| 领导 | 大家都不太认同的 | 1 |
| | 不中用的 | 1 |
| | 名声不好,作风有问题的 | 1 |
| | 年老的 | 1 |
| | 价值观不同的 | 1 |
| 供应商 | — | 1 |
| 顾客 | — | 1 |

从表 5-3 可见,新生代员工在对同事实施非伦理行为时,倾向于选择以下四类人:一是与自己存在竞争关系的同事。在访谈过程中,受访者们提到,这些同事能力强、业绩好,对自己的晋升等构成了威胁,故而会选择到领导面前打小报告,在背后说他人的坏话或议论他人、言语中伤恶意诽谤、给这类同事使绊子。二是能力比自己弱的,内向、软弱、无背景、无后台,或者是刚刚来到企业的新员工。这类人不管是在能力、性格、背景还是资历上与实施非伦理行为的主体相比均处于劣势,实施者认为这类人软弱可欺,且不会对自己实施报复行为,所以成为他们实施欺负、排挤等非伦理行为的第二类主要对象。三是存在个人恩怨的,因为本身就处于对立面,故而有机会就会对相关人员实施非伦理行为。四是不存在任何个人恩怨,纯粹是觉得看不顺眼的,如觉得和自己性格不合的,本身爱出风头或者爱贪小便宜的同事,这类同事也会成为新生代员工实施非伦理行为的对象。

当新生代员工对领导实施非伦理行为时,其倾向于选择直接领导。这些领导可分为三类:第一类是不作为的,看上去比较好说话的,能力比较弱,年纪比较大的;第二类是本身名声不太好,存在作风问题,仗势欺人的;第三类就是和员工价值观等不一致,得不到员工认同的。对于这些领导，新生代员工可能采取说领导坏话、欺骗、不服从任务分配或与领导直接对抗的形式来表达自己的情绪或诉求，或者达到自己的其他目的。如有受访者在访谈时提到，觉得领导占着位置不做事，影响了自己的晋升；也有受访者指出，领导的能力远不及自己，如果自己来做领导，会比领导做得更好。

### 三 新生代员工工作场所非伦理行为的主要动机或原因

为何新生代员工会对组织和他人实施非伦理行为？其动机和出发点是什么？动机和行为之间的相关内涵是什么？为回答上述问题，本书的研究设计了以下访谈问题并通过追问来收集相关资料：①请您仔细想想，您身边的新生代员工有没有做过一些不符合单位规章制度要求，或者有损单位利益的行为？（如果有，具体是什么样的行为？）；②您认为他们做出这些行为的主要原因是什么？③请问您工作以来，是否有过类似的行为？（如果有，询问具体的行为）；④是什么原因让您这么做呢？⑤听完了您刚才所讲的，请您告诉我，在做出这些行为之前，您为什么会有这样的想法？⑥请您仔细想想，您身边的新生代员工有没有做过一些您认为对单位其他员工或领导而言不太适当的行为？（如果有，具体是什么样的行为？）⑦您认为他们这样做的主要原因是什么？⑧请问您也对其他员工或领导做过类似的行为吗？主要是什么样的行为？⑨您当时做出这些行为主要是为了什么？访谈员将认真倾听受访者叙述，并进行追问，直至了解访谈对象的真实想法。访谈结果如表5-4所示。

从表5-4可见，新生代员工实施工作场所非伦理行为的动机或原因较为复杂，其中在访谈过程中最多被提及的是"不当得利"，新生代员工们会为了满足自己的个人私利，如多赚钱、使他人在提拔时处于劣势等原因实施非伦理行为。这符合伦理学的功利主义观点，正

表 5-4　　新生代员工工作场所非伦理行为的动机或原因

| 动机分类 | 动机/原因 | 频数 |
| --- | --- | --- |
| 不当得利（42） | 个人利益所趋，维护个人利益 | 15 |
|  | 人的自私本性，满足自己的需要 | 3 |
|  | 赚钱、省钱 | 6 |
|  | 职位间存在竞争关系，使他人在提拔时居于劣势 | 8 |
|  | 为了占便宜 | 4 |
|  | 为了图方便 | 5 |
|  | 这样才会被重视 | 1 |
| 个人因素（25） | 性格、个性问题 | 7 |
|  | 个人素质、约束力、要求不够 | 9 |
|  | 个人习惯，生活懒散 | 7 |
|  | 个人道德 | 1 |
|  | 个人价值观 | 1 |
| 工作本身（17） | 工作没有吸引力和激情 | 3 |
|  | 尽快完成任务/工作需要 | 5 |
|  | 工作无聊 | 8 |
|  | 工资低 | 1 |
| 制度、环境（16） | 制度不合理 | 3 |
|  | 管理松散，制度没有执行 | 7 |
|  | 领导不重视制度 | 2 |
|  | 大家都这么做，环境如此 | 4 |
| 情绪释放（14） | 发泄负面情绪、缓解心情 | 8 |
|  | 放松一下 | 6 |
| 报复或以牙还牙（7） | 受到不公正对待 | 4 |
|  | 无力改变现状 | 2 |
|  | 他们先不道德，我才不道德 | 1 |
| 得大于失（2） | 被发现的可能性小，风险相对较低 | 2 |
| 不当避损（1） | 怕承担责任 | 1 |
| 追求公正（1） | 惩罚他人 | 1 |
| 感觉寻求（1） | 获得心理上的优势感 | 1 |

如边沁所言，个人利益被视为人的一切行为的基本动因，求乐避苦是

## 第五章 企业新生代员工工作场所非伦理行为探究

人的本性和个人利益之所在。其次，我们的访谈记录表明，性格、习惯、道德约束力和价值观等个性因素也是影响新生代员工实施非伦理行为的主要原因。这符合早期关于非伦理决策和行为的"坏苹果"的观点，即更多地认同个体在非伦理行为中的作用。最后，受访者较多地提到了工作本身和所在单位的制度、环境因素会引发自身的非伦理行为，如不少新生代员工都提到因为工作无聊，没有激情和动机，他们才会在工作期间玩手机、上网购物、做与工作无关的事情等；也有员工提到，他们之所以实施非伦理行为是为了更好地完成工作，即表现出亲组织非伦理行为。另有员工指出，因为公司没有严格的伦理制度，或者有制度没有严格执行或不被重视，他们才会实施一些非伦理行为，如将公司的物品带回家等。这与后期有关非伦理行为的"坏木桶"观点一致，即情境在个体的非伦理行为中也起着举足轻重的作用。此外，正如社会影响理论所言，个体在一定的环境中，会出现由于社会压力而发生的个人行为与态度朝社会占优势的方向变化的过程。如受访者 N02 很明确地指出"大家都在用，如果你不用，同事会觉得你不一样"，可见，部分新生代员工可能会屈服于环境压力而实施非伦理行为。除此之外，情绪释放也是新生代员工实施非伦理行为的一个主要动机，部分受访者表示自己实施非伦理行为只是为了发泄负面情绪、缓解心情或者放松一下。如受访者 N19 就表示自己在背后说领导坏话是因为"心理有些不平衡吧。底层员工做事情多，被领导挑剔得也多。借助这种形式发泄心中的不满，对薪酬不满，对年终奖不满，对付出得到的收获不满，对晋升不满……"另有一位受访者提到他人实施非伦理行为是为了"获得心理上的优势感"。此外，还有少部分受访者提到了报复、追求公正和不当避损等动机，但所占比例较少。但这亦表明，个体的非伦理动机的多样性，逐利仅仅是其中之一，个体也会为了反抗不公而实施非伦理行为。

**四　新生代员工工作场所非伦理行为的情绪体验与认知**

新生代员工是否会将其实施的非伦理行为视为不道德的？他们做出非伦理行为后会有什么样的想法？为什么有些新生代员工只会实施一次非伦理行为而有些新生代员工会不断地再犯？为了更好地了解新生代员工工作场所非伦理行为的情绪体验与认知，本书的研究通过以下访谈问题及追问方式来回答上述问题：①您在做出这些行为之前，是否想过这些行为是不是道德的之类的问题？②在您打算做这些行为之前，您的心情如何？③在您做完这些行为之后，您的心情又是怎样的？有什么变化吗？④您今后是否还会继续这样做呢？⑤您这样决定的原因是什么？（认真倾听受访者叙述，并进行追问，直至了解真实原因）。本部分仅对受访者亲身参与的，且至少报告了情绪体验或认知的非伦理行为进行整理，访谈结果整理后如附录"新生代员工工作场所非伦理行为的情绪体验与认知"所示。

附录"新生代员工工作场所非伦理行为的情绪体验与认知"呈现了51项受访者报告的自身参与且存在情绪体验或认知的非伦理行为。从附录可见，在对行为是否道德的判断上，21人次认为其所涉及的行为没有不道德，7人次认为该行为与道德无关，8人次表示没有想过其是否道德，5人次表示开始觉得该行为不道德，但后来慢慢淡忘了，还有7人次明确表示相关的行为是不道德的。可见在48项报告了对相关行为的道德性的判断的样本中，仅有不到15%的人承认相关行为是不道德的，而有一半以上的人认为没有不道德或与道德无关。可见本次访谈的新生代员工代表的对相关行为的伦理性判断存在一定程度的低估。

此外，在问及非伦理行为的情绪体验时，报告了非伦理事件情绪体验的受访者实施前和实施后的情绪如表 5-5 所示。可见大多数受访者实施非伦理行为前心情紧张有些犹豫不决，还有一部分受访者表示心情比较烦躁憋屈，需要通过实施相关非伦理行为来发泄，有 7 名受访者表示没有什么特别的情绪，另外还有 2 人次认为实施前自己心情好。而实施之后，有 13 人次表示心情变好了，9 人次表示仍有些担心被发现，5 人次庆幸未被发现，另有个别受访者表示有点难过或仍然很烦躁。可见，大多数受访者倾向于通过非伦理行为来发泄不良情绪，并且他们中的一部分始终处于紧张和担心的状态。

表 5-5　新生代员工工作场所非伦理行为实施前后的情绪体验

| 实施之前心情 | 频次 | 实施之后心情 | 频次 |
| --- | --- | --- | --- |
| 心情好 | 2 | 心情好 | 13 |
| 心情紧张 | 9 | 庆幸没有被发现 | 5 |
| 心情烦躁憋屈 | 9 | 仍然有些担心 | 9 |
| 犹豫不决 | 4 | 有点难过 | 3 |
| 没什么特别的 | 7 | 烦躁 | 1 |

在问及是否会继续实施某种非伦理行为时，有条件地选择继续与否的被调查对象有 15 人次，明确表示会继续的有 13 人次，表示会减少，但不保证不做的为 5 人次，没有思考过这个问题或者回答不知道的为 2 人次，另有 7 人次明确表示将不会再实施相关的非伦理行为。将报告了非伦理行为的持续与否的 42 人次与其对所涉及的行为的伦理性的判断相匹配可以得到如表 5-6 所示的结果。从表 5-6 中可见，在行为伦理性判断时明确认为该行为没有不道德或与道德无关的受访者更有可能选择继续或有条件地继续实施非伦理行为，而表示"会减少，但不保证不做"或"不会继续"的受访者则分布得较为分

散，没有明显的趋势。这可能也与同时回答了这两个问题的受访者样本数较少有关。

表 5-6　新生代员工工作场所非伦理行为的伦理性判断和持续选择

| 非伦理行为的继续与否 \ 行为伦理性判断 | 没有不道德 | 与道德无关 | 没有考虑过道德与否 | 开始觉得不道德，后来慢慢淡忘了 | 不道德 |
|---|---|---|---|---|---|
| 有条件地选择继续与否 | 6 | 4 | 1 | 0 | 3 |
| 明确表示会继续 | 7 | 2 | 1 | 2 | 0 |
| 会减少，但不保证不做 | 1 | 0 | 1 | 1 | 1 |
| 没有思考过这个问题/不知道 | 1 | 0 | 1 | 0 | 0 |
| 不会继续 | 2 | 0 | 3 | 0 | 1 |

## 第四节　研究结论与展望

本部分采用定性研究法探讨了新生代员工工作场所非伦理行为的主要表现、实施对象、动因、情绪体验与认知等问题。结果发现：

（1）对新生代员工而言，其工作场所非伦理行为按照指向的对象不同可分为指向组织的非伦理行为和指向他人的非伦理行为，指向组织的非伦理行为包括：迟到；早退；工作时间做私人事情；工作时间上网玩微博、逛淘宝等；工作时玩手机；利用单位资源做私人事情；把公司物品带回家；利用公司的平台为自己谋利，如接私活等。指向他人的工作场所非伦理行为主要有：在背后说他人的坏话或议论他人；欺负、排挤同事；去领导那儿打小报告，说同事坏话；欺骗领导；不服从领导的任务分配，与领导直接对抗；推诿或推卸责任，把自己不愿意做的事情推给他人；言语中伤、恶意诽谤同事等。

（2）在对同事实施非伦理行为时，新生代员工倾向于选择四类人：一是与自己存在竞争关系的同事；二是能力比自己弱，内向、软弱、无背景、无后台，或者是刚来到企业的新员工；三是存在个人恩怨的；四是觉得看不顺眼的。当新生代员工对领导实施非伦理行为时，其倾向于选择直接领导。这些领导可分为三类：第一类是不作为的，看上去比较好说话的，能力比较弱，年纪比较大的；第二类是本身名声不太好，存在作风问题，仗势欺人的；第三类就是和员工价值观等不一致，得不到员工认同的。

（3）新生代员工实施工作场所非伦理行为的动机或原因较为复杂和多样，不当得利是其中最为主要的动机，此外，情绪释放、报复、追求公正和不当避损等动机也在新生代员工身上有所体现。就实施非伦理行为的原因而言，本书与以往有关非伦理行为的"坏苹果"和"坏木桶"理论的发现较为一致，即个人因素、工作特征、组织制度和环境都可能促使员工实施非伦理行为。

（4）新生代员工在对工作场所非伦理行为的伦理性进行判断时，表现出明显的低估，即大多数受访者认为相关的行为"没有不道德"或"与道德无关"。大多数受访者倾向于通过非伦理行为来发泄不良情绪，并且他们中的一部分始终处于紧张和担心的状态。大多数受访者倾向于继续或有条件地继续实施工作场所非伦理行为，并且，在行为伦理性判断时明确认为该行为"没有不道德"或"与道德无关"的受访者更有可能选择继续或有条件地继续实施该行为。

在得到上述研究结论的同时，本书的研究还存在一些不足之处：

首先，在识别新生代员工工作场所非伦理行为的主要表现时，尽管我们在访谈时对工作场所非伦理行为的定义进行了描述，但受访者有时候会将其他的行为视为非伦理行为加以描述，如在本书研究中被列举频率最高的"迟到、早退"。严格来说，工作场所非伦理行为是指对组织内外他人有害、违反了人们广为接受的道德准则而不能被组织其他成员所接受的行为。而迟到等属于反生产行为（或偏差行为），这类行为违反的是组织规范而非被广泛接受的社会规范。但为了真实地呈现访谈结果，我们仍然如实进行了报告。

其次，由于非伦理行为对受访者而言较为敏感，尽管本书尽可能采用了无须面对面的匿名访谈以使其尽量真实地陈述，但仍有不少受访者更多地谈及的是其所见所闻而非其自身所实施或体验的非伦理行为，因而我们在探寻新生代员工工作场所非伦理行为背后的动机和原因时面临较大的困难。一方面受访者所谈及的动机或原因可能仅仅是一种揣测，这可能使我们遗漏一些重要的动机；另一方面受访者在陈述时往往将动机和原因交织在一起，从而可能存在一定程度的混淆。

最后，在探讨新生代员工工作场所非伦理行为的情绪体验和行为的伦理性判断等问题时，有效样本较少。由于只有身处其中才可能有相应的体验和认知，而在我们编码的203例受访者所提及的工作场所非伦理行为中，仅有53例涉及受访者本人，这使我们在进行相关问题的探究时，样本的数量极为有限，因而我们在进行分析时只能简单地进行定性分析，而无法进行进一步的统计分析和处理，今后可以考虑进一步扩大样本量，使研究结论更加稳健。

# 第六章 组织中非伦理行为的扩散

## 第一节 引 言

近年来,研究者们日益关注非伦理行为的动态研究,认为非伦理行为具有易扩散性（Brass, Butterfield & Skaggs, 1998；Felps, Mitchell & Byington, 2006；谭亚莉等,2011；文鹏、史硕,2012）,同时表现出较强的社会互动性（Brass, Butterfield & Skaggs, 1998；Ashforth & Anand, 2003；Earle, Spicer & Peter, 2010）。

布拉斯、巴特菲尔德和斯卡格斯（Brass, Butterfield & Skaggs, 1998）首次将社会互动理论用于组织伦理领域,这一视角的出现标志着对组织内非伦理行为传统静态研究方法的重大突破,其弥补了以往研究中静态地讨论影响非伦理行为的个体、组织和道德事件因素,忽略了行为主体之间竞争、博弈和合作的现状。随后研究者们开始围绕个体间、组织间非伦理行为的互动,非伦理行为对观察者或竞争对手的刺激效应或影响,内、外群体成员地位对非伦理行为的影响等方面开展了不少有意义的探索。如摩尔等（2003）认为,组织成员之间通过自己的行为以及互动建立伦理行为标准。布莱恩等（2008）从关系类型和关系结构两个方面解释了非伦理行为在组织中的传播。文鹏和史硕（2012）则从个体初始化的非伦理行为是如何导致集体实施非伦理行为的，以及集体非伦理行为对焦点个体的影响两方面探讨了团队内非伦理行为的社会互动机制。王端旭等（2015）运用计算机仿真方法探究网络特征对非伦理行为扩散的影响机制，结果表明，团队社会网络特征（关系密度和关系强度）对团队内非伦理行为扩散有正向作用，而团队特征（团队规模和团队内外控构成比例）调节这一正向关系。刘晓琴（2017）提出了一个组织非伦理领导行为衍生、传递的理论模型，其随后采用实证研究探讨了上级非伦理领导对下级非伦理领导的影响，领导—成员交换在两者之间的中介作用，以及道德认同的调节作用，结果发现，下级领导施行职场非伦理领导行为源于其对领导—成员交换关系的感知；道德认同感低的下级领导更容易转移压力和施行非伦理领导行为（刘晓琴，2017）。

综上可见，虽然已有学者呼吁要关注非伦理行为的社会互动现象（O'Boyle, Forsyth & O'Boyle, 2011），并且从理论和实证研究方面进行了一些积极的探索，但目前这方面的研究还十分零散，工作场所非伦理行为的扩散机制究竟是怎样的？个体之间，个体与群体之间的扩散和传导机制是否存在差异，对于深受"圈子"、关系等影响的中国企业员工而言，非伦理行为的形成和扩散过程中会具有哪些本土化的特征呢？哪些策略能有效地干预非伦理行为的形成和扩散呢？这些问题均值得进一步探讨。本部分拟在已有研究基础上，对组织中非伦理行为的扩散方式和路径进行分析总结，为今后实证研究的开展提供理论框架。

## 第二节 组织中非伦理行为扩散的理论基础

研究者们尝试用不同的理论解释非伦理行为在组织中的扩散，其中被较多提及的主要有：社会网络理论、社会传染理论、社会互动理论、社会学习理论、目标感染理论和情感事件理论。在此我们分别加以介绍。

### 一 社会网络理论

布拉斯等（1998）认为，在研究非伦理行为时，应该将社会网络特征与前人提出的个体、组织和情境因素的交互作用考虑在内以构建完整的理论模型。他们既从关系类型出发，考察关系强度、多元关系、非对称情感关系和地位对非伦理行为的影响，又从关系结构出发，考察结构洞、中心性和关系密度对非伦理行为的影响，并在最后进行系统整合，提出关系结构和关系类型不是完全独立的，它们会相互作用，共同对非伦理行为产生影响。布拉斯等（1998）提出了两种机制来解释为什么初始非伦理行为的观察者会实施后续的行为。凝聚力机制表明，当两个行为者之间存在正向关系时，他们更频繁地互动和沟通，因此很可能对非伦理行为产生类似的态度，并模仿对方的非伦理行为。在等价机制中，类似地位于网络中的行动者将自己彼此比较，并间接地意识到对方的行为。因此，他们倾向于采用对方对非伦理行为的态度，并模仿对方的行为。这两种机制侧重于从非伦理行为的肇事者和观察者之间的社会关系来探讨非伦理行为的传播。库利克等（2008）也用社会网络的观点考察非伦理行为扩散，从强弱关系、多元关系、非对称关系等关系类型和结构洞、亲近中心性、密度等关系结构解释了非伦理行为在团队中的传播。王端旭等（2015）认为团队社会网络特征（关系密度和关系强度）对团队内非伦理行为扩散有正向作用，而团队特征（团队规模和团队内外控构成比例）调节这一正向关系。布拉斯等（1998）将关系密度解释为网络中每个个体在团队中能建立的平均网络联结。关系密度会影响事件的社会结果，进而影响人们的道德强度、判断、意愿和行为，关系密度大时，行为被周围人观察到的可能性更大，关系密度大的网络提供了更多信息传递的机会，网络中任何非伦理行为发生之后，信息都会迅速扩散开来，社会网络对非伦理行为的影响会随着其他方面（团队标准、社会影响、规章制度）约束条件的降低而增大。库利克等（2008）进一步指出，一旦社会网络中发生了非伦理行为，该行为将沿着紧密联系的关系网络迅速扩散，因此，处在同一团队社会网络中的个体之间关系密度越大，非伦理行为扩散的可能性就越大。格兰诺维特（Granovetter，1973）认为，关系强度是指关系的经常性、互惠性、情感联系强度和亲密性。随机、一次性接触的关系被认为是弱关系，而频繁、有强烈情感的亲密关系被认为是强关系。关系越强，行动双方越会发展出合作、信任、同情心和亲密情感，从对方身上学习的可能性就越大[①]。王端旭等（2015）运用计算机仿真方法证实了团队社会网络特征（关系密度和关系强度）对团队内非伦理行为扩散有正向作用，而团队特征（团队规模和团队内外控构成比例）调节这一正向关系。

## 二 社会传染理论[②]

雷德尔（Redl，1949）第一次提出了社会传染的概念，其指出，

---

[①] 转引自王端旭、皮鑫、潘宇浩《团队网络特征对团队内非伦理行为扩散的影响：社会网络视角研究》，《浙江大学学报》（人文社会科学版）2015年第1期。

[②] 转引自李超平、徐世勇《管理与组织研究常用的60个理论》，北京大学出版社2018年版。

社会网络中的其他成员几乎是自动地"发现"了扩散行为,而发起者并不一定是有意为之。雷文与鲁宾(Raven & Rubin,1983)将社会传染定义为"行为、态度或情绪状态在群体或社会组织中以类似于传染病传播的方式传播"。利维和纳伊(Levy & Nail,1993)将社会传染描述为从"发起者"到"接受者"的影响、态度或行为的传播,并指出在这一过程中,接受者没有察觉到发起者是否故意为之。其进一步将社会传染划分为三种类型:抑制性传染、回声和歇斯底里。其中抑制性传染是指社会网络中的个体处于一种避免接近的冲突中,通过遵从发起者的意愿来减少被约束的行为,抑制性传染的核心便是"减少被约束"。当接受者看到发起者产生自己曾想要做但因某种原因未能做的类似行为时,其对自身产生类似行为的不确定性担忧会降低,即遵从了发起者的意愿,降低了自身"被约束"的可能性。回声传染是指自发地模仿起发起者的行为。但与抑制性传染不同,回声传染中发起者的行为不代表接受者先前想要做的行为;相反,在回声传染中,接受者的行为是相对无意识和非自愿的。在回声传染中,接受者的行为与发起者的行为几乎完全相同。歇斯底里传染是指并没有一个明确的诱因,某种行为实现了从发起者到接受者的扩散,发起者和接受者产生行为相同。

目前研究已从个体、群体和互动层面识别了与社会传染有关的因素:就个体因素而言,雷德尔(1949)认为,接受者内部存在严重的冲突、在冲突领域接受者的人格平衡存在高度的不稳定性或波动、发起者的冲动与接受者的方向一致、被模仿的行为可以被观察是传染产生的主要个体因素。惠勒(Wheeler,1966)则认为,传染是通过降低接受者的动机来避免进行期望的行为,在发起者做出某种行为得到奖励或不受惩罚的情况下,接受者的模仿动机会得到强化。特纳和基利安（Turner & Killian，1957）则指出，抗拒传染效应的人相比于屈服传染效应的人对发起者的行为有更严格的态度，也有更大的动机去避免这种行为。就群体因素而言，发起者的地位高低（Lippitt et al.，1952；Bilgicer et al.，2015），发起者的行为在群体中的受重视程度（Bilgicer et al.，2015）均会影响传染的发生，高地位的群体成员的行为或在群体中具有更高价值的行为，传染性更大。允许群体地位较高的成员表达被压抑的需求的行为具有最广泛的传染性；小群体的发展和民主群体的形成会降低传染发生的可能性，群体气氛也会影响传染效应的发生（Ferguson，2006）。就互动因素而言，正如雷德尔（1949）所言，大多数传染事件是群体心理和个体心理共同作用的结果。对社会传染的免疫力可能与那些不屈服于传染效应的人的动机强度有关，情境和个体差异之间的相关作用取决于态度和动机（Turner & Killian，1957）。

可见，社会传染理论表明，某种行为从一个或多个发起者扩展到接收者，当个体与他人的互动而改变自己的行为时，社会传染就发生了。社会传染理论规定了个体所处的社会环境如何影响他们的态度和行为，这种社会环境是由人际关系模式决定的（Burt，1982，1987）。在一个社会结构中，为了减少不确定性，相互接近的人往往会导致社会传染，这种接近度可以由接触、竞争、身体接近或沟通来决定。因此，处在同一工作场所的员工之间，员工与领导者之间，都有可能产生（非）伦理行为之间的社会传染。以抑制性传染为例，某员工可能想尽量避免通过实施非伦理行为获利，但当其看到其他员工或领导通过实施某种非伦理行为获利且并未受到惩罚，该员工对自身实施非伦理行为带来的结果的不确定性担忧就会降低，从而也可能会实施非伦理行为。因此，社会传染理论在一定程度上也能够用来解释工作场所非伦理行为的扩散和传导。

### 三 社会互动理论

社会互动是指在一定的社会关系背景下，人与人、人与群体、群体与群体等在心理、行为上相互影响、相互作用的动态过程。社会互动理论是社会学、经济学尤其是社会心理学领域非常重要的理论体系，它重在揭示人们在与他人的联系中如何采取行动并做出反应的过程。不同学科的研究侧重点有所不同。社会学着眼于与社会本身、群体的结构、功能、变化等问题。社会互动理论先后在多个领域发展出符号互动理论、角色理论、社会交换理论、情绪感染理论、参照群体理论等众多理论分支，通过社会影响、从众等多种途径表现。其中社会交换理论、情绪感染理论和参照群体理论等在一定程度上均能解释非伦理行为在组织中的传导和扩散。

社会交换理论认为，人际交往的基础是彼此之间物质与心理的交换，这种交换遵循互惠准则并由此衍生出义务感，如果通过比较发现交换不对等，将导致不公平感。比如，人为的财富分配不均会产生不公平感、导致妒忌情绪，并驱动团队成员做出非伦理行为（Gino & Pierce, 2009）。在工作场所人际交往中，若员工的义务感和公平感被管理者的非伦理行为打破，员工就会产生认知失调，为重建认知平衡，员工也往往会跟随管理者做出非伦理行为（Kulik, O'Fallon & Salimath, 2008）。此外，社会交换理论也能够较好地解释工作场所亲组织非伦理行为，员工包括管理者之所以实施亲组织非伦理行为，大多是因为该行为是组织所认可的，甚至个体可能会因为实施了亲组织行为给组织带来了收益而获得奖赏，从而强化了该行为的产生。

情绪是一种具有组织性、深刻内涵，并且持续变化的心理状态。人们可以通过捕捉他人的情绪来感知周边人的情感变化，这一交互过程被称为情绪感染。在情绪感染的形成过程中,个体差异性、性别、文化构成了主要的调节变量,它们影响着个体情绪感染的强度变化。当前关于情绪感染形成机制的理论假设主要包括模仿—回馈机制、联想—学习机制、语言调节联想机制、认知机制、直接诱导机制等,其中模仿—回馈机制得到了大多数学者们的接受,也可用于解释非伦理行为的扩散。模仿—回馈机制指出,人类倾向于模仿周围人的面部表情、语言表达、动作及行为;在这一过程中,主体的情绪体验会受到自身面部表情以及其他非语言线索的影响。如工作场所情绪愤怒者可将这一负面情传递给观察者,观察者又会通过回馈过程反馈给传输者,从而进一步加强输出者的愤怒感。作为一个持续循环的过程,情绪循环可以将群体内某一成员的负面情绪传染到群体内其他成员,并在成员间形成多次情绪的反复加强,推动群体中的成员形成同质化的情绪状态和社会认知(Smith & Conrey,2007),而负面情绪又极易导致以发泄情绪为主的非伦理行为。因此在这一过程中,个体的负面情绪成为了他人负面情绪和非伦理行为的诱因和结果。又比如说,当员工受到管理者非伦理行为影响的时候,出于嫉妒、愤怒、委屈等负面情绪压力释放的需要,也倾向于对同事做出非伦理行为,直接将情绪损失转嫁给他人。情绪会覆盖理性思维和伦理决策,导致欺骗、合作减少和过度敌意,是导致非伦理行为的重要原因(Schweitzer & Gibson,2008),尤其在存在利益冲突的情境下,无意识和有限理性对非伦理行为的传导有加强效果(Moore et al.,2006)[①]。

此外,参照群体理论也可在一定程度上解释伦理领导对工作场所

---

① 转引自谭亚莉、廖建桥、李骥《管理者非伦理行为到组织腐败的衍变过程、机制与干预:基于心理社会微观视角的分析》,《管理世界》2011年第12期。

员工伦理行为的示范和榜样作用。参照群体理论则提出了一种间接互动观点，即个体并非通过面对面人际接触，而是以参照群体，即榜样的价值和规范作为塑造自我价值观和行为准则的依据。该理论强调榜样的规范和比较作用，旨在通过模范和典型的强大感染力来引导人们行为。

### 四 社会学习理论

社会学习理论认为，人的行为，特别是人的复杂行为主要是后天习得的。行为的习得既受遗传因素和生理因素的制约，又受后天经验环境的影响。行为习得有两种不同的过程：一种是通过直接经验获得行为反应模式的过程，即直接经验的学习；另一种是通过观察示范者的行为而习得行为的过程，即间接经验的学习。社会学习理论强调观察学习或模仿学习。观察学习的全过程由注意、保持、运动再现和激发动机四个阶段构成。在观察学习的过程中，人们获得了示范活动的象征性表象，并引导适当的操作。

社会学习理论能较好地解释工作场所非伦理行为的传播。由于个体往往处在道德发展的习俗水平（Kohlberg，1969；Weber，1990），基于社会学习理论，个体倾向于模仿和学习组织中他人，如领导和同事的行为，来学习哪些行为是可接受或不可接受的（Bandura，1977；O'Fallon & Butterfield，2012）。这些人可以通过运用各种影响策略来改变个体对行为结果的期望，即个体相信自己的行为将产生正向或负向结果的程度。例如，当个体观察到一个学习榜样因某一行为而获得奖励，那么这种行为就很可能被该个体模仿。反之，当个体观察到一个学习榜样因某一行为而被惩罚，那么这种行为被该个体模仿的可能性就会大大降低（O'Fallon & Butterfield，2012）。尤其是当个体对自身行为伦理与否判断困难时（Robinson & O'Leary - Kelly，1998；

O'Fallon & ButterFeld，2011），个体将更加倾向于模仿和学习他们。领导和同事通过自己的行为为个体塑造了行为伦理规范的标准，当组织内周围同事从事较多的非伦理行为时，个体会逐渐偏离正确的伦理道德标准，增加从事非伦理行为的可能性，并且采用道德辩护理由合法化自身的非伦理行为（Moose & Gino，2013）。

### 五　目标感染理论

目标感染是动机领域新近出现的一个概念（Aarts，Gollwitzer & Hassin，2004），可在一定程度上解释组织中非伦理行为扩散的动机。所谓目标感染是指个体可以自动地从他人行为信息中推测其目标并无意识的追求这一目标（Aarts, Gollwitzer & Hassin, 2004）。目标感染现象的重要特征是，目标推测以及对该目标进行追求的过程均是自动化和无意识地发生的（Aarts, Dijksterhuis & Dik, 2008）[1]。目标感染由自动目标推测和自动目标追求两个相继发生的过程构成（Dik, 2008）[2]。首先，当个体观察到他人的某个行为时，会自动地将观察到的行为及其特征以及相关线索等与长时记忆中已有的认识进行联系，从而推测该行为的目标。其次，目标推测完成之后，个体会无意识地追求这个目标。王爱娟、汪玲（2009）指出，目标感染既不同于行为模仿也区别于观察学习，其描述的是个体通过对所观察到（或已经存在于长时记忆中）的各种信息（包括行为执行者、行为信息以及行为发生的情景等）的综合，可以自发地对行为者所追求的目标进行假设或推测，并在一定条件下表现出对这一目标的追求。

以往的研究表明目标状态可及性、目标情感效价、目标追求的适

---

[1]　转引自王爱娟、汪玲《目标感染研究述评》，《心理科学进展》2009 年第 6 期。
[2]　同上。

当性等因素会影响目标感染现象的发生（王爱娟、汪玲，2009）。所谓目标状态的可及性，并不是指目标是否可以达到的可能性，而是指目标状态在个体头脑中被激活的程度，也就是说，处于激活水平的目标状态有更高的可及性。现有的研究发现，处于目标激活状态的被试比未激活状态被试在随后的任务中坚持的时间更长（Moskowitz, Li & Kirk, 2004），并会做出更大的努力（Aarts, Gollwitzer & Hassin, 2004; Aarts & Hassin, 2005），表现得也更好（Custers & Aarts, 2007）。情绪效价即对情绪属性的自我评估，可分为正性的和负性的情绪。研究表明，在潜意识状态下对被试进行目标激活，当该目标有较高的积极情感效价时，被试会在随后目标相关的工具性任务中付出更多的努力（Houwer, Thomas & Baeyens, 2001）。而有关消极信息的相关线索很容易扰乱个体对特定目标的欣赏（Rozin & Royzman, 2001）。所以并不是他人的所有行为都会引起目标感染现象发生：当目标效价被感知为消极时，目标感染就不会发生，且这一过程的发生也是在个体意识之外。目标感染现象的出现不仅受到所追求目标性质的影响，还会受到被观察者对目标的追求方式的影响。若行为者追求目标的方式不被大众所接受，即使是该行为所暗示的目标具有一定吸引力，个体也会（或暂时）放弃对这一目标的追求。此外，观察者所面对的目标对象（Aarts, Gollwitzer & Hassin, 2004），以及个体当前面临的任务与所激发目标之间的关系也会影响目标感染的出现。当个体认为通过当前的任务能达到被激发的目标时，即目标与任务之间是适当的，个体才会在该任务上付出更多的时间，并且能获得更好的结果（两者之间为高相关）（Shah & Kruglanski, 2003）。

可见，目标感染现象可以使我们将人类行为按照社会物种的进化学产物来解释，即人类行为在很大程度上依赖于同环境中的其他个体

(Dik，2008①），通过对他人行为的推测和追求，人们逐渐有了相似的追求和渴望，甚至对未来有相似计划。因此，在工作场所，若个体发现他人可通过（非）伦理行为获得收益，实现某种目标，若该目标对个体也具有吸引力的话，个体可能会自动、无意识地也采取同样的（非）伦理的方式和手段追求这一目标。当然正如前面所提及的，若这种非伦理的手段和方式不被大众所接受，即使是该行为所暗示的目标具有一定吸引力，个体也会（或暂时）放弃对这一目标的追求。这也就意味着个体是否会以某种非伦理的行为追求目标可能会取决于这种非伦理行为被大众接受的可能性。而且当行为手段不被社会大众接受，但为组织所默认甚至是支持和鼓励的时候，比方说亲组织非伦理行为，个体也可能会继续追求相关目标。此外，尽管已有研究表明，在目标具有消极情感效价或追求目标方式不被个体接受等情况下，将不会出现目标感染现象。但现有实证研究大多是在倡导个人主义的西方文化背景下进行的，在集体主义盛行的东方文化背景下，被观察人数亦有可能影响目标感染现象的出现，个体可能会迫于集体的压力而认同并追求某种具有消极情感效价或社会评价的目标。因为从众行为的研究早已表明，同一行为在人群间的扩散是人的生物本能。席勒（Shiller）、比赫尚丹尼（Bikhchandani）的信息流模型等沟通交流传染论则进一步指出这种从众行为的形成是通过人与人之间的信息互动和传递产生的，但是这种信息的沟通交流机制既可以是信息的直接对接，也可以是观察这种单向的信息流动②。因此，当被观察者人数众多时，尽管目标具有消极情感效价或追求目标方式不被个体接受，其

---

① 转引自王爱娟、汪玲《目标感染研究述评》，《心理科学进展》2009年第6期。
② 转引自冯常生《投资者行为扩散的机理分析》，《青海社会科学》2009年第5期。

也可能做出非伦理行为。

**六 情感事件理论**

情感事件理论（Weiss & Cropanzano，1996）主要用于探讨组织成员在工作中经历的情感事件、产生的情感反应与其态度与行为的关系。该理论认为，人们的情感在一定程度上由工作环境的各种特征所决定。稳定的工作环境特征导致积极或者消极工作事件的发生，而对这些工作事件的体验会引发个体的情感反应（该过程会受到个体特质的影响），情感反应又进一步影响个体的态度与行为（Weiss & Cropanzano，1996）。情感事件理论进一步区分了两类不同性质的行为：一类是直接由情感反应驱动的行为（情感—驱动行为）；另一类是间接由情感反应驱动的行为（判断/态度—驱动行为），即情感反应先影响员工的工作态度（如工作满意度、组织承诺），再进一步由这种态度驱动行为。情感事件理论通过"事件—情感—态度—行为"这一完整链条，系统地揭示了工作场所中员工的情感作用机制[①]，其强调工作事件对情绪的直接作用，因此，其能有效地解释工作场所非伦理行为及其所带来的后续影响。

祖伯（2015）从动态社会网络的视角进一步将情感事件理论用于解读组织中非伦理行为的扩散。其认为，肇事者、受害者和观察者对非伦理行为的反应是基于他们对这一社会事件的感知和解释，而不是基于事件的客观特征（如果这种客观特征存在的话），这些不同的反应都可以被看作发生在行动者的社会关系情境中的社会认知过程的结果。根据情感事件理论（Weiss & Cropanzano，1996）可见，这一社

---

[①] 转引自李超平、徐世勇《管理与组织研究常用的60个理论》，北京大学出版社2018年版。

会认知过程可描述为一个三阶段评价过程：

（一）初步情感评价

该过程从一个事件开始，该事件最初以简单的正面或负面的形式来评价与福利的相关性（Weiss & Cropanzano, 1996）。负面事件被定义为"具有为个人产生不利结果的潜力或实际能力"（Taylor, 1991）。带有初始负面情感评估的事件与正面事件相比，会引起更高的生理和心理唤醒，并且导致在评估过程的下一阶段中因果推理的增加（Bohner et al., 1988; Martinko et al., 2002; Taylor, 1991; Weiner, 1985a）。从肇事者的角度看，他的非伦理行为使他面临社会和自我制裁的风险，因此可能代表一种消极的事件。对于受害者，事件的不利结果表现在非伦理行为对他造成的损害。对于观察者而言，非伦理行为可能是一种负面事件，因为它意味着他可能成为未来这种行为的受害者；因为他与肇事者有社会关系，针对肇事者的制裁也可能影响他；和/或因为社区的道德规范受到侵犯，从而威胁整个社会的社会秩序和福利（Haidt, 2003）。肇事者、受害者或观察者对非伦理行为的行动进行的否定事件的评价在次级认知评估阶段将触发强化因果推理和归因的过程。

（二）二级认知评估

寻找因果解释代表一个意义寻求过程（Martinko et al., 2002）。归因理论（Kelley, 1973）描述了行动者如何产生因果解释来理解他们和他人的行为。基于这些因果解释，行动者形成对自己或他人行为的责任的判断（Weiner, 1985b, 1995）。归因理论被有效地应用于解释反生产工作场所行为研究中的负面事件的反应（Martinko et al., 2002），工作场所侵略和报复（Aquino et al., 2001, 2004; Martinko & Zellars, 1998），滥用监督（Bowling & Michel, 2011; Shoss et al.,

2013），组织中的不公正和虐待（Mikula，2003；O'Reilly & Aquino，2011）和举报决定（Gundlach et al.，2003）。根据归因理论，导致责任判断的因果分析涉及三个主要因素的考虑（Weiner，1995）：行动者还是情境是主要原因（个人还是情境原因）；行动者是否可以控制他的行为（可控性）；以及是否存在可以解释行动者行为的任何减轻情节。如果是个人的原因，可控性以及没有减轻情节，则行为人需要为他的非伦理行为承担责任。最后，韦纳（Weiner，1995）认为，赋予一个行为者的责任程度取决于对其意图的评估，而不是行为人在实施行为方面的疏忽。对个人原因，可控性，减轻情节和意图的考虑受制于偏见，无论是当行为者检查自己和当他们检查他人的行为时，均是如此（Martinko et al.，2006）。偏见取决于行为者对于正在考虑的行为的立场，因此对于非伦理行为的行为者、受害者和观察者而言是不同的。

（三）三级情感评价

认知评估后将在过程的第三阶段产生"离散的情绪，如愤怒、悲伤和快乐"（Weiss & Cropanzano，1996）。情绪意味着某种行动准备状态，并产生行动倾向，以"建立或修改主体与关注的目标之间的关系"（Frijda & Parrot，2011）。这些行动倾向在对事件的行为反应中变得明显（Weiner，1995）。虽然对社会事件的行为反应可以由不同的积极或消极情绪激发，但是两种负面的道德情绪（Haidt，2003；Tangney et al.，2007）与非伦理行为的反应特别相关：内疚和愤怒。内疚和愤怒激发对道德违背的反应（Haidt，2003；Tangney et al.，2007），并表明在非伦理行为之后需要纠正反应（Haidt，2003）。在没有这些情绪的情况下，没有触发纠正行动的动机，使反应可以加强而不是抵消非伦理行为的初始行为。

当行为者判断自己需要为非伦理行为的行动负责时，内疚就会产生（Weiner，1985b，1995）。当一个行为者判断另一个行为者需要为非伦理行为的行动负责时（Gundlach et al.，2003；Weiner，1995），愤怒就出现了。愤怒和内疚有一个人际关系，从社会网络的角度来看这是特别重要的：愤怒意味着谴责他人（Haidt，2003），行为者对他人生气（Gibson & Callister，2010），并引起攻击或支持为这一可怕行为负责的行动者的行为倾向（Folger & Skarlicki，2004；Haidt，2003；Weiner，1995）。内疚反过来又产生于关系伙伴受到损害时（Baumeister et al.，1994；Haidt，2003），并涉及其他方面的关注（Tangney et al.，2007）。鲍迈斯特等（Baumeister et al.，1994）认为内疚"将同情心的痛苦与对对方痛苦的因果责任的自我归因结合在一起"。对结果的内疚触发了弥补某个人的行为和所造成的损害的动机（Haidt，2003；Tangney et al.，2007），并可以激励补偿道德行动（Zhong & Lilijenquist，2006；Zhong et al.，2009，2010）。

## 第三节　组织中个体间非伦理行为扩散的机制分析

扩散通常被用来描述一种新事物（如产品、思想、文化、行为等）被离散人群接受与采用的过程。[①] 扩散的动力不仅包括接受与采用者自身的驱动力，同时还包括人与人之间相互沟通和影响而产生的传染力。而在任何组织内部，员工的行为不可避免地会受其领导和同事的行为的影响。据此，组织内非伦理行为的人际传导可以划分为两

---

① 转引自叶金珠、佘廉《网络突发事件蔓延机理研究》，《情报杂志》2012年第3期。

种类型：一是领导下属之间的纵向传导；二是不同员工之间的横向传导。为此本部分将分别从领导—下属之间的纵向传导和员工—员工之间的横向传导两个方面对组织中个体间非伦理行为扩散机制进行探讨。需要指出的是，本部分的分析主要是在现有的研究文献和结论的基础上进行的推导，部分机制还有待进一步实证研究的支持。

## 一 领导—下属之间的纵向传导

平托、利恩斯和皮尔（2008）曾指出，不端行为的蔓延有两种路径：自上而下和自下而上，其中前者蔓延速度比后者快得多。同样地，本部分的研究认为，非伦理行为在从领导传导到其下属的同时，下属的非伦理行为也有可能会影响到领导的非伦理行为。为此，非伦理行为在领导—下属之间的纵向传导可能也有两条路径，一条是从上至下由领导扩散到下属，另一条则是由下而上从下属扩散到领导。

### （一）从领导扩散到下属

领导作为组织内的权威人物和角色榜样，对个体的非伦理行为具有重要影响。根据社会学习理论，下属员工会通过模仿来学习领导的行为。有关伦理领导的大量研究发现，伦理型领导不仅自身行为符合道德规范，还会在与员工的互动中采用交流、奖惩等方式促进员工的道德行为。[①] 伦理领导可以通过三种方式来影响下属的伦理行为：一是"双向交流"，向下属宣传伦理在社会环境中的重要意义并给予下属平等建言的机会；二是"强化机制"，建立明确的伦理标准并通过

---

① 转引自范恒、周祖城《伦理型领导与员工自主行为：基于社会学习理论的视角》，《管理评论》2018年第9期。

奖惩对下属的伦理行为进行规范；三是"决策分析"，密切关注管理决策可能导致的伦理后果并选择符合伦理原则的方案（洪雁，2012）。伦理型领导行为能为下属树立良好的角色榜样，这种社会学习的过程有助于减少下属的非伦理行为（Mayer et al.，2009）。如布朗等（2005）提出伦理型领导拥有诚实可信、关心下属等道德品质，为员工塑造了伦理行为的榜样，作为一个管理者，其会向下属宣传自身伦理观念，建立伦理制度，惩罚非伦理行为，减少了个体从事非伦理行为的可能性。此外，当员工面对道德困境需要抉择时，伦理型领导的道德模范作用会给予员工正面的指引，使员工避免选择违反组织规范的行为。不仅如此，伦理型领导还会积极鼓励员工遵守规则，从而减少员工的偏常行为（Mayer et al.，2009）。

相反，负面的领导会促进个体从事非伦理行为。负面的领导行为（如破坏性领导）会减弱员工对组织和上级的认同，进而增加员工的非伦理行为（高日光、孙健敏，2009）。汉娜等（2013）通过对军事人员样本的实证研究提出，辱虐型领导即一种通过口头的或者非口头的方式时常向员工做出敌对、伤害性行为的领导风格会显著增加个体的非伦理行为，并且减少个体报告非伦理行为的可能性。约翰逊（Johnson，2009）针对美国各种商业丑闻的研究发现，那些实施非伦理行为的领导会鼓励他们的下属实施非伦理行为。与此同时，组织内部员工因上司施压而实施非伦理行为的现象也比较普遍（Lonkevich，1997；Tepper，2010；王珍义等，2010）。如泰珀（Tepper，2010）从个体动机、个体能力、结构动机、结构能力、社会动机和社会能力六个方面探讨了领导施压下属实施非伦理行为的原因。王珍义等（2010）研究发现，会计人员感知的上级施压与他们做出非伦理行为的可能性显著正相关，大多数的会计非伦理行为都是在上级的暗示、威胁和利诱下做出的。当下属的非伦理行为可以给整个组织和领导个人带来利益时，领导往往会鼓励或施压下属实施非伦理行为（Brown & Mitchell, 2010; Hoogervorst, Cremer & Van Dijke, 2010）。

此外，伦理领导对下属非伦理行为的影响也是学者持续关注的一个热点问题。如特雷维尼奥、布朗（2004）以"领导在影响工作场所非伦理行为中扮演的角色"为题，从社会学习和社会交换理论出发系统阐述了领导为何以及如何影响下属非伦理行为的理论依据。布朗和特雷维尼奥（2006）在总结前人研究的基础上明确提出伦理领导负向影响其下属的非伦理行为。迈耶、库兹姆和格林鲍姆（Mayer, Kuenzi & Greenbaum, 2010）的配对研究发现伦理领导与下属的反社会行为显著负相关。迈耶等（2012）依据社会学习理论检验了伦理领导与部门内部员工的非伦理行为负相关的理论假设。傅和德什潘德（Fu & Deshpande, 2012）研究发现，员工的非伦理行为明显地受到成功管理者的非伦理行为的影响。

也有研究从社会学习、转移攻击和资源消耗角度考察了上级非伦理领导对下级非伦理领导的影响。如马维茨等（Mawritz et al., 2012）从社会学习角度对辱虐领导进行了建构，并认为，被辱虐的下级领导会模仿上级行为对待下属。从事非伦理行为的上级领导为下级领导创建了一个支持相同非伦理行为的环境，这同时也意味着，下级领导可能会观察并模仿这种偏差行为。泰珀等（2015）从转移攻击的角度发现，为修复受损的情绪，那些经历过不公平对待、职场压制和心理契约违背的下级领导更可能将非伦理行为转移给他们的下属。但也有研究者认为，人际攻击最可能的原因应该是阻止个体将攻击性冲动转化为实际攻击行为的自我调节资源的耗竭。这是因为，从资源消耗理论视角看，个体常会在不同任务领域间构建理念边界，当这些边界被确定后，个体需要花费更多的认知努力去跨越（Inzlicht & Schmeichel，2012）。因此，上级非伦理领导会威胁和消耗下级领导的个人和社会资源，被上级领导非伦理对待的下级领导会被迫想办法最小化这种资源压力的影响，他们不会用剩余资源去冒险改变现有状态和改善当前工作环境；相反，他们宁愿将压力转移至其下属身上，以尽量阻止更多的自我资源消耗，哪怕会因此而伤害组织本身。

谭亚莉等（2012）指出，管理者—下属之间的权威—服从机制是导致非伦理行为从领导扩散到下属的主要动力机制之一。由于非伦理行为发动者与追随者之间，存在自上而下的权威与服从的社会互动过程，故会引起管理者非伦理行为在下属中的扩散。非伦理行为发动者凭借在群体中深刻的权威影响而形成特殊的投射机制，下属不服从将引发其个人内部冲突，为避免心理压力，下属就倾向于追随管理者也做出非伦理行为，从而导致集体不道德的发生。管理者—管理者之间的关系认同机制则会导致非伦理行为在管理者之间的扩散。社会认同理论认为关系认同将加剧群体内人们行为的相似性，同事关系越紧密，彼此之间认同的程度越高，行为就越趋于一致。内部成员非伦理行为所产生的传染性将远远超过外部成员（Gino, Ayal & Ariely, 2009），因为当人们看到和自己同属一个群体的人做出非伦理行为时会相互联盟，心照不宣地追随这种行为。管理者彼此之间的相互认同导致了集体不道德的风险。

研究者们也识别了在非伦理行为从领导扩散到下属这一过程中的中介变量。如迈耶、库兹姆和格林鲍姆（2010）的研究表明，伦理氛围在伦理领导与下属的反社会行为（其中包括非伦理行为）之间发挥中介作用。刘晓琴（2017）基于资源消耗理论，通过理论推演，指出领导—成员交换关系和情绪耗竭在上级非伦理领导对下级非伦理领导行为之间起中介作用。与此同时，研究者也探讨了调节领导非伦理行为对员工非伦理行为影响的变量。如研究发现下级领导道德认同差异在上级非伦理领导与下级非伦理领导之间起负向调节作用（刘晓琴，2017）；员工的道德效能感和道德勇气分别跨层中介伦理型领导和工作场所偏常行为之间的关系（范恒、周祖城，2018）。苗等（2013）对中国政府部门的追踪调查发现，伦理领导与其下属的非伦理的亲组织行为存在倒U形的非线性关系，并且这种关系依赖于下属对领导的认同程度。

（二）从下属扩散到领导

尽管作为工作场所的两个主体，领导者和员工理应受到同等重视。然而，很长一段时间以来，研究者均将关注点放到了领导者身上，很少关注追随者。随着追随研究（followership）作为组织管理研究中一个新兴的研究领域逐步兴起，研究者们开始关注和探讨追随者因素在领导过程中的角色和作用，并且试图从追随的视角深化乃至重塑对于领导力和领导过程的认识。研究者们逐渐认识到领导者与追随者之间是相互影响、相互作用和相互匹配的。领导者的属性特征会影响追随者的行为方式，甚至其本身就发挥了吸引和筛选相匹配的追随者的作用。同时，追随者的属性特征也会作用于领导者，使他对自己的领导方式不断做出优化和调整。领导者塑造和成就了追随者，而追随者也塑造和成就了领导者（罗文豪，2015）。

然而，追随问题之所以在学术界和实践界引起较多关注，其中一个重要的原因就是研究者和实务届人士更加明确地认识到追随者可能带来的积极影响（Lapierre & Carsten, 2014；Riggio et al., 2008）。但追随研究更多地考察的是追随者视角下的领导过程。研究者认为，相对于领导者来说，追随者虽然拥有较少的职权，但他们仍然可以通过自身的行动来支持或抵制领导者。一方面，某些追随者个体，例如本身拥有一定职权的追随者或受其他追随者高度认同的追随者，能够通过向上反馈和一些影响策略对领导者的态度、行为、决策等产生影响；另一方面，由所有追随者构成的群体也会对领导过程产生影响（Oc & Bashshur，2013）。此外，从群体动力学的相关研究结果来看，某个追随者个人对领导者产生的影响是较为有限的，而整个追随者群体的一致行动则会给领导者的决策和行动过程带来相当大的规范性压力与影响。当追随者们觉得领导者行为不当并伤害到群体身份时，追随者群体中出现的消极情绪会驱动他们对领导者做出集体行动，以便维护和强化共同的群体身份（Tee et al.，2013）。可见，学者们已逐步认同追随者能够影响领导者这一观点（罗文豪，2015）。然而从员工或追随者角度探讨（非）伦理行为从下至上的扩散问题的研究仍然十分少见。

少量研究从建构视角探讨了追随者与破坏性领导之间的关系。如UhlBien 等（2014）认为，破坏性领导行为的持续表现是领导者和追随者之间的互动失调导致的结果，这常常是一个恶性的循环过程。阿基诺和拜伦（Aquino & Byron，2002）的研究结果表明，下属对于破坏性领导的建设性应对策略有可能打破破坏性领导的恶性循环。据此，可以认为，有效追随者通过积极的意义建构，可以有效遏制破坏性领导，使之不断地朝着共同的愿景而努力。一些研究则从压力应对理论出发，指出应对策略是追随者对于破坏性领导发挥上行影响作用的主要表达方式。但追随者是否能够采取有效的应对策略以减少领导者在未来的破坏性作用，学者的观点并不一致。有些学者持悲观立场，认为追随者对破坏性领导行为的反应会进一步加剧领导者的破坏性领导行为，从而形成一个持续的恶性循环过程（Ashforth，1994；

Aquino & Thau，2009；Chan & McAllister，2014）。还有一些研究者对此问题持乐观的立场，认为有效的追随者通过采取建设性的应对策略能够打破领导者与追随者之间的恶性循环，使两者之间的互动进入良性循环（罗文豪，2015）。另有一些研究则基于社会作用力理论[①]，探讨了追随者对于领导产生追随作用的影响因素。根据这一理论，将破坏领导者看作目标靶，将追随者看作社会影响源，追随者对于破坏性领导的上行影响作用大小取决于破坏性领导者所感知到的追随者的强度、数量以及时空的接近性等因素（Oc & Bashshur，2013）。孟莉（2019）曾在考察领导越轨行为的人际影响时指出员工是领导越轨行为产生的影响因素之一，对于领导来说，在实施越轨行为之前会对员工进行考察，并检验是否存在实施越轨行为的人际环境。当员工存在着发展需求、面临着环境威胁、愿意规避和迎合领导时，就为领导实施越轨行为提供了机会。此外，当员工与领导存在价值认同时，即领导与员工存在信念和价值上的一致性时，员工在内心对领导存在情感依赖，这就为领导操控员工创造了条件，领导很有可能借助员工实施越轨行为。但总的来说，相较于（非）伦理行为从领导扩散到员工的下行路径而言，目前有关（非）伦理行为从员工扩散到领导的上行路径的研究还十分少见，这也是未来可以进一步探讨的问题。

## 二 员工—员工之间的横向传导

任何个体都处在各种社会网络之中，其行为往往会受到社会网络

---

[①] Latane 最早提出"社会作用力理论"，分析"其他人的存在或行动对个体产生的影响"，并提出了三个著名的社会作用力法则，其中一个法则意为：当社会源作用于目标靶时，该目标靶体验到的作用力的量（I：impact）是这些作用源的强度（S：strenth）、接近性（I：immediacy）和数量（N：number）的乘积的函数，即 I（Impact）= f（SIN）。

中其他个体的影响。早期异质性扩散模型框架（Strang & Tuma, 1993）所构建的网络群体行为扩散模型，可用于解释工作场所非伦理行为在员工之间的横向传导。该模型考虑两个影响传导可能和速度的因素：一个是个体参与非伦理行为的内在倾向，另一个则是非伦理事件与行为信息扩散给个体带来的影响力。其可以进一步细化为四个关键变量，这四个关键变量也同样会对祖伯（2015）基于动态网络视角的非伦理行为在组织中的扩散产生影响。

（一）倾向性

人与人之间在心理活动过程的特点和风格上存在着明显的差异，因此，个体对初始行为事件信息的反应本身存在差异，个体参与非伦理行为的内在倾向也会不同，这种差异来源于个体"内在"因素的影响，不受其他相关人群行为扩散的影响。如对于一个道德敏感性高的个体而言，其能敏锐地感知、理解和体察自己、他人及群体的情感、需求和利益，能觉察到某人可能要做或者正在做的事情会直接或间接地影响他人的幸福。那么相较于其他道德敏感性低的个体而言，其可能会更少做出非伦理行为。同样对于道德发展水平比较高的个体，其对待工作场所非伦理行为的态度也会明显区别于道德发展水平较低的个体。

（二）敏感性

指个体对工作场所非伦理行为和事件扩散的感受性与易感性。安德森和霍尔特（Anderson & Holt, 1997）的信息瀑布试验指出人们会采取大部分人的行为信息叠加作为自己判断和决策的依据。可见，工作场所的员工在观察到工作场所的一些非伦理行为或事件信息后，并不是马上就付诸自己的行动，而是等待更多与之相关的信息，随后才做出行为决策。如个体可能会观察这些行为或事件会给参与者带来什么样的损失或收益，究竟是利大于弊还是弊大于利，其是否会受到进一步的惩罚，才会进一步做出是否模仿这一行为的决策。

（三）传染性

指传播事件或行为的信息者和参与工作场所行为互动者的影响力。斯坦莱·米尔格拉姆（1984）认为："群体行为是自发产生的，相对来说没有组织的，甚至是不可预测的，它依赖于参与者的相互刺激。"因此，社会网络中行为活跃的积极分子、意见领袖或是具有一定社会地位和声誉的人群，如专家学者等，通常具有较强的号召力与感染力。

（四）亲近性

指行为传播者和潜在行为者之间的邻近性。个体之间相互影响的方式与模式可能会因为亲近程度的不同而存在差异。工作场所非伦理行为的扩散更多的是一种人际传播，员工的行为会受到身边朋友、同事等与其邻近人的影响，他们更可能模仿那些与其人际互动频繁的对象。

祖伯（2015）基于动态社会网络分析的研究，借助网络动力学的行动者导向模型（Actor Oriented Models for Network Dynamics, Snijders et al., 2013）较好地考察了非伦理行为在组织中的蔓延。其认为，当肇事者，受害者和观察者随后采取非伦理行为以对他们参与的初始行为做出反应时，非伦理行为就会蔓延。非伦理行为的肇事者，受害者和观察者与非伦理行为的行动的关系，他们的积极和消极的人际关系，以及他们对行动的行为者的反应的关系是组织中非伦理行为的社会网络框架的关键要素。在该模型中有两个重要因素：关系和反应。

（1）关系。祖伯（2015）将行为者和行为之间的三种类型的关系区分为：肇事者、受害者和观察者关系，分别称为P-、V-和O-关系。行动者和行为之间的关系被认为是持久的（Snijders et al.，2013）：虽然非伦理行为的实际行为可以在相对较短的时间内完成，但是行动者将通过他对这一关系的认知表征与该行为保持联系。正是这种持久的认知表征，才是行为者的反应基础，因此才与非伦理行为的传播相关。此外，需要强调的是，行动者和行为的关系是有针对性的，即有发送者和接收者。在活动网络中，只有行动者可以向行为发送关系，其是单向的。即对于肇事者，将关系发送到非伦理行为的行动就是犯下行为。肇事者的行为的实施并不意味着必然会有其他行为者认为自己是这种行为的受害者或观察者；然而，肇事者需要犯下非伦理行为的行为，以便其他行为者能够成为行为的受害者或观察者。其他行动者首先必须意识到行为人作为受害者或观察者参与行为的行为。个人行为者是否应被视为非伦理行为的受害者取决于个人对暴露于有害行为的看法。只有那些认为自己是行为的受害者的行为者将根据这种看法对这一行为做出反应。同样地，只有直接或间接地意识到非伦理行为的行动者才会作为观察者做出反应。因此，这一框架内受害者和观察者被认为是他们在与非伦理行为建立关系的发起者。

（2）反应。祖伯（2015）指出，行动者会对他们当前与行为者的关系和非伦理行为本身做出反应，使关系通过"过程演进"。"所谓过程是指某个关系的形成是对其他关系的存在的反应"（Snijders et al.，2010）。因此，对非伦理行为的反应表现为行为者基于它们与初始行为的关系，在与行为或行动者的关系中所作的改变。例如，当随后的非伦理行为的行为是对初始行为的反应时，行为者创造了与行为的新的 P－关系。行动者也可以改变他们的人际关系，以回应他们参与的某个行为。例如，受害者可能与肇事者产生负面关系。一旦行动者已经进行了关系的改变，则所得到的关系的新配置将构成下一步骤的初始状态，在这一步骤中行动者对关系进行改变以响应于该（新的）初始状态等。换句话说，非伦理行为的行为触发了一种反应——由该框架中的关系的变化表示，并且该反应又触发下一个反应，使不道德的行为可以在初始行为之后通过一系列反应扩散。

祖伯（2015）在动态行动者导向框架中详细地分析了非伦理行为通过肇事者，受害者和观察者传播的方式以及反应的类型，并推导出了相应的命题和可能产生的社会网络效应：

（1）肇事者的视角和反应。祖伯（2015）首先基于归因偏差理论（Martinko & Gardner, 1987；Martinko et al., 2006；Mezulis et al., 2004），认为行为者在对自己的结果和行为归因时，将表现出自我服务的偏差，以维持积极的自我概念：负面事件倾向于归因于外部的、不稳定的和特定的原因，而积极的事件倾向于归因于内部的、稳定的和全局的原因。有偏的因果推理也发生在（不）道德行为的领域，在该领域个人被激励，以避免他们做出需要为非伦理行为负责的结论。肇事者会用合理化的方式，如回溯性地防御或前瞻性地启用非伦理行为的各种技术，诸如拒绝受伤和拒绝受害者，社会权重，呼吁更高的忠诚度和权威服从的技术，这些技术使肇事者得以否定其行为所造成的伤害，否认个人的原因和可控性，并建立减轻情节，以便可以避免责任的判断。没有对非伦理行为的个人责任的感知，肇事者可以以内疚的形式"脱离道德自我制裁"（Pillutla, 2011），并可以将自己视为道德人。内疚具有抑制功能并且促进校正或修复反应。相反，缺少内疚使肇事者进一步实施不道德的行为。进一步的非伦理行为也会因为初始行为的回溯性合理化可以作为随后的非伦理行为的预期合理化的蓝图而得以促进。肇事者进行后续非伦理行为的倾向对应于社会网络框架中的以下效应：

效应1：重复效果，即从行动者i到动作A的P关系导致由行动者i创建与B动作的P关系。

祖伯（2015）进一步指出，肇事者的社会关系也会对其反应产生影响，即肇事者评价他最初的非伦理行为的行动和随后的反应也取决于他与受害者的直接和间接的社会关系。内疚的感觉特别容易由于对他人造成伤害的行为而产生，并且当肇事者和受影响的人之间存在相互（正）关系时。与受害者的积极关系意味着肇事者可能对受害者的痛苦有同情的关注，这促进了内疚感。因此，从肇事者到受害者的预先存在的积极关系增加了肇事者的评价过程导致内疚感的可能性，这抑制了随后的非伦理行为的行动。除了直接关系之外，肇事者和受害者之间的间接积极关系，通过它们与中间行动者的关系相连，也影响肇事者的反应。他们可以创造关联和同情的感觉，但是会比在直接关系下的程度更小，因此对于内疚感的可能性会产生较弱的影响。相反，受害者和行为人之间存在负面关系，或在更小一点程度上说，缺乏积极关系，会减少同情心的关注，促进肇事者的合理化，并降低了内疚感产生的可能性。当肇事者察觉到受害者与他"没什么共同点"，而不与他有关系时，他更容易相信受害者应该受到伤害（否认受害者）。因此可以得到：

命题1：相较于当肇事者与受害者之间预先存在直接或间接的积极关系时，当肇事者与受害者没有直接和间接的预先存在的关系或者具有预先存在的负面关系时，非伦理行为更可能通过肇事者的反应传播。

此外，这一次过程也会对肇事者社会关系产生影响。消极关系不仅可以促进合理化，而且可以是合理化的结果。诋毁受害者的理由暗示了对受害者的消极态度，消极态度反过来表征消极关系。因此，因为使用合理化策略，肇事者很可能与不道德行动的最初行为的受害者建立负面关系。从而产生以下社会网络效应：

效应2：回溯性合理化效应，即从行动者i到动作A的P-关系导致由行动者i创建与行动者j的负关系。

而当所采用的合理化涉及"受害者是社会类别的可替换成员"（Ashforth et al., 2008），其成员应该受到伤害时的观点，肇事者对行为者的负面关系的感知也会类似于受害者。正如布拉斯等（1998）所言，"负面关系与非伦理行为正相关，因为负面关系不包括同情的约束效应"。因此，在非伦理行为的行为之后产生的负面关系可以使未来的行为合理化并得以实施。这导致了非伦理行为通过行为人传播的间接途径，其中非伦理行为的初始行为导致产生负面关系，这又导致随后的非伦理行为，从而产生以下效应：

效应3：前瞻性合理化效应，即从行动者i到行为A的P-关系，以及从行动者i到行动者j的负关系导致由行为者i创建与行为B的P-关系。

总而言之，不道德的行为可以通过肇事者传播，因为他们使用合理化来避免内疚感，这使进一步不道德的行为变成可能，并可能导致消极的关系。

（2）受害者的视角和反应。如果有一些行动者认为自己是受害者，不道德的行为只能通过受害者的反应传播。某些形式的非伦理行为会对某个行动者造成明显伤害，例如对他人的言语或身体虐待。有关工作场所侵略，工作场所复仇和报复行为的文献（Aquino et al.，2001，2006；Bies & Tripp，2004；Skarlick i& Folger，1997，2004；Tripp et al.，2007）都广泛地探讨了受害者对人际形式非伦理行为的反应。对这类行为而言，被视为目标的行动者最有可能意识到非伦理行为，并将自己视为受害者。相反，对于其他形式的非伦理行为，则不太清楚该行为是否会对可能感知自己是受害者的个体行为者造成伤害。例如，一个员工公报私账或误报工作时间造成组织受损。然而，很难确定，如果有的话，组织的任何代表可能认为自己是这种行为的受害者。因此，对特定个人行为者不造成可察觉和直接伤害的行为，通过受害者的反应传播的可能性较低，为此可以得到第二个命题，即：

命题2：当不道德的行为对特定个体受害者造成直接和可察觉的损害时，与该行为的负面后果不太明显和/或不影响特定个人的情况相比，不道德的行为更可能通过受害者的反应传播。

当没有直接对他们造成伤害时，个体行动者也可以将自己视为受害者。例如，考虑欺诈地退回所购买产品的客户。处理产品退货的员工可能会受到这种非伦理行为的影响，即使损害是组织而不是他。社会认同理论（Tajfel & Turner，1979）认为，个人亲自体验他所识别的社会总体的成功和失败（Ashforth & Mael，1989）。根据社会认同理论，如果他们认同组织，个人可能会感觉到对他们的组织造成的伤害，就像他们个人受到的影响一样，他们会将自己视为受害者。在组织成员认为自己是受害者的情况下，他们会相应地做出反应，非伦理行为可以通过他们的反应扩散，由此可以得到命题3：

命题3：一个群体的社会认同可以导致个体行为者认为自己是非

伦理行为的受害者，即使这种行为不直接伤害他们，这种感觉反过来可能导致非伦理行为通过受害者的反应的传播。

虽然依据归因偏差理论，行动者倾向于对自己的行为有偏差地进行情境和不可控因素的因果归因以避免责任，在评价他人行动时，他们倾向于最小化情境的影响，高估个人的贡献，因此更有可能让另一个行为者承担个人责任。这种基本归因偏差或行动者—观察者偏差已在许多经验研究中得到证实（Martinko et al., 2006; Weiner, 1995）。由于这种偏差，受害者可能将个人的责任归因于非伦理行为的肇事者。责任归因又导致对肇事者的愤怒（Weiner, 1995），并激发针对肇事者的报复行为（Haidt, 2003; Weiner, 1995）。工作场所复仇（Aquino, et al., 2001, 2006; Bies & Tripp, 2004; Kim et al., 2008; Tripp et al., 2007）和报复行为（Skarlicki & Folger, 1997; Skarlicki et al., 1999, 2004）的研究证明了受害者如何通过行动对另一方的"某些察觉到的伤害或不法行为"做出反应，该行为意图对判定为负责的一方造成损害、伤害、不适或惩罚（Aquino et al., 2001）。根据这一观点，受害者可以通过随后对（初始）肇事者实施非伦理行为的行动而对非伦理行为加以报复，如下列效果所示：

效应4：肇事者特定报复效应，即从行为者 j 到行为 A 的 P-关系，从行为者 i 到该行为 A 的 V-关系，以及从行为者 i 到行为 B 的 P-关系导致由行动者 j 到行动 B 的 V-关系的创建。

受害者是否可能直接报复肇事者，取决于这两个行为者的相对社会地位。如果受害者不如施暴者那么强大，受害者可能会对另一个目标采取报复行动，意图伤害施暴者（Skarlicki & Folger, 2004）。例如，如果雇员认为自己是她的经理的性骚扰的受害者，她可能会以偷窃用品做出反应，因为她知道她的经理将对任何缺失的用品负责。当受害者甚至不能间接伤害肇事者时，报复行为也可能针对任何其他无辜但易于接近的行动者，包括组织外的行为者进行（Hoobler & Brass，2006）。在工作场所侵略文献中，这种现象被描述为替代/转移的侵略。在社交网络框架中，可以表达为以下效果：

效应5：受害者一般报复效应，即从行为者 i 到行为 A 的 V - 关系导致由行动者 i 与行动 B 创建 P - 关系。

该效应可以被认为是上述特定报复效应的泛化，因为与特定效果相反，它不指定哪个行动者可能是后续行为的受害者。此外，受害者也可能抓住除了对非伦理行为负责的行为者（共同）之外的行为者，并对这另一个行为者进行报复。如滥用监督的研究表明，受害者至少部分地坚持认为组织需对肇事者的行为负责，并通过采取不道德的行为，对组织造成伤害，进行报复（Bowling & Michel，2011；Shoss et al.，2013；Tepper et al.，2008）。

同样，作为受害者参与非伦理行为也可能影响受害者的人际关系。将非伦理行为的责任归因于另一个行为者将导致愤怒的情绪。负面情绪如愤怒可能表现为消极态度，而消极态度反过来又代表着一种消极关系（Labianca & Brass，2006）。因此，受害者将非伦理行为的责任归于肇事者（或另一个行为者）可能导致受害者与肇事者（或对行为负责的其他行为者）之间的负面关系。由于责任归因而造成的负面关系即可由社会网络框架中的以下效应得以表征：

效应6：受害者一般归因效应，即从行为者 i 到行为 A 的 V - 关系导致行为者 i 产生与行为者 j 的负关系。

此外，虽然受害者可以将非伦理行为归因于任何其他行为者，但最有可能是归因于肇事者，因此，受害者与肇事者之间也会形成消极关系，从而得到效应7。

效应7：受害者特定归因效应，从行为者 i 到行为 A 的 V‑关系和从行为者 j 到同一行为 A 的 P‑关系导致由行为者 i 与行为者 j 创建负关系。

总之，非伦理行为可以经由受害者对非伦理行为的反应，通过直接，间接或替代/转移的报复行为而得以蔓延。并且，行为者不仅仅会在当他们直接遭受伤害时将自己视为受害者，而且当他们认同被伤害的集体时，他们也可能将自己视为受害者。

（3）观察者的视角和反应。正如特雷维尼奥（1992）所言，为了使行动者成为非伦理行为的观察者并做出反应，他们的"意识必须足够高以启动认知评估，即使他们可能不需要直接观察……行为"。某些类型的非伦理行为在组织中是相当隐蔽的，并且难以被其他人所观察，例如滥用保密信息或内幕交易，因此不太可能被肇事者以外的行动者注意到。观察另一个行动者行为的可能性不仅取决于行为本身的特征，而且还取决于行为者与其他行为者之间的互动。互动提供了观察或了解他人行为的机会，并且当存在积极的人际关系时更加可能发生。肇事者与其他行为者之间的关系越积极，其他行为者观察到肇事者行为的可能性就越高（Venkataramani & Dalal，2007），并可能随后实施非伦理行为。因此可以得到以下命题：

命题4：肇事者以程度中心性表示的积极关系的数量越多，他的非伦理行为的行动被观察的可能性越高，因此，非伦理行为通过观察者的反应传播。

如果肇事者位于积极关系网络的一个内聚部分，其特点是内部参与者之间的高密度（直接）关系，并且通常与网络这一部分之外的参与者关系较弱（Borgatti & Halgin，2011），他的非伦理行为更有可能被观察到。因此，在社会网络框架中，行为者倾向于观察他们具有积极关系的其他行为者的非伦理行为，为此可以产生以下效应：

效应8：经由肇事者的观察效应，即从行为者 j 到行为 A 的 P - 关系，以及从行动者 i 到行动者 j 的积极关系导致行动者 i 对行为 A 产生 O - 关系。

此外，当他们与受害者具有（积极的）关系并与受害者互动时，行为者还可以通过观察对受害者造成的伤害从而意识到非伦理行为的出现。受害者还可能进行明确的社会反刍，即"观察者试图通过讨论来了解事件的意义"（Pinto et al.，2008）。受害者拥有更多积极的关系，他与其他行为者进行社会反刍的可能性越高，这些行动者会成为非伦理行为的观察者。由此可以得到命题5：

命题5：受害者的积极关系的数量即网络中心度越高，通过社会反刍，由额外的行为者直接或间接地观察到非伦理行为的可能性越高，并且由此导致非伦理行为通过观察者的反应传播。

与上面的命题4类似，如果受害者位于积极关系网络中的一个内聚子群体中，其他行为者由于其与受害者的关系而意识到非伦理行为的可能性更高。当他们与受害人有积极的关系时，行动者更有可能成为非伦理行为的观察者，这反映在以下效应上：

效应9：经由受害者的观察效应，即从行动者 j 到行为 A 的 V - 关系以及从行动者 i 到行动者 j 的正向关系导致由行动者 i 对行为 A 创建 O - 关系。

同样，观察者的社会关系也会对他的反应产生影响。虽然肇事者和受害者的观点是分别由他们实施行为和遭受行为的影响所定义的，但观察者不那么直接受到行为的影响，这使他们的观点与受害者或肇事者更加相似。在文献中已经探讨了这两种可能性。一方面，关于复仇理论（deonance theory）（Folger，2012；O'Reilly & Aquino，2011；Skarlicki & Folger，2004；Skarlicki & Kulik，2004；Umphress et al.，2013）的研究表明，第三方会对他人遭受的不公正待遇以愤怒或道德愤怒做出反应。同理心使观察者能够接受受害者的观点并分享受害者的情绪（Tangney et al.，2007），使他的反应可能与受害者的反应类似，并且可能包括针对肇事者采取报复行动。而同情往往是由观察者和受害者之间的积极关系所促成的（Brass，et al.，1998）。另一方面，研究表明，非伦理行为的观察者会对肇事者的行为感到内疚（Fortune & Newby–Clark，2008；Gino et al.，2009；Tangney et al.，2007）。特别是当观察者与肇事者有个人关系时，他们可以感受到替代性的内疚（Lickel et al.，2005；Tangney et al.，2007）。这一发现表明，观察者对行为的评价类似于当行为者在观察者和行为者之间存在（积极的）关系时。

虽然不如直接关系的影响那么大，观察者与行为人或受害者之间的间接关系也可能对观察者的反应产生影响。两个行动者之间的间接关系可以表明它们属于相同的社会群体。与基于群体成员身份的肇事者共享社会身份已经证实了在观察者中引起内疚感（Tangney et al.，2007）。类似地，与受害者的间接关系可以导致观察者的更多同情，并且像受害者一样反应。这些论点导致以下命题：

命题 6：非伦理行为的行为观察者与肇事者之间的直接和间接正向关系相对于观察者与受害者之间的直接和间接正向关系的数量越高（越低），观察者的反应与肇事者的反应相似的可能性越高（低），以及与受害者相似的可能性越低（越高）。

非伦理行为的观察者也可能会出现类似于肇事者的反应。当观察者的观点与肇事者的观点相似时，也存在类似的偏差和涉及对非伦理行为的评价的潜在动机。首先，观察者被鼓励避免对行为产生内疚感。正如一个肇事者一旦他将自己的行为责任分配给自己，就会产生内疚感。利克尔等（Lickel et al., 2005）认为，如果观察者以前曾认为肇事者需要对行为负责，那么观察者就会感到愧疚。为了避免感到内疚，观察者将采用与肇事者相同的合理化技术，以避免肇事者做出对非伦理行为负责的结论。根据这个想法，吉诺和加林斯基（2012）发现，感觉到与肇事者有联系的观察者对肇事者的行为进行"替代性辩解"，这反过来导致他们自己参与后来的非伦理行为。在没有替代内疚的情况下，社会学习过程（Bandura, 1973）可以改变观察者的后续行为（O'Leary - Kelly et al., 1996; Robinson & O'Leary - Kelly, 1998）。社会学习理论强调了可以从中学习某些行为模式的重要性。虽然领导者由于他们的社会地位和权力而作为伦理角色模型特别具有吸引力，但是在韦弗等（Weaver et al., 2005）的访谈研究中员工绝大多数是将与个人经常进行互动的同事作为伦理角色模型。这一发现强调了肇事者和观察者之间的个人关系和互动在影响观察者行为时的重要性。以下效应反映了观察者的非伦理行为倾向：

效应10：模仿效应，即从行动者 i 到动作 A 的 O - 关系导致由行动者 i 创建与 B 动作的 P - 关系。

这种效果与通过肇事者的观察效应一起反映了与肇事者有积极关系的行为者可能遵守不道德的行为，并且效仿它。关于观察者的行为与他们同伴的行为的研究也往往集中在相同或非常相似的非伦理行为类型上，例如罗宾逊和奥阿里·凯利（1998）对反社会行为的研究；奥法伦和巴特菲尔德（2012）和麦卡比等（McCabe et al., 2006）对学术不诚实的研究。此外，凯泽尔等（Keizer et al., 2008）在其有关交叉规范抑制的实地实验中证明，违反一个规范（如反涂鸦规范；禁止将自行车锁在栅栏上）可能导致违反另一个规范（如反战准则；禁止使用入口）。这表明一种不道德的行为也可以引发其他类型的非伦理行为。

如果观察者与肇事者拥有相同的角色并面临类似的情况，他更有可能有机会从事与行为人相同的非伦理行为。从社会网络的角度来看，行为者的角色或在社会系统中的地位，是以他的社会关系的模式为特征的（Scott, 2000）。当两个行为者在社会系统中共享相同的角色时，他们被认为是规则等同的（Scott, 2000）。规则等价是指"如果单位以等同的方式链接到等同的其他单位，则单位是等价的"（Doreian et al., 2005）。这个论点导致了以下命题：

命题7：当观察者规则等同于积极关系网络中的肇事者时，与不与肇事者规则等同的观察者相比，观察者更有可能随后从事与肇事者相同类型的非伦理行为。

同样地，观察者也可能会产生类似于受害人的反应。关于第三方对不公正和虐待的反应的文献（Folger & Skarlicki, 2004; O'Reilly & Aquino, 2011; Skarlicki & Folger, 2004; Umphress et al., 2013）表明，行为者可以被激发出对肇事者的报复行为，或在目击非伦理行为时对受害者的补偿行为。虽然其他反应如举报（Gundlach, et al., 2003）或帮助受害者（O'Reilly & Aquino, 2011）也是可能的，但一些研究表明，观察者更可能惩罚肇事者而不是帮助受害者（Skarlicki & Kulik, 2004）。对肇事者的反应可以由道义的愤怒（deontic anger, Folger & Skarlicki, 2004）激发，当观察者将违反道德规范的责任归因于肇事者时，触发该行为。根据与受害者的反应有关的论点，责任的归属可能导致观察者和行为人之间的负面关系，由此可以得到效应11。

效应11：观察者特定归因效应，即从行为者 i 到行为 A 的 O-关系，以及从行动者 j 到同一行为 A 的 P-关系导致由行动者 i 创建与行动者 j 的负关系。

观察者的道义报复反应也可以由前面描述的效应10表示，其认为来自行动者与初始动作的 O 关系导致由该行动者对后续行动创建 P-关系。因此，效应10可以被重新表征为观察者模仿/报复效应。观察者由于与受害者的积极关系而从事报复性非伦理行为的情况通过观察—受害者效应和这种模仿/报复效应的组合反映在社会网络框架中。

概括来说，当观察者基于与受害者和施暴者的关系，通过像受害者那样做出报复的反应，或者当他们模仿行为人的行为时，非伦理行为可以通过观察者传播。非伦理行为的蔓延对应于行为和行为者之间的关系数量的增加：更多行为者实施非伦理行为（P-关系），从而导致受害者和观察者与犯罪行为的联系（V-和 O-关系），使得与非伦理行为的行为具有关系的行动者的数量随时间增加。每个与非伦理行为至少有一种关系的行为者通过他对这种经验的反应从而成为非伦理行为的潜在传播者。

祖伯（2015）用表格将非伦理行为的扩散效应，配以社会网络分析技术术语和图形表征，以更为清晰和简洁的形式进行了表征，具体如表6-1所示。

第六章 组织中非伦理行为的扩散

表6-1 基于动态行为者导向框架的扩散效应摘要

| 效应序号 | 相关行动者 | 对效应的描述 | 用社会网络分析技术话术对效应的描述 | 图形表征 |
|---|---|---|---|---|
| 1 | 肇事者 | 重复效应：从行动者 i 到行动者 A 的 P-关系导致由行动者 i 到行动者 B 的 P-关系 | 双模网络中的行动者层次的依赖：对于 P-关系存在的溢出效应 | i●---->■A<br>　　　■B |
| 2 | 肇事者 | 回溯性合理化效应：从行动者 i 到行动者 A 的 P-关系导致从行动者 i 与行为 B 形成负的关系 | 单模和双模网络之间的行动者层次的依赖：P-关系网络中的活动导致关系网络中的负关系活动 | i●---->■A<br>↓<br>j● ー ■B |
| 3 | 肇事者 | 前瞻性合理化效应：从行动者 i 到行动者 A 的 P-关系，以及从行动者 i 的负向关系导致由关系行动者 i 在行动者 B 中创建与行为 B 的 P-关系 | 单模和双模网络之间的行动者层次的依赖：P-关系网络中的活动和负关系网络中的活动导致 P-关系网络中的进一步活动 | i●---->■A<br>↓<br>j● ー ■B |
| 4 | 受害者 | 受害者具体报复效应：从行动者 j 到行动者 A 的 P-关系，从行动者 i 到行动者 A 的 V-关系，以及从动者 i 到行动者 B 的 P-关系导致该行动者 j 与行为 B 创建 V-关系 | 双模式网络之间的依赖性：存在跨越 V 和 P 关系形成的多重四循环的趋势，其中两个 P 关系和一个 V 关系导致另一个 V 关系（关闭的趋势） | i●╳■A<br>　 ╳<br>j●---->■B |
| 5 | 受害者 | 受害者一般报复效应：从行动者 i 到行动者 A 的 V-关系导致由行动者 j 在行动者 B 中的活动 | 双模式网络中双模网络之间的依赖性：V 关系中的网络中的活动 | i●---->■A<br>↓<br>j● ー ■B |
| 6 | 受害者 | 受害者一般归因效应：从行动者 i 到行动者 A 的 V-关系导致与行为 j 的负关系 | 单模式网络中活动导致关系网络中的负关系活动：V-关系网络中的活动 | i●---->■A<br>↓<br>j● |

·171·

续表

| 效应序号 | 相关行动者 | 对效应的描述 | 用社会网络分析技术话对效应的描述 | 图形表征 |
|---|---|---|---|---|
| 7 | 受害者 | 受害者特定归属效应：从行为者 i 到行为 A 的 V－关系以及从行为者 j 到同一行动者 i 与行为者 j 的产生负关系 | 单模和双模网络之间的三元相关性：在 V－，P－和负关系上形成混合三元组的趋势，其中 P－关系导致负 V－关系 | |
| 8 | 观察者 | 通过肇事者观察效应：从行动者 j 到行为 A 的 P－关系，以及从行为者 j 到行动的积极关系导致由行动者 i 与行动 A 创建 O－关系 | 单模和双模网络之间的三元相关性：在正，P－和 O－关系之间形成混合三元组的趋势，其中正关系和 P－关系导致 O－关系 | |
| 9 | 观察者 | 经由受害者的观察效应：从观察者 j 到行为者 i 的 V－关系，以及从行为者 j 的积极关系导致由行动者 i 与行动 A 创建 O－关系 | 一个和两个模式网络之间的三元相关性：存在跨正，V 和 O 关系的混合三元组的趋势，其中正关系和 V 关系导致 O－关系 | |
| 10 | 观察者 | 观察者模仿/报复效应：从观察者 j 到行为者 i 到行为 B 的 P－关系 | 双模式网络之间的行动者级依赖性：O 关系的网络中的活动导致 P 关系的网络中的活动 | |
| 11 | 观察者 | 观察者特定归因效应：从观察者 j 到行为者 i 到行为 A 的 O－关系以及从行为者 j 到同一行为 A 的 P－关系导致由行为者 i 创建与行为者 j 的负关系 | 单模和双模网络之间的三元相关性：存在跨 O－，P－和负关系的混合三元组的趋势，其中正 O－关系和 O－关系导致负关系 | |

注：正方形（表示行为），圆形（表示行动者）；实线代表正关系，负实线代表 P－关系（行为的实施者），点划线代表 V－关系（受害者行为），点虚线表示 O－关系（行为观察者）；黑色粗线的关系是假定在给定效果中首先存在的那些，使得形成细灰色的关系因对现有的黑色粗体关系分反应而形成。

资料来源：祖伯（2015）。

## 第四节 组织中群体与个体间非伦理
## 行为扩散的机制分析

非伦理行为往往不是以孤立的形式存在的，而是表现出较强的社会互动性：一方面，当一个员工实施某种非伦理行为后，该行为会逐渐在团队中蔓延，最终导致集体非伦理行为或集体腐败，即"害群之马"现象；另一方面，当团队内大多数人都在实施非伦理行为时，其他的个体也很容易受其影响而实施相同的行为，即"近墨者黑"现象（文鹏、史硕，2012）。为此本节也将从"害群之马"和"近墨者黑"两条路径来梳理和总结个体和群体之间非伦理行为的传导机制。

### 一 害群之马效应

根据社会网络理论，在任何组织中，员工都不可能脱离其领导和同事而独立存在。并且，在组织中除正式网络关系之外，还存在非正式网络关系。基于组织中的双重网络社会关系，非伦理行为在组织中往往并不是以孤立的形式存在的，行动者之间往往相互效仿，表现出较强的社会互动性（洪雁，2016）。当某一个员工实施非伦理行为后，该行为会在团队中不断传染与扩散，从而使该团队中的其他成员也产生相似的行为，产生"坏木桶"效应（张永军等，2017），即所谓的害群之马效应。阿什福思和阿南德（2003）指出，组织内的集体腐败行为最初源于某个个体的决策或行为，该行为会逐渐嵌入组织结构和过程中，并最终形成惯例化的腐败。社会互动性使得个体非伦理行为逐步演变成集体腐败等群体行为，对组织和社会造成了更为严重的不良影响。费普斯、米切尔和比灵顿（2006）也指出，个体非伦理行为可能会使团队其他成员产生负面反应，进而产生集体非伦理行为。他们通过回顾如何，何时和为何某个负面小组成员的行为对团队成员和小组有有利的、有害的影响，提出了一个整合模型。他们将负面小组成员定义为某个持续表现出阻碍小组的努力，表现出负面情感或者违反重要的人际规制等行为的个体，进而指出这些行为可能诱导出团队成员的心理状态（如非公平感、负面情感、信任的减少），这些心理状态继而会导致防御性的行为反应（如爆发、心境持续、退缩），随后这些防御性的表现又会影响到团队过程和动态性（如合作、创造性）。此外，有研究指出，当团队中有人实施非伦理行为时，其他人易受到精神上的影响，并可能降低对这种非伦理行为的正确认知（Felps et al., 2006）。工作团队的相关文献也表明，团队内的个体行为会以连锁反应的形式蔓延至整个团队。但是，也有学者提出了不同的观点。如阿什福思和阿南德（2003）指出，并非每个个体的非伦理行为都会蔓延至团队层面，并且不同伦理行为的蔓延速度也有差异。也就是说，个体非伦理行为对集体非伦理行为的影响只是一种趋势，而并非决定性的。

文鹏、史硕（2012）进一步指出，个体对集体非伦理行为的影响可能会受个体社会地位和工作互依性的影响。当个体在团队中拥有较高的社会地位时，团队的其他成员可能没有权力、责任甚至是经验去对付该个体的非伦理行为，他们甚至可能会为了讨好高地位者而做出相同的行为，此时团队非伦理行为水平会更高。特别在中国这样一个高权力距离的国家，团队成员会更容易受到地位的影响，进而产生类似的非伦理行为。同时，根据社会学习理论，高社会地位的个体行为更容易受到其他人的观察、学习和模仿；相反，地位较低的个体受关注的程度较低，并且当他们实施非伦理行为时，很可能会受到其他高地位成员的规劝甚至是排斥（Felps et al., 2006），这导致这类个体的非伦理行为对团队影响有限。工作互依性则描述了团队成员在工作活动中相互依赖的程度，它是团队活动中非常重要的环境变量。在互依性较高的团队中，人们会在工作中相互依赖，由此产生的强烈心理反应会超越一对一的范围，并最终蔓延到更广的社会环境中，相互依赖的任务要求团队维持更高质量的社会关系，以便于更有效地协调他们的活动。这样，非伦理行为就更有可能在高度依赖的情景中传播。相反，当团队内的工作互依性较低时，团队成员之间受关注的程度较低，互相的影响也会更小，此时个体非伦理行为影响其他人的可能性也越小。李根强、杨锐（2019）基于效用函数构建了团队内亲组织非伦理行为的产生与传染机制模型，探讨了关系强度、项目参与人数、奖惩预期等因素对 UPB 产生与传染的影响。研究发现，项目参与人数降低了员工产生亲组织非伦理行为的概率，而关系强度则增加了该行为产生的概率；且仅在固定处罚条件下，亲组织非伦理行为绩效增加了员工产生亲组织非伦理行为的概率；奖惩比例则增加了跟随者实施亲组织非伦理行为的概率。

## 二 近墨者黑效应

罗宾逊和奥阿里·凯利（1998）、格隆布和廖（Glomb & Liao, 2003）的研究发现，当团队内其他同事都在实施反社会行为和攻击行为时，焦点个体可能会产生社会学习和信息加工行为，进而也会实施类似的行为。谭亚莉等（2012）指出"近墨者黑"效应的典型特征就是：新进员工进入腐败组织之后，因为组织文化对他们的逆向同化作用，也顺应环境做出非伦理行为。其用社会化对这一过程加以解释，认为对新员工而言，"近墨者黑效应"内在心理社会机制是组织新员工与组织之间通过组织社会化过程达成人与组织间的价值观匹配。根据吸引—选择—磨合理论（Theory of Attraction – Selection – Attrition，ASA，Schneider，Goldstiein & Smith，1995)，那些选择腐败组织的新成员本身就有接受非伦理组织文化影响的潜在可能性，受到组织环境的影响后，逐渐成为价值观和行为模式带有腐败组织特征的员工。新员工进入组织后，暴露于支持非伦理行为的组织结构、制度和成员态度之中，开始放弃伦理原则、跟随老员工的非伦理行为。组织结构规定了激励机制的分析参数，组织文化和亚文化规定了价值观评估参数，其他成员的态度则设定了社会交往模式，新进人员要融入组织，就得按照设定的规则行事，自己的伦理价值观和组织价值观博弈的结果，往往是新进人员从个人成本收益比出发或由于组织环境适应，主动或被动放弃普适伦理约束，为成为"局内人"而不得不支付道德成本。

文鹏、史硕（2012）尝试识别在集体非伦理行为和个人非伦理行为之间起中介作用的变量，他们指出从众心理和道德同一性可能在其中起中介作用。所谓从众是指个人的观点与行为由于群体的引导或压力，而向大多数人相一致的方向变化的现象，该现象在中国非常普遍（章志光、金盛华，2008）。当团队其他成员实施非伦理行为时，焦点个体可能也会为了遵守团队规范或害怕偏离群体而产生从众心理，进而实施相同的行为。所谓道德同一性是指个体道德理想和实际行动的一致性，它对个体的（非）伦理行为有较好的预测效应。当团队大多数成员都在实施非伦理行为时，这种行为很容易在团队内被合理化（Annd，Ashforth & Joshi，2004），此时个体对伦理的认识会产生偏差，个体的自我价值观与社会价值会产生严重偏差，即道德同一性下降，这进而会导致个体非伦理行为的出现。

文鹏、史硕（2012）同时也探讨了文化价值观，主要是集体主义导向和传统性，在集体非伦理行为和个体非伦理行为之间的调节效应。他们指出，对于那些高集体主义导向的个体而言，他们比较重视团队内的相互依存与合作，也较容易受到团队环境的影响。当团队大多数成员都在实施非伦理行为时，这些个体会更容易受集体的影响而产生从众心理并降低道德同一性；相反，低集体主义个体受集体的影响会减弱，集体非伦理行为对个体从众心理和道德同一性的影响也会减弱。传统性是指个体遵守中国传统文化价值观的程度（Yang, Yu & Yeh, 1989）。个体的传统性较高时，他们会更加遵从内在的规范，而较少关注外界的影响；但对于传统性较低的人而言，他们往往会十分关注外界因素，进而根据这些外界因素来调节自己的行为和态度（Farh, Earley & Lin, 1997）。因此，低传统性的个体可能会更容易受到集体非伦理行为的影响，进而增强其从众心理并降低道德同一性。

## 第五节 研究结论

本部分通过对现有关于非伦理行为扩散研究文献的系统回顾，总结梳理出了可对组织中非伦理行为扩散进行有效解释的相关理论。并将组织中非伦理行为的扩散区分为个体—个体之间的人际扩散和个体—群体之间的扩散，分别探讨了两种不同的扩散类型下的扩散机制。研究表明：

（1）社会网络理论、社会传染理论、社会互动理论、社会学习理论、目标感染理论和情感事件理论均可以在一定程度上解释组织中非伦理行为的扩散。

（2）组织内非伦理行为的个体—个体之间的人际传导可以划分为两种类型：一是领导与下属之间的纵向传导；二是不同员工之间的横向传导。其中，非伦理行为在领导—下属之间的纵向传导又可细分为两条路径，一条是从上至下的路径，即由领导扩散到下属；另一条则是由下而上的路径，即从下属扩散到领导。模仿学习、奖惩激励可有效地解释伦理领导对员工（非）伦理行为的影响；社会学习、转移攻击、资源消耗和领导与下属之间的权威服从机制可解释上级非伦理领导或负面的领导对下级非伦理领导和员工非伦理行为的影响。伦理氛围、领导—成员交换关系和情绪耗竭在非伦理行为从领导扩散到下属这一过程中起中介作用。下级领导道德认同差异、下属对领导的认同、员工的道德效能感和道德勇气则可调节领导非伦理行为对员工非伦理行为的影响。社会影响理论、压力应对理论和社会作用力理论则为解释非伦理行为从追随者或下属扩散到领导提供了启发。网络动力学的行动者导向模型可从动态视角解释工作场所非伦理行为在员工之间的横向传导，这一传导过程取决于肇事者、受害者和观察者之间积极或消极的人际关系，以及肇事者、受害者、观察者和非伦理行为之间的关系和反应。

（3）"害群之马"和"近墨者黑"效应可用于解释个体和群体之间非伦理行为的传导。当某一个员工实施非伦理行为后，由于人际互动和模仿，该行为会在团队中不断传染与扩散，从而使该团队中的其他成员也产生相似的行为，产生"坏木桶"效应，即所谓的害群之马效应。这一过程可能会受个体社会地位、工作互依性、关系强度、团队人数、奖惩预期等因素的影响。当团队内其他同事都在实施反社会行为和攻击行为时，焦点个体可能会产生社会学习和信息加工行为，进而也会实施类似的行为，即出现近墨者黑效应。从众心理和道德同一性可能在这一过程中起中介作用，而文化价值观（集体主义导向和传统性）则可能起调节作用。

# 第三篇

## 企业员工工作场所非伦理行为的影响因素

# 第七章 组织伦理制度、伦理型领导对员工非伦理行为的影响研究

## 第一节 引 言

当前全球频发的组织和工作伦理危机，使工作场所员工非伦理行为逐渐成为组织管理理论界与实务界普遍关注的问题（Kish – Gephart et al., 2010；Craft, 2013）。这些日增的兴趣在很大程度上源自管理者对减少工作场所非伦理行为发生的实际需要。现有的一些数据表明，非伦理行为普遍存在于组织之中（KPMG, 2008；Compliance and Ethics Leadership Council, 2008）。由非伦理行为引致的财务、声誉和情绪成本（Karpoff et al., 2008），使组织面临阻止、识别和应对非伦理行为的极大挑战。

在对工作场所非伦理行为影响因素的探讨上，研究者们起初更多关注于违规者的个体特征，即所谓的"坏苹果方法"。近年来，研究的关注点则转向了非伦理行为产生的组织情境特征即"坏木桶方法"（Treviño & Youngblood, 1990）。而根据基什·吉法特（2010）的元分

析，李永强（2010）、夏绪梅（2011）、谭亚莉等（2011，2012）、克拉夫特（2013）和莱纳特等（2015）等对相关问题的综述，以及新近的一些实验研究的发现（Gino et al., 2011; Piff et al., 2012; Reinders Folmer &De Cremer, 2012），工作场所员工非伦理行为主要受个体、情境、组织和社会网络等因素的影响。但遗憾的是，目前大多数研究都专注于从某个角度挖掘员工非伦理行为的影响因素，甚少考虑或比较不同类型的因素对员工非伦理行为的影响上究竟孰轻孰重，也仅有少数的研究会考虑不同影响因素之间的交互作用（Lu & Lin, 2013）。

本部分研究旨在探讨在"人治"和"法治"几乎处于同等地位的中国社会，组织正式的伦理制度和伦理型领导，究竟谁对企业员工的非伦理行为有更为重要的影响，两者对不同类型的工作场所非伦理行为的影响是否存在差异。研究一方面可以丰富现有工作场所非伦理行为影响因素的探讨，另一方面也可以为在组织管理实践中提高员工的伦理道德水平、减少组织和工作伦理危机、塑造德性组织提供理论指导。

## 第二节 研究理论与假设

### 一 组织伦理制度与员工非伦理行为

组织伦理制度是组织伦理氛围中正式的规则和程序，所谓正式制度是指"成文并且标准化的，且对于组织内外部的任何人而言都是可见的"（Tenbrunsel et al., 2003），作为组织伦理的基础设施它们往往通过正式的行政渠道得以提出。重要的是，正式的系统在不同的组织之间功能强弱不同，有些组织有着由无数组件构成的强大的正式系统，而有的组织仅有由一些功能构成的较弱的正式系统。由于这些系

## 第七章　组织伦理制度、伦理型领导对员工非伦理行为的影响研究

统是公开的，并且能被组织外部观察到（如顾客等其他利益相关者），他们试图传递一些信息，指出什么是适当的行为，使员工做出伦理行为而远离非伦理行为。比方说一些官方沟通方式，如培训和建议热线，就为这些信息的传递提供了来源。这些正式的机制使组织得以提倡伦理行为，反对非伦理行为（Treviño，1990）。也正是由于这股社会约束力量的存在，员工可能较少实施偏差行为（Hirschi，1969），尤其当员工对组织产生强烈的依附时，会更加受组织伦理制度的约束，减少非伦理行为。事实上，研究也发现了正式的系统可以减少员工在组织内的非伦理行为（McCabe et al.，1996；Treviño et al.，1998；Deshpande & Joseph，2009；Valentine et al.，2010）。如施韦普克（2001）指出伦理规则、伦理政策和报酬体系都是伦理氛围的重要组成部分，并且对雇员的伦理行为和调整有重要作用。但也有研究者得到了不同的结论，如基什·吉法特（2010）的元分析发现伦理制度的存在与非伦理选择仅有微不足道的关系，但在制度实施和非伦理选择上则存在强的负相关。尽管研究结论有所不同，但我们认为，虽然中国传统文化崇尚"人治"，但中国自古就倡导德性文化，且国人自小就被教育要"遵纪守法"，再加上浓厚的集体主义意识，因此，对于工作场所的道德约束，员工一般而言，还是会尽量遵从。因此，可以提出以下假设：

假设1：组织伦理制度对员工非伦理行为有显著负向影响。

### 二　伦理型领导与员工非伦理行为

基尼（Gini，1998）将伦理型领导定义为利用社会力量做决定、实施自己的行动和影响他人时，通过尊重各方权利，以其追随者的最佳利益，而不是伤害追随者行事的领导人。与关注于伦理型领导的意图或动机不同的是，布朗、特雷维尼奥和哈里森（2005）将伦理型领

导以行为方式定义为,"通过个人的行为和人际关系示范规范和适当的行为,并通过双向沟通、强化和决策促进下属实施促进这种行为"。因此,伦理型领导者树立榜样,并且通过与下属沟通其标准鼓励伦理行为,使用报酬和惩罚来加强适当或减少不适当的行为。伦理型领导是诚信、值得信赖和公平的,他们关注他人,并且伦理的行为(Mayer et al.,2009;Toor & Ofori,2009)。苏阿尔和昆提亚(2004)提出,伦理型领导的成分应该包括授权和激励下属,品格培养。布朗、特雷维尼奥和哈里森(2005)提出了伦理型领导的六个维度,即沟通应对、关心、行为榜样、公平地对待雇员、信任和倾听雇员。迈耶等(2009)则扩展了伦理领导的概念,认为其更多地关注于通过交易型的努力影响下属的伦理行为。

显然,伦理型领导可为其追随者提供诸多积极影响。如增进雇员绩效(Piccolo et al.,2010;Walumbwa et al.,2011)。更多的研究表明,伦理型领导对雇员的伦理行为存在影响(Viswesvaran et al.,1998;Dickson et al.,2001)。斯特德等(Stead et al.,1990)指出,高管人员和主管代表着影响雇员伦理行为的一个重要因素。布朗和特雷维尼奥(2006)指出,领导能通过持续的沟通强化雇员的伦理行为。多数雇员的伦理概念和行为可以通过从他们的上级那接受伦理指导而改变(Albaum & Peterson,2006)。伦理型领导以公平和尊敬的方式对待员工,并且创造了一个令人信任的环境影响着员工的满意度和敬业程度(Weaver,Treviño & Agle,2005;De Hoogh & Den Hartog,2008)。在创造公平和信任的环境时,伦理型领导会激发伦理和亲社会的员工行为(Mayer et al.,2009;Walumbwa & Schaubroeck,2009)。伦理型领导体现出积极的个体特征并且通过积极地管理道德行为影响他们的雇员。伦理型领导作为组织中人际关系规范行为的表率可以加强和提高员工的伦理行为。史托顿（Stouten et al., 2011）指出，伦理型领导能够通过平衡工作负担和改进工作设计阻止如欺凌等越轨行为。可见，在伦理型领导的作用下，员工会产生合乎伦理的行为，减少非伦理行为。据此，本部分研究提出如下假设：

假设2：伦理型领导对员工非伦理行为有显著负向影响。

### 三 伦理型领导与组织伦理制度

值得注意的是，尽管较少有研究直接探讨组织正式的伦理制度和伦理型领导之间的关系，但却有不少研究开始关注领导是如何影响伦理氛围的（Dickson et al., 2001；Schminke et al., 2005；Mayer et al., 2009）。而诚如特雷维尼奥等（1998）所言，组织伦理氛围本身就包括雇员所共享的有关道德问题的规范的价值和信仰。维克多和卡伦（1988）更是将组织伦理氛围定义为包含伦理内容的典型的组织实践和程序的普遍看法。因此，我们可以借用有关伦理型领导和伦理氛围的相关研究，初步推断伦理型领导和组织正式伦理制度之间的关系。施明克等（2005）研究发现，领导者的道德发展与伦理氛围变量如关怀取向、规则取向、组织取向和独立判断有关。恩格尔布雷希特等（Engelbrecht et al., 2005）则指出伦理型领导与伦理氛围呈正相关。迈耶等（2009）研究发现，领导者通过践行、制定政策和程序为组织设置伦理标准，以此帮助雇员感知组织的伦理氛围。尽管不同的研究者所描绘的领导者影响组织伦理氛围的过程略有不同（如榜样、报酬、选拔和沟通），他们均认同领导有充分的能力创造并且保持伦理规则和程序，进而创造特殊的伦理氛围（Schminke et al., 2005）。当伦理型领导展示给下属看他们是如何熟练地认识到伦理问题并且如何来处理伦理问题时，雇员更易感知到伦理的组织氛围（Mayer et al. 2009）。

此外，相对于探讨伦理型领导的效能研究而言，对于伦理型领导形成的前因，目前的研究还不太充分。布朗（2006）在回顾2006年以前的伦理型领导相关研究的基础上，指出伦理型领导的前因变量主要包括个性等领导者的个体特征因素以及标杆榜样等情境因素两大类。并且，此前伦理型领导前因研究得出的最为普遍的结论是组织的伦理型领导水平主要取决于领导者本身的个性特征。但布朗（2007）等学者在此后开展的研究中发现这种说法并不充分。雷塞克等（Resick et al., 2006）以及马丁等（Martin et al., 2009）从区域环境差异的视角指出，地区文化背景也是伦理型领导形成的重要前因。可见，情境因素对伦理型领导的影响日益受到重视。而制度本身就是组织情境的重要组成部分，其是指要求一定的组织成员共同遵守的行为规范。制度是用来调节组织关系，指导组织（社会）生活，规范组织行为，维持组织（社会）秩序，是实现组织的整体意志的保障。一个健全科学规范的制度，能够有效地规范组织和成员的行为。那么对于本身拥有良好伦理制度的组织而言，其领导者也有可能会因为受到制度的约束，而倾向于以伦理道德的方式行为。其态度、价值观和行为也可能会发生变化，使其变得更加公正，更加关心雇员健康、福利和成长，愿意与雇员沟通，倾听雇员心声，从而成长为伦理型领导。因此，研究提出以下假设：

假设3：伦理型领导与组织伦理制度呈正相关。

## 第三节　研究方法

### 一　研究样本

为节约调查成本，本部分实施的问卷调查与第四章的调查研究同时施测，问卷发放方式及最终回收的有效样本亦与第四章相同，在此

第七章 组织伦理制度、伦理型领导对员工非伦理行为的影响研究

不再赘述。

## 二 研究工具

本章所采用的研究工具除了与第四章相同的本书研究中改编的"非伦理行为调查问卷"（Akaah，1996；Suar & Khuntia，2010）外，还使用了以下测量工具：

组织伦理制度：本部分研究采用麦卡比等（1996）在研究中使用的组织伦理制度问卷。该问卷由两个维度组成：感知到的制度嵌入（perceived code embeddedness）和制度的执行强度（the strength of code implementation），前者由8个题项构成，后者由5个题项构成，共计13个题项。

伦理型领导：本部分研究主要采用布朗等（2005）编制的10个题项的伦理型领导量表测量员工对领导的伦理性的感知。

社会赞许性效应：兰德尔和费尔南德斯（Randall & Fernandes，1991）曾就在敏感的调查研究中控制社会赞许性的重要性展开过讨论，尤其是当被调查对象要求报告他们自身的伦理行为时更加需要控制社会赞许性效应。本部分的研究采用"态度与意见调查中的期望性作答（RD-16）"量表（Schuessler，Hittle & Cardacia，1978）来测量被调查对象的社会赞许性效应。该量表由16个题项组成，其中正反计分题项各8个。被调查对象的得分越高，说明其倾向于做出符合社会期望的回答。

同样，所有的测量均采用李克特（Likert）7点量表，表示同意的程度和行为的频率。此外，本部分研究选取性别、年龄、宗教信仰、婚姻状态、学历、政治面貌、任职时间和企业性质作为控制变量，在进行数据分析时控制其对结果可能产生的影响，使统计结果更为准确。

对于所获得的数据本部分研究采用 SPSS 17.0 软件进行描述性统计、信效度检验、相关分析和回归分析。

## 第四节 数据分析与结果

### 一 研究工具信度和效度检验

由于本部分研究采用的均为国外的调查研究工具，因此在进行分析之前我们采用与第四章相同的程序对调查所用的测量题项进行进一步筛查，并对测量工具的信效度进行检验。结果如表 7-1 所示。

表 7-1　　　　　　　　研究工具信效度分析

| 变量 | 题项 | 因子载荷 |
| --- | --- | --- |
| 组织伦理制度（percentage variance % = 54.770; Cronbach's α = 0.860） | 11. 组织为员工咨询伦理准则要求建立了相应的程序 | 0.826 |
| | 10. 员工要通过必需的情况介绍或培训学习伦理准则 | 0.799 |
| | 9. 组织要求员工必须解读并理解伦理准则 | 0.770 |
| | 12. 组织通常要求员工坚持按照伦理准则行为 | 0.759 |
| | 8. 组织中的普通员工充分理解并遵守伦理准则 | 0.719 |
| | 13. 行为准则广泛分布在整个组织 | 0.646 |
| | 6. 组织中的普通员工每天都接受伦理准则的指导 | 0.618 |
| 伦理型领导（percentage variance % = 60.661; Cronbach's α = 0.916） | 5. 做出公平、均衡的决策 | 0.855 |
| | 6. 可以被信赖 | 0.846 |
| | 8. 就伦理道德准则而言，为员工树立榜样 | 0.846 |
| | 7. 与员工讨论公务道德或价值准则 | 0.825 |
| | 1. 倾听部门员工所说 | 0.783 |
| | 4. 以员工利益为重 | 0.774 |
| | 9. 对成功的定义不局限于结果，还关注过程 | 0.705 |
| | 10. 做决策时，常问"怎样做才正确" | 0.687 |
| | 3. 以伦理道德准则指导个人生活 | 0.660 |

第七章　组织伦理制度、伦理型领导对员工非伦理行为的影响研究

续表

| 变量 | | 题项 | 因子载荷 |
|---|---|---|---|
| 社会赞许性效应（SD）（Cumulative % = 59.897；Cronbach's α = 0.788） | 因素1（percentage variance % = 24.405；Cronbach's α = 0.794） | 13. 未来显得十分凄惨 | 0.797 |
| | | 15. 生活太令人厌倦，我什么也不想做了 | 0.783 |
| | | 7. 我经常感到没有人需要我 | 0.725 |
| | | 11. 如果运气不好，不可能有出头之日 | 0.717 |
| | | 3. 我不时感到对自己很陌生 | 0.589 |
| | 因素2（percentage variance % = 21.883；Cronbach's α = 0.765） | 6. 多数人确实信奉诚实是处世的上策 | 0.743 |
| | | 8. 只要你以诚待人，别人也会这样对你 | 0.738 |
| | | 2. 任何人只要肯努力，就可以提高生活水平 | 0.732 |
| | | 1. 我发现自己能从许多方面帮助别人 | 0.664 |
| | | 4. 尽管有许多变迁，生活中总是有一定的规律可循 | 0.649 |
| | 因素3（percentage variance % = 13.609；Cronbach's α = 0.643） | 5. 要与人相处，就必须学会戴着面具生活 | 0.773 |
| | | 10. 许多人的友善只是为了从你那里得到某些东西 | 0.744 |

从表7-1中可见，组织伦理制度问卷由原本的两个维度变成了由7个题项组成的单一维度，主要测量的是组织伦理制度的执行情况，删减无效题项后，该问卷的内部一致性系数为0.86，可解释50%以上的变异，基本满足测量学要求。

而伦理型领导量表则有较好的适应性，仅删除了原量表中的题项2，剩余的9个题项仅析出一个特征根大于1的因子，可解释60%以上的变异，问卷的内部一致性系数为0.916，满足测量学的要求。

"非伦理行为调查问卷"的信效度分析结果参见第四章。

为控制社会赞许性效应的影响，本部分采用了"态度与意见调查中的期望性作答（RD-16）"量表来测量被调查对象的社会赞许性效应。经过删减原量表的16个题项剩余12个题项，因素分析析出了3

个公因子，但因为本部分仅将其作为控制变量加以处理，故在随后的相关和回归分析中，我们仅将其作为单一变量加以控制。

## 二 同源偏差检验

本部分研究中的变量都是自我报告数据，可能会存在潜在的共同方法偏差问题。为此，本部分主要采用两种方式控制同源偏差问题：程序性补救和统计性补救。在程序上，首先，在测量时，本研究将模型中不同变量的语项通过明显的界限将其有效地区隔开；其次，调查问卷中的测量语项部分为反向语句，可以降低同源偏差（Podsakoff et al., 2003）。在统计上，通过采用哈曼（Harman）单因子测试的方法来确定是否单一因子能够在很大程度上解释所有的显变量（Podsakoff et al., 2003；周浩、龙立荣，2004）。结果表明，将所有的测量题项放到一个探索性因素分析中，未旋转的因素分析结果，按照特征根大于1的标准共析出9个公因数，累积解释变量67.21%，首个公因子的累积解释变量仅为27.53%。可见，本部分中的共同方法偏差的影响并不严重。

## 三 变量的描述性统计和相关分析

本部分研究主要变量的描述性统计和相关分析结果如表7-2所示。从表7-2中可见，被调查对象对组织伦理制度执行判断的平均得分略高于4分（表示"不能确定"），这也就意味着大多数被调查对象对组织的伦理制度执行情况并无明显的感受。而从伦理型领导的得分来看，其平均分接近5分（表示"有点符合"），这表示大多数被调查对象认为其所在组织的领导略符合伦理型领导的描述。在社会赞许性效应的测量中，被调查对象的平均得分为4.785（SD = 0.876），接近5分（表示"稍微赞同"），可见其略微倾向于做出符合社会期望的回答，但倾向并不太强烈。被调查对象在非伦理行为总得分上平均为2.036（SD=1.088），一般而言，工作场所非伦理行为发生较少，但仔细比较三种不同类型的非伦理行为的得分可见，被调查对象在一般性质非伦理行为上的得分要显著高于触犯法律法规的非伦理行为（t=15.276，p<0.01）和财物指向的非伦理行为（t=8.084，p<0.01），而财物指向的非伦理行为的得分也显著高于触犯法律法规的非伦理行为（t=6.571，p<0.01）。这也与工作场所非伦理行为的现状相符合，由于担心受到法律法规的惩罚，员工会较少做出这类情节较为严重的非伦理行为。

表7-2　　　　　　　　变量的描述性统计和相关分析

| 变量 | n | $\bar{x} \pm s$ | r |  |  |  |  |  |  |
|---|---|---|---|---|---|---|---|---|---|
|  |  |  | OEC | EL | SD | UEB | UEBF1 | UEBF2 | UEBF3 |
| OEC | 362 | 4.199±1.253 | 1 |  |  |  |  |  |  |
| EL | 366 | 4.666±1.268 | 0.391*** | 1 |  |  |  |  |  |
| SD | 353 | 4.785±0.876 | 0.138*** | 0.328*** | 1 |  |  |  |  |
| UEB | 349 | 2.036±1.088 | -0.144*** | -0.334*** | -0.402*** | 1 |  |  |  |
| UEBF1 | 365 | 1.761±1.123 | -0.098 | -0.273*** | -0.389*** | 0.893*** | 1 |  |  |
| UEBF2 | 369 | 2.437±1.268 | -0.157*** | -0.361*** | -0.325*** | 0.928*** | 0.743*** | 1 |  |
| UEBF3 | 371 | 2.042±1.261 | -0.104** | -0.227*** | -0.377*** | 0.862*** | 0.738*** | 0.699*** | 1 |

注：①***表示p<0.01，**表示p<0.05。
②OEC表示组织伦理制度，EL表示伦理领导，SD表示社会赞许性效应，UEB表示总体非伦理行为，UEBF1表示触犯法律法规的非伦理行为，UEBF2表示一般性质的非伦理行为，UEBF3表示财物指向的非伦理行为。

相关分析的结果表明，总体非伦理行为与组织伦理制度和伦理型领导均存在显著的负相关。就几种具体的非伦理行为而言，除触犯法律法规的非伦理行为与伦理型领导显著相关，但与组织伦理制度不存在显著关联外，一般性质的非伦理行为和财物指向的非伦理行为均与组织伦理制度和伦理型领导显著负相关。并且，调查表明组织伦理制度与伦理型领导存在显著正相关，研究假设3得证。

### 四　回归分析

对具体非伦理行为的考察，有助于我们进一步发现不同类型非伦理行为的影响因素，以采取更有针对性的管理措施。为此，研究分别以三种具体的非伦理行为为因变量，采用分层回归的方法探讨组织伦理制度与伦理型领导对三种不同类型的工作场所企业员工非伦理行为的影响。分层回归分析共检验了四个模型（触犯法律法规的非伦理行为除外）：模型1仅包括了可能影响员工工作场所非伦理行为的控制变量，主要包括各种人口统计变量如单位性质、年龄、性别、宗教、婚姻状态、政治面貌、工龄、本单位工作时间、职称和受教育状况；模型2则在模型1的基础上增加了社会赞许性效应变量，以控制社会赞许性效应的影响；模型3则在模型2的基础上增加了组织伦理制度变量；模型4则将可能影响工作场所员工非伦理行为的控制变量、组织伦理制度和伦理型领导变量均包含在内。而由于相关分析表明触犯法律法规的非伦理行为与组织伦理制度不存在显著关联，因此以该行为为因变量的分层回归分析主要检验了三个模型：模型1、模型2同上；模型3则在模型2的基础上增加了伦理型领导变量。

表7-3、表7-4和表7-5分别呈现了以三种具体的非伦理行为为因变量的分层回归结果。表7-3是以触犯法律法规的非伦理行为为因变量的回归分析结果。从表7-3中可见，在各种人口统计变量中，与以往的研究结论一致的是，宗教对触犯法律法规的非伦理行为有着显著的负向影响；而职称的影响则在模型1中显著存在，职称级

### 第七章 组织伦理制度、伦理型领导对员工非伦理行为的影响研究

**表7-3 工作场所员工触犯法律法规的非伦理行为影响因素的分层回归分析**

| 解释变量① | 模型1 | 模型2 | 模型3 |
| --- | --- | --- | --- |
| 企业性质 | 0.084 | 0.064 | 0.078 |
| 性别 | 0.049 | 0.029 | 0.032 |
| 年龄 | -0.177 | -0.147 | -0.175 |
| 宗教 | -0.117* | -0.142** | -0.159** |
| 婚姻状态 | 0.080 | 0.090 | 0.093 |
| 政治面貌 | -0.015 | 0.000 | -0.011 |
| 工龄 | 0.019 | -0.013 | -0.012 |
| 本企业工作时间 | 0.071 | 0.033 | 0.042 |
| 职称 | -0.155** | -0.084 | -0.080 |
| 受教育程度 | 0.095 | 0.064 | 0.068 |
| 社会赞许效应 |  | -0.350*** | -0.297*** |
| 伦理型领导 |  |  | -0.129* |
| 调整后的$R^2$ | 0.041 | 0.157 | 0.167 |
| $\Delta R^2$ | 0.084** | 0.199*** | 0.013* |
| F统计量 | 1.947** | 4.760*** | 4.700*** |
| N | 223 | 223 | 223 |

注：①部分控制变量的赋值：企业性质（为简化该控制变量，将国有或国有控股企业，以及集体所有或集体控股统称为"公有性质"，赋值为1，其余几种企业类型统称为"私营性质"，赋值为0）；性别（"男性"赋值为1，"女性"赋值为0）；宗教（"信仰宗教"赋值为1，"不信仰宗教"赋值为0）；婚姻状态（"已婚"赋值为1，"未婚"或"其他"赋值为0）；政治面貌（"共产党员"赋值为1，"其他"赋值为0）；职称（"初级职称及以下"赋值为1，"中级职称"赋值为2，"高级职称"赋值为3）；受教育程度（按照受教育程度的高低将"小学"、"初中"、"高中"、"中专"、"技校"、"大学专科"（成人高等教育）、"大学专科"（正规高等教育）、"大学本科"（成人高等教育）"、"大学本科"（正规高等教育）、"硕士及以上"分别做1—8的赋值）下同。

②表7-3中所报告的为标准化回归系数（β）；*表示$p<0.10$，**表示$p<0.05$，***表示$p<0.001$。

别越高，越少实施非伦理行为，但这一影响在模型2和模型3中则未达到显著水平。此外，企业性质、性别、年龄、婚姻状态、政治面貌、工龄、在本企业工作的时间和受教育程度等控制变量均对此类非伦理行为无显著影响。同样地，社会赞许性效应对触犯法律法规的非伦理行为有着显著的负向影响。而伦理型领导对触犯法律法规的非伦理行为的影响仅在0.1的统计水平上显著，可见对于这类情节严重的非伦理行为，伦理型领导的影响也较为有限。

表7-4是以一般性质的非伦理行为为因变量的回归分析结果。从表7-4中可见，年龄对这类非伦理行为有着较为稳健的负向影响，年龄越大的员工越少实施一般性质的非伦理行为。而宗教对一般性质的非伦理行为的负向影响也较为稳健，其在后三个模型中均达到了显著水平。同时，研究发现，受教育程度对一般性质的非伦理行为的影响在模型1和模型4中显著存在，受教育程度越高，反倒越倾向于实施这类非伦理行为，但其仅在0.1水平显著，且这一影响在模型2和模型3中则未达到显著水平。此外，企业性质、性别、婚姻状态、政治面貌、工龄、在本企业工作的时间和职称等均对此类非伦理行为无显著影响。社会赞许性效应对一般性质的非伦理行为同样有着显著的负向影响。同时，研究发现当在模型3中引入组织伦理制度变量时，模型仍维持显著，且模型解释的变异得到了显著提高（$F = 4.217$，$p < 0.01$；$R^2 = 0.152$，$\Delta R^2 = 0.011$，$p < 0.1$），可见组织伦理制度对一般性质的非伦理行为有较为显著的负向影响（$\beta = -0.112$，$p < 0.1$），但这一影响在引入伦理型领导变量时则变得不再显著。从模型4的分析结果可见，伦理型领导对一般性质的非伦理行为有着极其显著的负向影响（$\beta = -0.312$，$p < 0.01$）。

## 第七章 组织伦理制度、伦理型领导对员工非伦理行为的影响研究

表7-4 　工作场所员工一般性质的非伦理行为影响因素的分层回归分析

| 解释变量 | 模型1 | 模型2 | 模型3 | 模型4 |
| --- | --- | --- | --- | --- |
| 企业性质 | 0.038 | 0.029 | 0.020 | 0.060 |
| 性别 | 0.054 | 0.042 | 0.029 | 0.048 |
| 年龄 | -0.276* | -0.251* | -0.281* | -0.320** |
| 宗教 | -0.103 | -0.130** | -0.126* | -0.174*** |
| 婚姻状态 | -0.008 | 0.000 | -0.006 | 0.004 |
| 政治面貌 | 0.033 | 0.044 | 0.044 | 0.017 |
| 工龄 | 0.137 | 0.120 | 0.153 | 0.136 |
| 本企业工作时间 | 0.084 | 0.030 | 0.033 | 0.050 |
| 职称 | -0.077 | -0.008 | -0.014 | 0.007 |
| 受教育程度 | 0.167* | 0.126 | 0.127 | 0.138* |
| 社会赞许效应 |  | -0.327*** | -0.307*** | -0.201*** |
| 组织伦理制度 |  |  | -0.112* | 0.011 |
| 伦理型领导 |  |  |  | -0.312*** |
| 调整后的$R^2$ | 0.043 | 0.144 | 0.152 | 0.213 |
| $\Delta R^2$ | 0.087** | 0.101*** | 0.011* | 0.061*** |
| F统计量 | 1.959** | 4.295*** | 4.217*** | 5.489*** |
| N | 216 | 216 | 216 | 216 |

注：表7-4中所报告的为标准化回归系数（β）；*表示$p<0.10$，**表示$p<0.05$，***表示$p<0.001$。

表7-5是以财物指向的非伦理行为为因变量的回归分析结果。从表7-5中可见，有趣的是，研究发现企业性质对与财物有关的非伦理行为存在稳健的显著影响，"公有性质"的国有和集体企业的员工较之"私营性质"的企业，如民营企业，外资企业的员工更加倾向于实施这类非伦理行为。宗教对此类非伦理行为仍然有着稳健的负向影响，越信仰宗教越少实施此类非伦理行为。同样，年龄对这类非伦理行为也有着较为稳健的负向影响，年龄越大的员工越少实施财物指

向的非伦理行为。但其余诸如性别、婚姻状态等人口统计变量则对此类非伦理行为无显著影响。社会赞许性效应同样对这类非伦理行为有着显著的负向影响。模型 3、模型 4 的结果表明，组织伦理制度对与财物有关的非伦理行为并无显著影响（β = -0.015，p > 0.1；β = 0.048，p > 0.1），伦理型领导则对这类非伦理行为有一定的显著影响（β = -0.158），但其仅在 0.1 水平上显著，可见与触犯法律法规的非伦理行为类似，伦理型领导对财物指向的非伦理行为的影响也较为有限。

表 7-5　工作场所员工财物指向的非伦理行为影响因素的分层回归分析

| 解释变量 | 模型 1 | 模型 2 | 模型 3 | 模型 4 |
| --- | --- | --- | --- | --- |
| 企业性质 | 0.158** | 0.141** | 0.140** | 0.160** |
| 性别 | 0.031 | 0.011 | 0.009 | 0.019 |
| 年龄 | -0.277* | -0.238* | -0.240* | -0.260* |
| 宗教 | -0.131* | -0.164** | -0.164** | -0.188*** |
| 婚姻状态 | 0.023 | 0.038 | 0.037 | 0.042 |
| 政治面貌 | 0.059 | 0.072 | 0.072 | 0.059 |
| 工龄 | 0.218 | 0.181 | 0.185 | 0.175 |
| 本企业工作时间 | 0.077 | 0.023 | 0.025 | 0.028 |
| 职称 | 0.024 | 0.112 | 0.111 | 0.124 |
| 受教育程度 | 0.076 | 0.029 | 0.030 | 0.034 |
| 社会赞许效应 |  | -0.407*** | -0.404*** | -0.352*** |
| 组织伦理制度 |  |  | -0.015 | 0.048 |
| 伦理型领导 |  |  |  | -0.158* |
| 调整后的 $R^2$ | 0.039 | 0.197 | 0.193 | 0.206 |
| $\Delta R^2$ | 0.084* | 0.154** | 0.000 | 0.016* |
| F 统计量 | 1.877* | 5.796*** | 5.293*** | 5.292*** |
| N | 216 | 216 | 216 | 216 |

注：表 7-5 中所报告的为标准化回归系数（β）；* 表示 p < 0.10，** 表示 p < 0.05，*** 表示 p < 0.001。

第七章 组织伦理制度、伦理型领导对员工非伦理行为的影响研究

从上述三组回归分析的结果可见，假设1中组织伦理制度对工作场所非伦理行为的影响多数没有得到证明，假设2中伦理型领导对工作场所非伦理行为的影响则在三种具体的非伦理行为中均得到了证实。

## 第五节 研究结论与讨论

本部分研究通过对不同地区和行业企业员工的问卷调查发现，对于企业员工而言，其工作场所非伦理行为可以分为一般性质的非伦理行为、触犯法律法规的非伦理行为和财物指向的非伦理行为三种不同类型。尽管伦理型领导与组织伦理制度之间呈正相关，但组织伦理制度对工作场所员工非伦理行为并无稳健的显著影响；伦理型领导对工作场所员工不同类型的非伦理行为的影响程度不同，相较于一般性质的非伦理行为，伦理型领导对触犯法律法规的非伦理行为和财物指向的非伦理行为的影响要略弱一些。并且，与以往研究较为一致的是，宗教对工作场所员工非伦理行为有着较为稳健的负向影响，性别、年龄、受教育程度和单位性质等控制变量对工作场所员工非伦理行为的影响则并不稳定。

上述研究结果表明，在"人治"和"法治"几乎处于同等地位的中国社会，相较于组织正式的伦理制度而言，伦理型领导对员工的非伦理行为有着更为重要的影响，也就是说，人的作用尤其是领导的作用超过了制度的作用。对此，我们可以用社会学习理论（Bandura，1986）进行解释。在工作场所，员工往往会通过观察和模仿有吸引力且值得信赖的榜样来指导个人的态度、价值观和行为。一方面，伦理型领导作为组织中的权威人物，可凭借其在组织中的权力和地位，通

过利他和合理的行为成为员工学习、模仿和认同的目标，为员工树立伦理榜样，从而影响下属的伦理感知和行为，促使员工产生相同行为；另一方面，伦理型领导也可以采用奖励和惩罚措施向员工传递行为标准，在直接规范员工行为的同时，使员工通过观察同事的行为及后果，间接学习什么行为是被期望和奖励的（Treviño，1986；Brown & Treviño，2006）。因此，伦理型领导会对员工工作场所非伦理行为产生稳健的作用。但很显然，伦理型领导对不同类型的工作场所非伦理行为的作用是存在显著差异的，对于一般性质的非伦理行为，如迟到、早退、装病请假等，伦理型领导的榜样和约束作用较大，但对于一些触犯法律法规、财物指向的较为严重的非伦理行为，如盗窃和虚报账目等，伦理型领导仅能起到一定的影响。这可能是因为，这类情节较为严重的非伦理行为在工作场所出现的概率较小，本身被发现的可能性也偏低，因此，员工难以通过直接或间接的观察和模仿来学习，伦理型领导的榜样和约束作用也因此变得有限。

但与本书最初的假设不一致的是，实证研究的结果表明组织伦理制度对触犯法律法规的非伦理行为和财物指向的非伦理行为均无显著影响，且组织伦理制度对一般的非伦理行为的影响也并不稳健。这也与麦卡比等（1996）的研究结果不一致，他们的研究证实了公司伦理准则对工作场所非伦理行为存在长期的影响，自我报告的非伦理行为在存在公司行为准则的组织中更低，且与公司准则实施的强度和根植性呈负相关。之所以会得到不一致的研究结论，可能和中西方在制度执行方面的差异性有一定的关系，由于中西方文化的差异，造成了中国企业执行力普遍低于西方企业。尽管组织伦理制度是组织试图传达其有关伦理行为的预期和标准，并要求一定的组织成员共同遵守行为规范。但在我国，不少组织伦理制度的执行被大打折扣，有制度却不

## 第七章 组织伦理制度、伦理型领导对员工非伦理行为的影响研究

践行的情况屡见不鲜。这可能与中国传统文化更注重关注他人有关，我们曾经对一些员工做过访谈，询问他们做出非伦理行为的原因，不少访谈对象给出的理由是"别人也这样""大家都这样做"。因此，组织伦理制度有时候形同虚设。而西方文化讲究个人本位，每个员工以实现自身价值为动力，关注自己的行动和结果而不是关心他人的表现，他们首先做的是把自己应该干的事做好，因此，对于制度的执行力较强，组织伦理制度对其约束作用也较大。

总而言之，本部分首次采用实证研究在中国情境下比较了制度和人对不同类型工作场所非伦理行为的影响。研究表明，在中国企业，组织伦理制度的作用十分有限，要从根本上减少或消除工作场所非伦理行为，更多地需要发挥伦理型领导的作用。这同时也对制度设计者提出了质疑和挑战，若设计出来的伦理制度只是"门面"和"摆设"，那只能造成组织资源的浪费，好的制度需要为员工所接受，并且能够内化为其自身的行为，对于组织伦理制度的设计也是如此。

当然，本部分的研究也存在一些不足之处：首先，本部分仅考虑了组织正式伦理制度的影响，未能考虑非正式伦理制度的可能影响，这可能会使我们有关组织制度对工作场所员工非伦理行为的理解存在偏差。其次，本部分的研究在测量被调查对象的非伦理行为时采用的是自我报告法，尽管本研究采用的是匿名调查，并且控制了社会赞许性效应的影响，但不可避免地，被调查对象从声誉和避免组织惩罚等方面考虑，在报告工作场所非伦理行为的发生情况时可能会存在虚报和低报现象，今后可以采取他评或者让被调查对象评价他人的行为的方式减少社会赞许性效应的可能影响。再次，本部分在研究过程中并未考虑行业的特殊性和差异性，不同行业企业员工的工作场所非伦理行为是否会有不同的表现和特征？组织正式伦理制度和伦理领导对员

工非伦理行为的影响在不同行业是否会有所不同？这些问题均值得进一步思考。最后，本部分通过因素分析，对工作场所非伦理行为进行了三种类型的划分，但个别题项的描述并不完全符合分类的标准，且不同类型的工作场所非伦理行为之间可能存在一定的重叠，如在触犯法律法规的非伦理行为中，有个别也属于财物指向的非伦理行为，这就需要今后进一步扩大样本，对工作场所非伦理行为的类型进行更为准确的划分，这是深入挖掘不同类型工作场所非伦理行为影响因素所必须解决的关键问题。

# 第八章 工作场所关系对员工非伦理行为的影响研究

## 第一节 引 言

近年来，工作场所非伦理行为已逐渐成为组织管理理论界与实务界普遍关注的问题（Kish – Gephart et al., 2010; Craft, 2013）。工作场所非伦理行为涵盖了虚报绩效、恶意怠工、偷窃财物等在内的一系列对组织内外他人有害、违反了人们广为接受的道德准则而不能被组织其他成员所接受的行为。目前，研究者们在对工作场所非伦理行为影响因素的探讨上，已从早期关注个体违规者的个体特征，即所谓的"坏苹果方法"逐步转向对非伦理行为产生的组织情境特征即"坏木桶方法"（Treviño and Youngblood, 1990）的关注。现实中管理者从个人经验出发往往将非伦理行为归咎于员工个人的品行问题，认为其主要是因为员工个人道德水准不高和自律不严。但从有关非伦理行为的实际发生情况来看，不少员工做出各种危害组织利益、损公肥私，甚至损人不利己的事情，常常和员工在组织中人际交往受挫有关，他们可能会由于难以适应工作场所关系或被排除在"圈外"而萌生报复组织和他人的想法并付诸行动。

在中国社会，关系现象充斥于人们的日常生活、经济活动以及组织行为之中。关系作为中国社会中的一种复杂的社会结构，以其自身独特的逻辑和形式建构着中国社会的社会结构（Yen et al.，2011）。关系管理作为中国式管理的核心，备受企业实践者与组织研究者的关注。随着现代化的发展，许多组织在管理中力图淡化关系的影响，却始终无法动摇传统儒家文化和价值观的社会基础，正是这种文化与价值塑造了中国的组织管理行为。许多研究者认为关系的作用在未来中国以及东亚国家及其组织中将一直持续下去（Lovett，Simmons & Kali，1999；Yang，2002；Millington，Eberhardt & Wilkinson，2005）。归属于某个团体是中国传统儒家思想的重要核心思想，关系则是儒家强调团体对个人重要性中最重要的元素。传统和当代中国均以其强烈依赖人际关系为基础来定义他们的社会地位而著名。中国人常常认为他们自己是与周围的社会环境相互依存的，他们在个人体验中更为关注个体与他人的关系（Tsui & Farh，1997）。工作场所中与同事和他人的关系在组织行为学的研究中显得十分重要，其与各种和工作相关的态度和行为以及组织产出密切相关，如工作满意度、组织承诺（Cheung et al.，2009），离职意图（Cheung et al.，2009；Wong et al.，2010），参与式管理（Chen & Tjosvold，2006；Cheung et al.，2009）和组织公民行为等（Lin & Ho，2010；Wong et al.，2003）。但有关工作场所关系与员工工作场所非伦理行为的研究还不多见，仅有的一些研究亦没有得到一致的结论，如金杨华等（2008）认为，寻租关系会对企业家的伦理认知产生负面影响，而求利关系没有明显影响，由此指出关系取向与伦理决策之间并非存在必然联系。Dunfee 和 Warren（2011）则认为，关系会使少数人受益而大多数人的利益受损，会导致信托责任被侵犯，还可能会减少社会财富、违反一般的伦理规则，甚至违背法律。

此外，与西方组织相比，在中国组织情境中，受传统的"圈子"文化和"集体主义""崇尚权威"观念的影响，中国人对"关系""归属""和谐"有着更高的需求和更深的体验。换言之，工作场所关系对中国组织和员工的影响可能更加深远。工作场所关系和员工非伦理行为是否存在某种关联？其关联的具体机制又是怎样的？为回答上述问题，本部分拟通过实证研究对工作场所关系与员工非伦理行为之间的关系进行探讨，寻找在其中起作用的中介变量，厘清工作场所关系与员工非伦理行为之间的作用机制。研究不仅具有重要的理论意义，同时对我国企业本土化经营管理也具有一定的指导意义。

## 第二节 理论基础与研究假设

### 一 工作场所关系与员工非伦理行为

由中国传统社会文化所孕育的关系（guanxi）概念一直是华人学者进行本土心理学建构，并循此了解中国人心理与行为的核心概念，学界从概念层面对关系的文化意涵、定义、类型特征、互动法则等进行了广泛探讨（周丽芳，2002）。在管理学领域，研究者发现中国人的关系展现方式及其结果与西方的人际关系（interpersonal relationship）有很大差异，关系在中国人的商业活动、企业管理与组织行为中扮演不可言喻的重要角色（Xin & Pearce，1996）。因此，由关系概念来透视组织管理成为中国式管理研究的最佳路径（王忠军等，2011）。而有关工作场所关系，不同的研究者根据其研究需要给出了不同的定义，如贝德福德（Bedford，2011）在研究中区分了两种关系，一种是工作关系，即"人与人之间的一个过程，或者是随着时间的推移构建一个包括情感成分（表达关系）的关系，以便其在工作中把事情做好（工具性关系）"；另一种是后门关系，即"个体使用关系网来洽谈业务解决方案，该方案至少会使参与者中某一方中的个人受益"。翟等（Zhai et al.，2013）则将工作场所关系定义为个体与同事、上级之间的工作关系。而以往有关工作场所关系与伦理决策和行为的研究大多关注的是领导—成员交换或成员—成员交换（Zhai et al.，2013；Nie，Lämsä，2015），本部分在研究中则将工作场所关系视为组织中"关系"行为及其流行程度。

由于目前直接针对工作场所关系和员工非伦理行为的研究还较为少见，因此，我们只能通过对一些相关的文献来间接推论工作场所关系与员工非伦理行为可能存在的关系。如欧和王（Au & Wong，2000）实证分析了个体的伦理推理、关系对审计人员伦理决策行为的影响，认为关系对伦理决策的影响取决于个体的伦理判断水平。苏和利特菲尔德（Su & Littlefield，2003）通过验证管理者关系导向知觉与管理者认知道德发展水平的关系，指出关系导向不一定造成低认知道德发展，并认为关系导向不影响道德判断。鲁良明（2011）在探讨关系对企业家非伦理决策的影响机制时，指出关系使用度和非伦理决策之间存在相关关系，但是不存在因果关系。人情和面子会使企业经营管理者在决策时失诚获利、违规利己和有失公平，带来非伦理决策。

除可以从关系与非伦理决策的研究中一窥工作场所关系与员工非伦理行为的关联外，有关职场排斥的研究也可以从另一个角度为我们提供启发。在中国组织情境下，受"差序格局"和"圈子"文化的影响，中国人对"圈内"人和"圈外"人往往表现出较为明显的区别："圈内"人亲近，而对"圈外"人疏远，这其实就是人际关系差异化的表现。费里斯等（Ferris et al.，2008）对职场排斥进行了开拓性研究，其初步探索了其与工作满意度、组织承诺、领导成员交换关系、偏差行为等效标变量之间的关系，发现其与工作满意度和组织承诺呈负相关，也与角色内行为、组织公民行为呈负相关，但与撤退行为和越轨行为呈正相关。刘玉新等（2013）研究发现，职场排斥对人际和组织反生产行为均具有显著影响，被排斥者的这两种反生产行为均显著高于被接纳者。赵等（Zhao et al.，2013）研究发现，职场排斥与组织反生产行为和人际反生产行为呈正相关。闫艳玲等（2014）进一步通过配对样本调查研究发现职场排斥对员工的组织反生产行为和人际反生产行为均具有显著正向影响。因此，综上所述，本部分研究提出如下假设：

假设1：工作场所关系与员工非伦理行为存在显著正向关系。

## 二 工作场所关系与满意度

有关工作场所关系与员工工作满意度的探讨更多地集中在领导—成员交换（Leader - member exchange，LMX）与员工满意度关系，以及与上级的关系和工作满意度之间的关系的研究上。在LMX影响的诸多结果变量中，工作满意度是受LMX影响最显著的变量之一。现有研究一致认为LMX与工作满意度之间存在正相关关系（Fred et al.，1975；George et al.，1982；Jaesub，2001；杨晓等，2013）。夏洛特和大卫（Charlotte & David，1997）的元分析结果显示LMX与对上级的满意度相关系数为0.62，总体满意度相关系数为0.46。高质量的LMX会和组织工作嵌入呈现正相关关系，进而通过工作嵌入影响员工满意度和离职意向（Harris et al.，2011）。张莉等（2009）指出，沟通满意度与领导—成员交换有正相关关系，领导—成员交换质量将影响个体、团队和组织层次上的沟通满意度。

此外，大量的证据表明与上级的关系对工作存在积极影响，其可以增加沟通的广度和深度（Chen & Tjosvold，2006），有助于开放式的对话（Chen & Tjosvold，2007），并且有助于冲突的解决（Chen et al.，2011）。其不仅可以使员工随时向上级寻求建议（Chen & Tjosvold，2006），而且也让上级得以向员工提供在工作中展示其潜力的机会（Chen & Tjosvold，2006；Cheung et al.，2009）。与上级的强关系甚至可以帮助雇员保持工作—生活平衡（Kossek et al.，2011）并且使上级可以对工作任务和资源分配施加个人影响以满足其员工的利益（Cheung et al.，2009）。翟（2013）认为，在中国，管理者—下属关系比同事关系在对工作满意度的影响中扮演着更加重要的角色。

尽管上述研究表明良好的领导—成员交换关系，或者与上级的强关系会带来员工工作满意度的提高，然而正如马力、曲庆（2007）所指出的，领导与下属关系的亲疏有别可能在组织中带来不公平的结果。与领导关系好的下属可能与领导互相给予偏高的评价，这对那些与领导关系不够好的下属是不公平的。在关系盛行的组织中，这样的互惠现象可能尤其严重，而这种不公平可能会让员工觉得不满意。此外，在关系盛行的组织，与"圈内"人相比，被排挤在"圈外"的人也更难获得工作相关的信息和更多的特权，因此也更加难以改进自身的绩效，实现组织的目标，获得更多的社会和经济收益（如同事的认同、更高的报酬等）。这些都会降低其满意度，进而增强其卷入非伦理行为的可能性。此外，和"圈内人"相比，"圈外人"还可能会更易遭遇到不公平的对待，更少有社会交换，这会使其对自身的工作更加不满意。并且，无法获得与工作相关的信息和特权,也意味着圈外的员工可能只能获得更少的金钱报酬和与上级更低质量的社会交换和互动,这会使其更加不满意。因此,可以提出以下假设:

假设2:工作场所关系与员工工作满意度存在显著负向关系。

### 三 满意度与非伦理行为

非伦理行为是被公认为非法或难以接受的有害的行为(Jones, 1991)。以非伦理的方式行为的原因有很多,如参照他人、工作压力、目标设置和角色冲突等(Grover, 1993; Hershcovis & Barling, 2010; Robertson & Rymon, 2001; Schweitzer, Ordonez & Douma, 2004)。而工作满意度与员工个体绩效和工作投入有显著的关联。依据社会交换理论,工作不满意意味着员工感知的失衡,即他们对组织的贡献未能得到他们从组织中获取的收益的完全补偿。尽管非伦理行为不能被视为对组织或者雇员有益的功能,但正如组织中的反生产行为一样,非伦理行为也提供了一种通过减少雇员的贡献或者减少组织的收益重新获取平衡的临时解决方法(Spector & Fox, 2002)。科赫和博(Koh & Boo, 2001)发现,三种衡量组织伦理的方式:高管对伦理行为的支持、组织伦理氛围,伦理行为和职业成功的关系与工作满意度有关。在一项与非伦理行为较为相似的有关工作场所偏差行为的调查中,贾奇(Judge et al., 2006)指出,工作满意度与工作场所偏差行为负相关。有着更低的工作满意度的员工更加倾向于卷入工作场所偏差或非伦理行为,如偷窃,以应对他们的不满意。傅(2014)的实证研究发现,在工作满意度的各个方面,对晋升、同事和上级的满意度对被调查者的伦理行为有显著的正向影响。此外,工作满意度和非伦理行为之间的关系可能会因社会交换中消极情感而增强。一项元分析发现工作不满意和负面的情感如愤怒、害怕和焦虑有关(Bruk - Lee et al.,

2009)。而有着高消极情感的个体更倾向于关注自身和所处环境的消极面（Watson & Pennabaker,1989），他们可能更加容易认识到工作场所中的失调，因此更有可能做出消极的贡献，从而做出非伦理行为。因此，可以提出以下假设：

假设3：工作满意度与员工工作场所非伦理行为存在显著负向关系。

### 四 满意度的中介作用

理论和实证研究已明确揭示了满意度在组织行为中的中介作用（Crede et al.，2007）。因此，我们可以推测满意度在工作场所关系对非伦理行为的影响中也会起到一定的作用。比如，在关系盛行的组织，与"圈内"人相比，被排挤在"圈外"的人也更难获得工作相关的信息和更多的特权，因此也更加难以改进自身的绩效，实现组织的目标，获得更多的收益。这些都会降低其满意度，进而增强其卷入非伦理行为的可能性。此外，和"圈内"人相比，"圈外"人还可能会更易遭遇到不公平的对待，更少有社会交换，这会使其对自身的工作更加不满意，进而可能卷入非伦理行为，如怠工、滥用组织资源，以发泄他们的不满意。此外，张和邓（Zhang & Deng,2015）对反生产行为的研究发现，在中国背景下，与管理者的关系会增加雇员的工作满意度，进而会减少其反生产行为。因此，尽管目前关于满意度在工作场所关系和员工非伦理行为之间的中介作用的研究还不多见，我们可以提出以下假设：

假设4：满意度在工作场所关系与员工非伦理行为之间起中介作用。

第八章　工作场所关系对员工非伦理行为的影响研究

## 第三节　研究方法

### 一　研究样本

为节约调查成本，本部分与第四章和第七章的调查研究同时施测，问卷发放方式及最终回收的有效样本亦与前两章相同，在此不再赘述。

### 二　研究工具

本章所采用的研究工具除了与第四章相同"非伦理行为调查问卷"（Akaah，1996；Suar & Khuntia，2010）、"态度与意见调查中的期望性作答（RD-16）量表"（Schuessler，Hittle & Cardacia，1978）外，还使用了以下测量工具：

工作场所关系：本部分研究采用 Chen（2004）的包含关系行为和关系流行度两个维度的测量问卷来度量被调查对象所在工作场所的关系使用情况。其中关系行为问卷包括 5 个题项，用于测量被调查对象所在组织关系行为的程度；关系流行度的测量问卷包括 4 个题项，用于测量被调查对象所在组织关系行为存在的程度。

工作满意度：为减轻被调查对象的作答负担，我们采用了"单一整体评估法"要求被调查对象回答对工作的总体感受，具体题项如下："整体而言，我的工作让我觉得快乐"，被调查对象在 7 点量表上对上述描述的赞同程度做出评价，"1"代表"完全不赞同"，"7"代表"完全赞同"。以往的研究表明单一测量方法能够得到较为满意的结果（Wanous，Reichers & Hudy，1997；Dolbier，et al.，2005）。

同样地，所有的测量均采用李克特（Likert）7 点量表，表示同意的程度和行为的频率。此外，本部分研究选取了性别、年龄、宗教信仰、婚姻状态等若干变量作为控制变量，以便使研究结果更为准确。部分控制变量的赋值如下：为简化企业性质控制变量，将国有或国有控股企业，以及集体所有或集体控股统称为"公有性质"，赋值为1，其余几种企业类型统称为"私营性质"，赋值为0；性别变量中将"男性"赋值为1，"女性"赋值为0；宗教变量中将"信仰宗教"赋值为1，"不信仰宗教"赋值为0；婚姻状态中，将"已婚"赋值为1，"未婚"或"其他"赋值为0；政治面貌中将"共产党员"赋值为1，"其他"赋值为0；职称变量中将"初级职称及以下"赋值为1，"中级职称"赋值为2，"高级职称"赋值为3。受教育程度则按照程度高低将"小学"、"初中"、"高中"、"中专"、"技校"、"大学专科"（成人高等教育）、"大学专科"（正规高等教育）、"大学本科"（成人高等教育）、"大学本科"（正规高等教育）、"硕士及以上"分别做1—8的赋值。

本部分采用SPSS 17.0软件进行描述性统计、信效度检验、相关分析和回归分析。

## 第四节 数据分析与结果

### 一 研究工具信度和效度检验

采用与第四章相同的程序对所采用的工具中的测量题项进行进一步筛查并对测量工具的信效度进行检验。结果表明，本部分所使用的工作场所关系问卷仍然保留了原量表的两个维度：维度一保留了原量表中的全部4个题项，主要用于测量组织中的关系流行度，该维度可解释46.371%的变异，内部一致性系数为0.879；维度二删除了原量表中的1个题项，最终保留了4个题项，用于测量组织中的关系行为，该维度可解释33%以上的变异，内部一致性系数为0.928。验证性因素分析的结果表明，$\chi^2 = 30.16$，$df = 21$，$\chi^2/df = 1.436$，$GFI = 0.981$，$CFI = 0.996$，$TLI = 0.995$，$NFI = 0.987$，$RMSEA = 0.034$，满足测量学要求。其余各测量工具的信效度分析结果可参见第四章和第七章。

## 二 同源偏差控制

本部分在研究过程中采用与第七章相同观点程序性补救（详见第七章）和统计性补救两种方式控制可能存在的同源偏差。哈曼单因子测试的方法分析结果表明：将所有的测量题项放到一个探索性因素分析中，未旋转的因素分析结果，按照特征根大于1的标准共析出8个公因数，累积解释变量68.342%，首个公因子的累积解释变量为31.385%。因此，本部分研究中的共同方法偏差的影响并不严重。

## 三 变量的描述性统计和相关分析

本部分研究涉及的主要变量的描述性统计和相关分析结果如表8-1所示，从表8-1中可见，被调查对象对组织中关系流行度判断的平均得分接近5分（表示有点符合），这也就意味着大多数被调查对象认同组织中关系网的存在。而有意思的是，尽管被调查对象认为关系网在组织中存在，却对组织中关系行为发生情况并无明显感受（平均得分略高于3.5，即处于有点不太符合到不能确定之间）。同样，被调查对象在社会赞许性效应上的得分接近5分（表示稍微赞同），可见其略微倾向于做出符合社会期望的回答，但倾向并不太强烈。从对被调查对象工作满意度的调查来看，在有效的样本中，被调查对象的平均得分为4.908（$SD = 1.625$），极为接近5分，可见，大多数被调查对象对工作的总体感受是略微满意的。对被调查对象非伦理行为的分析可见，被调查对象在一般性质的非伦理行为上的得分要显著高于触犯法律法规的非伦理行为（t=15.276，p<0.01）和与财物相关的非伦理行为（t=8.084，p<0.01），而财物指向的非伦理行为的得分也显著高于触犯法律法规的非伦理行为（t=6.571，p<0.01）。这也与工作场所非伦理行为的现状相符合，由于担心受到法律法规的惩罚，员工会较少做出这类情节较为严重的非伦理行为。

表 8-1　　　　　　变量的描述性统计和相关分析

| 变量 | n | $\bar{x}\pm s$ | r |  |  |  |  |  |  |
|---|---|---|---|---|---|---|---|---|---|
|  |  |  | GXP | GXB | SD | JS | UEBF1 | UEBF2 | UEBF3 |
| GXP | 367 | 4.628±1.648 | 1 |  |  |  |  |  |  |
| GXB | 365 | 3.635±1.508 | 0.626*** | 1 |  |  |  |  |  |
| SD | 353 | 4.785±0.876 | -0.140** | -0.399*** | 1 |  |  |  |  |
| JS | 379 | 4.908±1.625 | -0.137** | -0.357*** | 0.453*** | 1 |  |  |  |
| UEBF1 | 365 | 1.761±1.123 | 0.080 | 0.245*** | -0.389*** | -0.238*** | 1 |  |  |
| UEBF2 | 369 | 2.437±1.268 | 0.232*** | 0.322*** | -0.325*** | -0.305*** | 0.743*** | 1 |  |
| UEBF3 | 371 | 2.042±1.261 | 0.203*** | 0.336*** | -0.377*** | -0.258*** | 0.738*** | 0.699*** | 1 |

注：①***表示 p<0.01，**表示 p<0.05。
②GXP 表示组织中的关系流行度，GXB 表示组织中的关系行为，SD 表示社会赞许性效应，JS 表示工作满意度，UEB 表示总体非伦理行为，UEBF1 表示触犯法律法规的非伦理行为，UEBF2 表示一般性质的非伦理行为，UEBF3 表示财物指向的非伦理行为。

而从等级相关分析的结果可见，三种具体的非伦理行为中，除触犯法律法规的非伦理行为与关系流行度相关不显著外，一般性质的非伦理行为和财物指向的非伦理行为均与关系流行度显著正相关。而三种类型的非伦理行为与关系行为均存在显著的正相关。因此，从相关分析的结果可见，假设 1 基本得到了证明。而从表 8-1 的分析结果可见，关系流行度和关系行为均与工作满意度呈负相关，研究假设 2

得证。同样,工作满意度也被证明与三种类型的非伦理行为均呈显著的负相关,假设3亦得到了证明。随后,我们还将借助回归分析,进一步分析工作场所关系、非伦理行为和工作满意度之间的关系,重点考察工作满意度的中介作用。

四 回归分析

本部分分别以三种具体的非伦理行为——触犯法律法规的非伦理行为、一般性质的非伦理行为和与财物有关的非伦理行为为因变量,采用分层回归的方法探讨各自变量对因变量的影响,同时采用海耶斯(Hayes,2013)的方法,借用PROCESS程序,检验中介效应是否存在。分层回归分析共检验了四个模型:模型1仅包括了可能影响员工工作场所非伦理行为的控制变量,主要包括各种人口统计变量如年龄、性别、宗教、婚姻状态、政治面貌、工龄、本单位工作时间、职称、受教育状况和单位性质;模型2则在模型1的基础上增加了社会赞许性效应变量,以控制社会赞许性效应的影响;模型3则在模型2的基础上增加了工作场所关系变量:关系流行度(触犯法律法规的非伦理行为除外)和关系行为;模型4则将可能影响工作场所员工非伦理行为的控制变量、工作场所关系变量以及需要考察的中介变量工作满意度均包含在内。

表8-2、表8-3和表8-4分别呈现了以三种具体的非伦理行为作为因变量的分层回归结果。从表8-2可见,宗教对触犯法律法规的非伦理行为有着较为显著的负向影响,但这一影响仅在模型3和模型4中存在,在模型1和模型2中则并未达到显著水平;而婚姻状态的影响同样在模型3和模型4中0.1水平上显著存在,已婚者越倾向于实施非伦理行为,但这一影响在模型1和模型2中均未达到显著水平。但从模型3和模型4的结果可见,关系行为($\beta = 0.032$,p >

0.1）和工作满意度（β=0.002，p>0.1）对触犯法律法规的非伦理行为均无显著影响，工作满意度的中介作用在员工触犯法律法规的非伦理行为中并未得到证明。

表8-2　工作场所员工触犯法律法规的非伦理行为影响因素的分层回归分析

| 解释变量 | 模型1 | 模型2 | 模型3 | 模型4 |
| --- | --- | --- | --- | --- |
| 性别 | 0.074 | 0.058 | 0.058 | 0.058 |
| 年龄 | -0.179 | -0.159 | -0.161 | -0.161 |
| 宗教 | -0.084 | -0.112 | -0.110* | -0.110* |
| 婚姻状态 | 0.125 | 0.136 | 0.133* | 0.133* |
| 政治面貌 | 0.043 | 0.044 | 0.048 | 0.048 |
| 工龄 | 0.002 | -0.022 | -0.019 | -0.019 |
| 本单位工作时间 | 0.058 | 0.020 | 0.020 | 0.020 |
| 职称 | -0.128 | -0.060 | -0.062 | -0.062 |
| 受教育程度 | 0.072 | 0.047 | 0.079 | 0.079 |
| 单位性质 | 0.084 | 0.064 | -0.059 | -0.059 |
| 社会赞许效应 |  | -0.333*** | -0.317*** | -0.318*** |
| 关系行为 |  |  | 0.032 | 0.033 |
| 工作满意度 |  |  |  | 0.002 |
| 调整后的$R^2$ | 0.032 | 0.138 | 0.134 | 0.130 |
| $\Delta R^2$ | 0.075* | 0.105*** | 0.001 | 0.000 |
| F统计量 | 1.750* | 4.276*** | 3.922*** | 3.603*** |
| N | 227 | 227 | 227 | 227 |

注：表8-2中所报告的为标准化回归系数（β）；**表示$p<0.05$，*表示$p<0.10$。

表8-3是以一般性质的非伦理行为为因变量的回归分析结果。可见，年龄对这类非伦理行为有着稳健的负向影响，年龄越大的员工越少实施这类非伦理行为。而宗教对一般性质的非伦理行为的负向影

响也较为稳健，其在后三个模型中均达到了显著水平。同时研究发现受教育程度对工作场所一般性质的非伦理行为在模型1中显著存在，受教育程度越高，反倒越倾向于实施这类非伦理行为，但这一影响在后续三个模型中均未达到显著水平。同时，研究发现当在模型3中引入工作场所关系变量时，模型仍维持显著，且模型解释的变异得到了显著提高（$F = 4.131$，$p < 0.01$；$R^2 = 0.154$，$\Delta R^2 = 0.037$，$p < 0.05$），进一步分析可见关系流行度对一般性质的非伦理行为有显著的正向影响（$\beta = 0.192$，$p < 0.05$），但关系行为则不存在显著影响（$\beta = 0.019$，$p > 0.1$）。当引入工作满意度变量后，从模型4的分析结果可见，关系流行度对一般性质的非伦理行为仍存在显著的正向影响（$\beta = 0.205$，$p < 0.05$），工作满意度则对一般性质的非伦理行为有显著的负向影响（$\beta = -0.182$，$p < 0.05$）。随后，我们按照海耶斯（2013）的PROCESS程序，经过5000次Bootstrap抽样，结果发现当将工作满意度包含在内时，关系流行度的效应仍然显著（$\beta = 0.166$ [95% CI：0.091，0.241]，$p < 0.01$）。工作满意度的间接效应为0.025，其95%的置信区间在0.005和0.053之间，不包括0，也达到了显著程度。可见工作满意度在关系流行度与一般性质的非伦理行为之间仅存在部分中介作用，假设4部分得证。

表8-3　工作场所员工一般性质的非伦理行为影响因素的分层回归分析

| 解释变量 | 模型1 | 模型2 | 模型3 | 模型4 |
| --- | --- | --- | --- | --- |
| 性别 | 0.046 | 0.039 | 0.036 | 0.016 |
| 年龄 | -0.297** | -0.298** | -0.252* | -0.246* |
| 宗教 | -0.096 | -0.124* | -0.129** | -0.129** |
| 婚姻状态 | 0.037 | 0.054 | 0.059 | 0.045 |

续表

| 解释变量 | 模型1 | 模型2 | 模型3 | 模型4 |
|---|---|---|---|---|
| 政治面貌 | 0.072 | 0.080 | 0.105 | 0.097 |
| 工龄 | 0.109 | 0.104 | 0.027 | 0.022 |
| 本单位工作时间 | 0.075 | 0.030 | 0.051 | 0.061 |
| 职称 | -0.041 | 0.015 | 0.003 | 0.006 |
| 受教育程度 | 0.138* | 0.109 | 0.106 | 0.093 |
| 单位性质 | 0.038 | 0.029 | 0.048 | 0.052 |
| 社会赞许效应 |  | -0.305*** | -0.259*** | -0.188** |
| 关系流行度 |  |  | 0.192** | 0.205** |
| 关系行为 |  |  | 0.019 | -0.019 |
| 工作满意度 |  |  |  | -0.182** |
| 调整后的$R^2$ | 0.036 | 0.123 | 0.154 | 0.175 |
| $\Delta R^2$ | 0.079* | 0.087*** | 0.037** | 0.023** |
| F统计量 | 1.831** | 3.853*** | 4.131*** | 4.374*** |
| N | 224 | 224 | 224 | 224 |

注：表8-3中所报告的为标准化回归系数（β）；**表示$p<0.05$，*表示$p<0.10$。

表8-4是以财物指向的非伦理行为为因变量的回归分析结果。从表中可见，宗教对这类非伦理行为的负向影响较为稳健，除模型1外，宗教在其余三个模型中均达到了显著水平。年龄则仅在模型2中存在较为显著的负向影响（β=-0.223，$p<0.1$）。同时，研究还发现单位性质对财物指向的非伦理行为在模型中均存在稳定的影响，国有企业的员工更加倾向于实施这类非伦理行为。模型3和模型4的结果表明，关系流行度（β=0.060，$p>0.1$）、关系行为（β=0.136，$p>0.1$）以及工作满意度（β=-0.019，$p>0.1$）对财物指向的非伦理行为均无显著影响，可见与触犯法律法规的非伦理行为类似，工作满意度在工作场所关系和财物指向的非伦理行为之间的中介作用也不显著。

表 8-4  工作场所员工财物指向的非伦理行为影响因素的分层回归分析

| 解释变量 | 模型 1 | 模型 2 | 模型 3 | 模型 4 |
| --- | --- | --- | --- | --- |
| 性别 | 0.037 | 0.023 | 0.019 | 0.017 |
| 年龄 | -0.241 | -0.233* | -0.223 | -0.223 |
| 宗教 | -0.113 | -0.149** | -0.143** | -0.143** |
| 婚姻状态 | 0.049 | 0.075 | 0.065 | 0.064 |
| 政治面貌 | 0.082 | 0.092 | 0.112 | 0.111 |
| 工龄 | 0.168 | 0.146 | 0.131 | 0.130 |
| 本单位工作时间 | 0.067 | 0.015 | 0.029 | 0.030 |
| 职称 | 0.008 | 0.090 | 0.077 | 0.077 |
| 受教育程度 | 0.077 | 0.035 | 0.036 | 0.035 |
| 单位性质 | 0.158** | 0.140** | 0.141** | 0.161** |
| 社会赞许效应 |  | -0.391*** | -0.310*** | -0.303*** |
| 关系流行度 |  |  | 0.060 | 0.062 |
| 关系行为 |  |  | 0.136 | 0.132 |
| 工作满意度 |  |  |  | -0.019 |
| 调整后的 $R^2$ | 0.024 | 0.169 | 0.188 | 0.184 |
| $\Delta R^2$ | 0.067* | 0.142*** | 0.025** | 0.000 |
| F 统计量 | 1.544 | 5.135*** | 4.983*** | 4.611*** |
| N | 225 | 225 | 225 | 225 |

注：表 8-4 中所报告的为标准化回归系数（β）；** 表示 $p<0.05$，* 表示 $p<0.10$。

## 第五节 研究结论与讨论

本部分研究通过对不同地区和行业员工的问卷调查发现：工作场所关系中的关系流行度与一般性质的非伦理行为和财物指向的非伦理行为显著正相关；关系行为则与触犯法律法规的非伦理行为、一般性质的非伦理行为和财物指向的非伦理行为均显著正相关。工作场所关系中的关系流行度和关系行为均与员工工作满意度存在显著负向关系。工作满意度与员工触犯法律的非伦理行为、一般性质的非伦理行为和财物指向的非伦理行为均存在显著负向关系。然而,研究仅证明了工作满意度在关系流行度和一般性质的非伦理行为之间存在部分中介作用。同样,工作满意度在工作场所关系和触犯法律法规的非伦理行为,以及财物指向的非伦理行为之间的中介效应并未得到验证。

可见,当员工仅仅对工作场所中关系网的存在有所认知时,并不会触发其实施触犯法律法规的非伦理行为,因为这样所带来的损失可能会远远超过其收益。但认识到关系网的存在,可能会让员工乐于利用关系网为自身谋利,他们相信因为关系的存在,监督者会睁一只眼闭一只眼,因此可能会倾向于实施情节相对而言不太严重的一般性质的非伦理行为和财物指向的非伦理行为。但工作场所中的关系行为则涉及具体的奖金、薪酬、任务分配、绩效评估和晋升等与员工利益密切相关的行为,利益的诱惑,可能会使"圈内人"利用特权和额外的资源实施各类非伦理行为。同时,也可能会使得"圈外人"因为感知到关系带来的不公平,而实施一些以发泄不满、打击报复为主的非伦理行为。因此,对组织关系行为的感知则与三种不同类型的非伦理行为均存在显著的正向影响。这也意味着,组织可以通过控制工作场所关系这种非正式组织要素,减少关系行为和关系流行度来适当控制和减少非伦理行为。

正如前文提出研究假设时所分析的那样,工作场所关系与员工工作满意度存在显著负向关系。这与领导—成员交换与工作满意度之间存在正相关关系的研究结论截然不同(Fred et al., 1975; George et al., 1982; Jaesub, 2001; 杨晓等, 2013; Liu et al., 2013),但与马力、曲庆(2007)所指出的领导与下属关系亲疏的阴暗面类似。之所以与领导—成员交换的相关研究相比得到的结论截然相反,一方面是

## 第八章 工作场所关系对员工非伦理行为的影响研究

因为以往的研究本身缺乏对领导—成员交换关系的阴暗面的关注，另一方面则是因为领导—成员交换与"关系"概念本身既存在相似之处，同时也存在差异。①"关系"对于中国人而言，更像是把"双刃剑"，若处于关系网之中，则能为己谋利，但也势必需要承担义务，付出资源经营关系网，会增添不少负担；同样，若处于关系网之外，处处受排挤，难以获取资源和特权也会让其苦闷、丧气，心生不满。而领导—成员交换更多讲究的是贡献和能力的互惠，是一种"双赢"局面，员工自然会觉得满意。同时，本部分的研究也再次证明了工作满意度与工作场所非伦理行为均存在显著负向关系。员工越是对工作不满，越倾向于实施非伦理行为。因此，组织也可以通过改进员工的工作满意度来减少工作场所非伦理行为。

此外，本部分的研究仅证明了工作满意度在关系流行度和一般性质的非伦理行为之间存在部分中介作用，而在关系行为和一般性质的非伦理行为之间的中介作用，以及工作场所关系和触犯法律法规的非伦理行为以及财物指向的非伦理行为之间的中介作用均未得到验证。之所以选择工作满意度作为研究的中介变量，是因为在先前的文献回顾时，我们就发现工作满意度是组织行为研究中一种十分重要的态度结果变量。大量的研究者［详见Judge等（2001）的综述］证明工作满意度对工作绩效有积极影响，但有关工作满意度和组织中负向行为

---

① 领导—成员交换与"关系"的相似之处主要表现在三个方面：首先，不管是领导—成员交换还是"关系"其都是根植于两个个体之间的人际关系之上的；其次，与关系类似的是，领导—成员交换理论均强调领导和成员之间的关系是在以互惠为原则的人际交往中逐渐发展而来的；最后，两者均强调双方关系质量的重要性。但尤其要引起重视的是两者之间的差异，"关系"从其定义来看，亲密的关系更多地强调的是高水平的情感联系和强烈的义务感，而领导—成员交换则仅仅是合法的一种公平匹配关系，其关键成分是贡献、能力，而不是感情；此外，中国传统文化中的"关系"还暗含着"面子"的意思，保持良好的关系，还意味着要维护对方的面子，不能让对方在公共场合或者自己面前感到羞愧等，这些均和西方的领导—成员交换理论的内涵有所不同（Nie & Lämsä, 2015）。

的研究还不多见。因此，通过探讨工作满意度在工作场所关系和非伦理行为之间的作用，我们可以通过考察工作满意度对消极组织行为的影响，丰富有关工作满意度的研究。但遗憾的是，工作满意度的部分中介作用仅在关系流行度和一般性质的非伦理行为中存在。这可能表明，工作场所非伦理行为，尤其是触犯法律法规的非伦理行为和与财物有关的非伦理行为，其成因与工作场所关系或者工作满意度并无较大的关联，因此，今后还需要进一步探讨工作场所不同类型的非伦理行为的影响因素及机制，找到影响不同类型非伦理行为的关键因素，这样才能便于对症下药，找到有效控制或减少工作场所非伦理行为的管理措施并付诸实践。

当然，本部分在研究过程中还存在一些局限性：首先，我们仅仅采用了一个单一的题项来度量被调查对象对工作满意度的总体感知。这可能不足以反映出工作满意度的丰富内涵。今后可以尝试采用多维的工作满意度测量工具，再次检验其在工作场所关系和员工非伦理行为之间的中介作用，可能会有不同的发现。其次，本部分的研究采用的是截面数据，这就从根本上限制了我们对变量间真正因果关系的探讨。并且，以往研究也表明了非伦理行为对满意度存在影响（Kaynak & Sert, 2012）。因此，建议研究者们今后可以采取纵向的研究设计，以便于真正发掘变量之间的因果关系。最后，正如前文所言，工作场所关系是有着丰富内涵的概念，本部分的研究主要探讨的是工作场所关系中的阴暗面，今后可以考虑将西方的领导—成员交换，和成员—成员交换的概念一同考虑在内，比较其与"关系"概念的区别和联系，这一方面有助于西方管理者进一步弄清楚"关系"在中国的真实内涵，也有助于管理者们克服中西文化的差异，与当地员工更好地进行人际沟通，提升管理效率和效果。

# 第九章 工作价值观、工作场所潜规则对新生代员工工作场所非伦理行为的影响：一个理论框架

## 第一节 引 言

随着成长于改革开放背景下的新生代员工逐渐成为职场的主力军，新生代员工的工作场所非伦理行为已成为企业人力资源管理面临的新的热点问题。以往有关新生代员工工作场所非伦理行为影响因素的研究较为少见，仅有的个别研究也仅仅探讨了工作不安全感（朱瑜等，2014）和组织伦理氛围的影响（刘旭红，2018）。而有关员工工作场所非伦理行为的主要影响因素的探讨也大多集中在人口统计学特征、个体特征（如控制点、马基雅维利主义、道德认知水平、伦理价值观、自我控制的损耗、对损益分配的价值考量等）、伦理问题本身的特征，以及组织类型与规模、奖惩制度、工作因素（如工作环境、特征、工作支持、工作匹配等）、组织伦理氛围和领导方式等组织因素上。甚少有研究关注员工的工作价值观和工作场所潜规则可能的

影响。

而工作价值观作为直接影响行为的内在思想体系，对员工的态度和行为有着重要影响（Elizur, 1984），潜规则又是中国社会生活中无法回避的现实问题（康培，2008）。由于文化差异使西方工作价值观在我国面临"水土不服"的尴尬，已有的工作价值观成果对新生代亦存在适用局限性，开展新生代员工工作价值观对工作场所非伦理行为影响的实证研究既可丰富组织行为学领域关于工作价值观与个体工作态度和行为的关系研究，也具有显著的情境意义。此外，中国在伦理道德体系发展上有着自己的独特性，对伦理道德问题的探讨不能脱离中国独特的文化背景。研究立足中国实际，从极具中国特色的概念——"潜规则"入手，探讨工作场所潜规则对非伦理行为的影响，挖掘其在工作价值观和非伦理行为之间的调节或中介作用，是真正意义上的本土化研究尝试，也是对西方伦理行为研究的有益补充。

因此，本部分将在对关键概念进行界定的基础上，对国内外有关工作价值观、潜规则对新生代员工非伦理行为影响的研究进行梳理和理论思考，尝试从不同变量之间的直接关系、边界条件及理论基础三个方面来进行归纳分析。在总结既有研究，大胆设想的基础上，对未来研究进行展望，以期推动国内学者对该主题的进一步探讨，并期望引起管理实践界对工作价值观、工作场所潜规则与非伦理行为的关注。当然，本部分也将为我们今后的实证研究提供初始的理论框架，它是推动我们积极进行实证研究的前提和基础。

第九章　工作价值观、工作场所潜规则对新生代员工工作场所非伦理行为的影响：一个理论框架

## 第二节　理论基础与文献回顾

### 一　工作价值观及其影响

价值观是社会和个人共享的良好、理想和正义的概念。是有关个人或社会偏好的行为方式或存在的终结状态的稳定信念（Rokeach，1973）。他们决定一个人应该或不应该表现出某种行为或行动。价值观对个人的人格和认知结构至关重要（Pitts & Woodside，1991），它们影响着人类行为的每个方面（Rokeach，1973）——态度、决策、道德判断、评价和社会行动。价值的内在特征决定了我们的外在行为。人们在他们参与的活动，他们追求的目标，他们培养的原则，他们经历的职业，他们工作的专业以及他们所做的评估中寻求这些特质。因此，价值观是个人、社会和职业选择的主要驱动力。

工作价值观是个体关于工作行为及其在工作环境中获得的某种结果的价值判断，是一种直接影响行为的内在思想体系，对员工的态度和行为有着重要影响（Elizur，1984）。目前，有关工作价值观的文献似乎对工作价值观有着各种不同的定义（Steyn & Kotze，2004）。威尔斯等（Wils et al.，2011）将对工作价值观缺乏统一的定义归因于对所述构造的不完全和不一致的理论化。如王和岳（Wong & Yuen，2015）引用罗斯、费兹与克里斯（Ros，Schwartz & Surikiss，1999）的定义认为"工作价值"是一个术语，用于描述一般就业方面，尤其是对各种类型的职业的感受、态度和信仰（除了特定的属性，例如声望、报酬、工作保障和工作环境之外）。哈特鲁、普穆勒和乔恩斯（Hattrup，Mueller & Joens，2007）将工作价值观定义为对与就业相关的特定结果的可取性的信念。与这些定义相一致，霍（Ho，2006）

和奥尚克（Uçanok，2008）将工作价值定义为员工通过工作实现的目标。威尔斯等（2011）根据不同作者的研究指出，工作价值观是可取的，并且是跨性别的目标，代表了工作中员工的参考框架。佩克、林和伊（Pek, Lim & Yee, 2008）对工作价值观的定义更为全面，其认为工作价值观包括个人对工作类型或工作环境的偏好，对工作环境中先决条件重要性的看法以及与工作相关的决策，行动和公开行为的指导原则。[1]

此外，研究者们对工作价值观的分类也持有不同的看法。如诺德等（Nord et al., 1990）首次提出了工作价值观的二维分类，即将工作价值观划分为内在和外在工作价值观。内在工作价值观包括诸如自我实现，个人成长和发展，创造机会和主动性使用等价值观（Steyn & Kotze, 2004）。外在工作价值观则指高收入，工作保障，快速轻松地进入工作岗位，工作之外的休闲时间以及享有声望的工作（Hirschi, 2010）。可见，内在工作价值观指的是员工的工作本身，而外在工作价值观则被视为就业的结果或后果（Twenge et al., 2010）。不少学者（如Hirschi, 2010; Liu & Lei, 2012; Twenge et al., 2010）都支持这一划分方法。但也有不同的观点，如埃利祖尔（Elizur, 1984; Elizur et al., 1991）以层面理论（facet theory）研究范式为指导，认为工作价值观可以分为结果形态和任务绩效关联两个层面，其中结果形态层面主要反映了个体对工作结果的价值判断，可区分为工具性、情感性及认知性三种价值观；任务绩效管理层面则反映了个体对工作结果与工作绩效关系的价值观，其又可以细分为两类：一类反映了员工对组

---

[1] 转引自Petronella J., Freda V. D. W., Nthombi S., "Investigating the relationship between work values and work ethics: A South African perspective", *SA Journal of Human Resource Management*, 2017, 15. https://doi.org/10.4102/sajhrm.v15i0.780。

**第九章　工作价值观、工作场所潜规则对新生代员工工作场所非伦理行为的影响：一个理论框架**

织激励因素（如福利）的价值判断，不依赖于工作结果；另一类反映了员工对工作回报（如晋升）的价值判断，和工作结果有密切联系。尽管研究者们对三类工作价值所使用的术语有所不同，但似乎大多数研究者都倾向于使用"内在价值"，"外在的、物质的、价值的"和"社会价值"来指代三种类型的工作价值观（Sergio，Dungca & Ormita，2015）。罗斯、费兹与克里斯（1999）则认为工作价值观形态可区分为内部的、外部的、社会的及声望地位（权力价值）四种，其中前三种形态分别对应 Elizur 提出的认知的、工具的和情感的三种形态。[①] 权力价值可以定义为员工对其他人的权威，影响和声望有多大（Liu & Lei，2012）。蒂萨拉姆扎德、内贾和蒂萨拉姆扎德（Salamzadeh，Nejati & Salamzadeh，2014）提出了工作价值观的五个维度，包括自我发展、对社会的贡献、工作满意度、人际和谐以及工作与生活的平衡。奥科纳和基纳（O'Connor & Kinnane，1961）引用刘和雷（Liu & Lei，2012）的观点，考虑了工作价值观的六维分类，并将工作价值观划分为：安全—经济物质价值、社会艺术价值工作条件和联系、启发式—创造性价值、成就—声望价值和独立—多样性价值观。

目前，对工作价值观的影响研究主要集中在工作绩效（Shapria & Griffith，1990；Glewl，2009）、工作满意度（Hegney et al.，2006）、离职意愿或行为（陈东健、陈敏华，2009；Christina et al.，2010）、组织公民行为（Moorman & Blakely，1995；秦启文等，2007）等方面。贝克尔等（Becker et al.，1967）和巴迪与施瓦兹（Bardi & Schwartz，2003）认为，个体工作行为被工作价值观所统治，其决定着工作行为

---

[①] 转引自尤方华《反生产行为结构及影响因素研究》，博士学位论文，华中科技大学，2013年。

与决策，是一种稳定的个体差异（Jin & Rounds，2012）。随着新生代员工逐渐成为职场的主力军，工作价值观作为影响新生代员工组织行为的重要因素，在研究过程中得到了研究者们的普遍关注（Cennamo & Gardner，2008；张剑、唐中正等，2009；Twenge et al.，2010；Hansen & Leuty，2011）。研究者们认为新生代员工工作价值观具有高度成就导向和自我导向、注重平等和漠视权威（Charu Shri，2011）、追求工作与生活的平衡（Twenge，2010）等特征。与大多数从代际视角探讨新生代员工工作价值观不同的是，少数研究者对新生代员工工作价值观对个体行为的影响进行了研究。如李燕萍、侯烜方（2012）从自我情感、物质环境、人际关系、革新特征四方面构建了新生代员工的工作价值观，并指出，工作价值观使得新生代员工有清晰的个体工作偏好，该偏好的满足与否将导致其表现出积极在职行为或消极离职行为。随后，侯烜方等（2014）对新生代工作价值观结构、测量及对绩效的影响展开了系列研究，认为新生代工作价值观是一个包含功利导向、内在偏好、人际和谐、创新导向、长期发展的二阶五因子结构，且对角色内和角色外绩效都呈显著的正向影响效应，为后续有关新生代员工工作价值观的实证研究提供了必要的技术保障。

员工的工作价值观会影响其工作行为，使其积极地卷入工作，或是消极地疏离工作，寻找工作之外的满足（田喜洲等，2013）。但遗憾的是，目前研究大多数关注的是工作价值观的正向影响，对消极工作行为更多地只停留在离职倾向的研究上，鲜有研究关注工作价值观对工作场所非伦理行为的影响。同时，虽然国内外学者对就工作价值观与员工工作行为的关系进行了一些探讨，但工作价值观对工作行为的影响机理却仍然存在争议，这使其难以进一步指导实践。此外，现有的研究也甚少关注工作价值观与工作场所非伦理行为之间的关系。

第九章　工作价值观、工作场所潜规则对新生代员工工作场所非伦理行为的影响：一个理论框架

事实上个人价值观被认为是伦理行为的重要预测指标（Quick & Nelson，2011），个人价值观与决策行为有关并且影响到伦理行为（Ivaniš & Šturlić，2016）①。尤方华（2013）的研究也发现，工作价值观对员工四类反生产行为均有不同程度的影响，表现为与工作本身相关的发展性价值观对员工任务指向反生产行为、一般性违规反生产行为具有显著负向预测效力，声望地位相关的发展性价值观对员工人际指向和财物信息指向反生产行为具有显著的正向预测效力，同时平台与环境相关的发展性价值观对员工人际指向反生产行为具有负向预测效力。那么工作价值观对于与反生产行为极为相近的非伦理行为是否也存在同样的影响？有待进一步研究的验证。

## 二　潜规则及其影响

潜规则现象是中国社会生活中难以一言以蔽之而又不能不深入研究的现象，是人们无法回避的现实问题（康培，2008）。吴思（2001）首次在政治领域对潜规则进行了系统研究，并将其定义为"事实上是存在于各种正式制度之外，明文规定背后的，被广泛认可的行为章程，在各自的领域内得到大多数人的默许和遵守，而成为相关法律法规之外的另一套行为准则和规范。"随着潜规则研究从政治领域扩展到社会和管理领域，潜规则的含义范围也有了延伸。如梁碧波（2004）认为，非正式制度就是潜规则，其是指人们在社会交往活动中所形成的价值观、社会规范、习惯等。汪新建、吕小康（2009）认为，潜规则是"未被察觉或不具备正当性的规则"。马洁（2010）认为，潜规则是在违反正式的法律法规或者违背道德原则的情况下形

---

① 转引自 Petronella J., Freda V. D. W., Nthombi S., "Investigating the relationship between work values and work ethics: A South African perspective", *SA Journal of Human Resource Management*, 2017, 15. https://doi.org/10.4102/sajhrm.v15i0.780。

成的不成文的规则，能够稳定存在并被广泛使用，在某些情况下按此规则行事给行为主体带来的利益远大于按正式规则行事。郭剑鸣（2008）在吴思对潜规则定义的基础上进行了拓展，概括出了四类潜规则的界定方式：一是"陋规说"，即强调潜规则的负面性质，既不好明说，也不合法，但双方都知道这是规矩，彼此心照不宣地奉行的行为准则；二是"对应说"，即强调潜规则是对显规则的寄生性和附着性；三是"非正式说"，指虽无成文之规定，却在现实中指导官员"为"与"不为"以及"如何为之"的另类规范；四是"暗流说"，即官场所形成的暗流，裹挟着官员们不得不按其方式行为，一旦有人逆其而行，就有被吞噬的危险。林炜双、高腾、孙李银、景怀斌（2010）通过总结已有学者的定义指出，潜规则的主要特征之一是其背离或游离于正式制度之外，对组织人行为有巨大的影响。其进一步指出，潜规则与非正式制度虽然都具有非成文的、广泛性、自我约束性、渗透性和受传统文化影响的特征，但二者在概念性质和主体以及作用层面仍然存在差别，因此，二者不能等同。而就个人利益最大化层面看，与潜规则对应的西方学术概念是组织政治。从上述对潜规则的定义可见，潜规则主要具有潜在性、规制性、利益性等特征，其背离或游离于正式制度之外，对组织人行为有巨大影响。

起初对潜规则的研究主要集中在政治领域，随着潜规则的研究范围的不断扩展，学者们开始探讨企业管理中的潜规则及其对组织和员工的影响。如胡瑞仲等（2006）指出，企业管理潜规则是指在企业管理活动中，自发形成的，为企业员工所遵循的，不需要外界权威和组织干预的行为和规范，包括价值观、文化传统、道德伦理和意识形态等。其认为企业管理潜规则是企业内部的客观存在，是组织系统自身的固有规律，是企业内部事务处理与人际关系的基本准则。组织中形式重于效率、人情重于法治，共性重于个性，习惯重于制度等都是企业管理潜规则的表现（胡瑞仲，2007）。其进一步指出，按照企业管理潜规则作用的对象，可以将其分为企业组织层面的潜规则和员工行为表现的潜规则；按照管理潜规则的影响，则可以划分为良性、中性和不良管理潜规则（胡瑞仲，2007）。罗明忠（2006，2008）将人力资源管理潜规则划分为制度性、价值性和心理性三个主要维度，并分析了商业银行人力资源管理中的潜规则的主要表现。白永利（2014）研究发现科研团队潜规则中内部管理潜规则和成果转化潜规则对团队成员的心理安全感知均有负向影响，对建言行为也有显著的负向影响。

由于我国体制和文化原因，潜规则已成为企业管理必然要研究的问题之一（林炜双等，2010）。综观潜规则研究的现状，在一些方面需要进一步拓展：第一，在研究方法上，目前潜规则研究多以情感性批判为主，缺乏运用现代社会科学经验方法，对潜规则的实际状况、构成因素和作用的实证研究；第二，在理论视野上，已有的研究多从政治、伦理角度进行，但个体是所有社会活动的基础，从个体行为过程角度分析，更具有深层基础价值；第三，从目前的研究来看，较为缺少从规则的改良和构造方面入手进行控制的研究。尤其是国内的研究大多把潜规则作为消极规则看待，并没有客观、公正地分析良性和中性的潜规则。

### 三 工作场所员工非伦理行为

工作场所非伦理行为是指对组织内外他人有害、违反了人们广为接受的道德准则而不能被组织其他成员所接受的行为（Jones，1991；Treviño，1986）。在对影响工作场所非伦理行为因素的研究过程中，学者们首先主要关注违规者的个体特征，即所谓的"坏苹果方法"（Treviño & Youngblood，1990）。近年来，研究的关注点则转向了非伦理行为产生的组织情境特征即"坏木桶方法"（Treviño and Youngblood, 1990）。根据基什·吉法特（2010）的元分析，以及李永强（2010）、赵军（2011）、谭亚莉等（2011，2012）、克拉夫特（2013）等对相关问题的综述，以及新近的一些研究进展（Gino et al., 2011; Reinders Folmer & De Cremer, 2012），可以认为工作场所员工非伦理行为主要受个体、情境、组织和社会网络的影响。其中个体层面的因素主要包括：人口统计学特征（如年龄、性别、任职年限、社会地位）、家庭责任、个体特征（如控制点、马基雅维利主义、道德认知水平、伦理价值观、自我控制的损耗、对损益分配的价值考量等）。伦理决策情景（伦理问题本身的特征）也会对非伦理行为造成影响（Jones, 1991）。当伦理问题本身具有较高的道德强度时，面临此问题的个体会有更高的道德推理和意图，进而减少非伦理行为的实施（Kish – Gephart et al., 2010）。影响非伦理行为的组织因素则主要包括：组织类型与规模、奖惩制度、工作因素（如工作环境、特征、工作支持、工作匹配等）、组织伦理氛围和领导方式等。布拉斯、巴特菲尔德和斯卡格斯（1998）、费雷尔等（2005）、西弗斯等（Seevers et al., 2007）和李永强（2010）则强调社会网络及互动关系对工作场所非伦理行为的重要影响。也有一些研究对新生代员工工作场所非伦理行为进行了探讨，如朱瑜等（2014）研究发现，新生代员工组织劳动合同法规避认知显著正向影响员工工作不安全感和组织报复行为，工作不安全感显著正向影响组织报复行为且在组织劳动合同法规避认知与组织报复行为的关系中起完全中介作用。

综上可见，现有文献对工作场所员工非伦理行为进行了许多有意义的探讨，但仍存在许多值得继续深入研究的问题：如目前对企业员工工作场所非伦理行为的探讨甚少考虑不同代际员工的差异性，由于受不同的文化和价值观的影响，不同代际的员工有不同的行为表现。此外，研究也缺少根植于中国情景下的工作场所员工非伦理行为研究，非伦理行为的形成过程中会受到哪些有中国特色的非制度性因素的影响？哪些策略能有效地干预非伦理行为的形成？这些问题均值得进一步探讨。

## 第三节 工作价值观对非伦理行为的直接影响与中介机制

以往的研究表明，企业新生代员工有着独特的工作价值观，而价值观作为了解个人态度与激励动机的基础，其会影响个人对组织的知觉，进而影响在组织中的行为。研究基于"认知—动机—行为"分析框架，认为作为个体认知因素的工作价值观在对工作场所非伦理行为产生直接影响的同时，还可能激发员工不当逐利、不当避损（害）、情绪释放或感觉寻求等非伦理行为动机。而不当得利和避损（害）动机将导致员工的工具性非伦理行为；情绪释放和感觉寻求将导致情绪性的非伦理行为。

### 一 工作价值观对非伦理行为的直接影响

本部分将借用侯恒方、李燕萍等（2014）对新生代员工工作价值观的研究，将新生代员工的工作价值观划分为功利导向、内在偏好、人际和谐、创新导向、长期发展五个维度。其中功利导向是指新生代员工在工作中注重物质利益，渴望获得物质回报。他们在工作中注重利益的获取，希望得到较高的薪酬和薪酬增长，并重视工作投入与产出的效率，追求个人利益最大化，渴望与付出对等的物质回报。内在偏好是指新生代员工对工作本身的特征与内容的认知和偏好，例如，符合个人兴趣、有价值的、重要的、有趣的、弹性的工作,这主要反映的是新生代员工对工作本身带给他们的社会意义的重视,他们对工作更加挑剔,更加注重工作本身对于自我偏好的满足程度。人际和谐是指新生代员工重视工作场所内和谐的人际关系,并希望维持一种融洽的工作氛围,例如高质量的上下级关系、融洽的同事关系和平等的团队关系。创新导向是指追求生活多样性的新生代员工,喜欢新鲜感,讨厌墨守成规的工作,对新事物和新知识有较强的接受能力,敢于挑战传统,喜好标新立异。长期发展是指新生代员工看重行业、组织以及个人的发展前景,他们希望通过不断积累工作经验和社会资本,获得良好的晋升机会和职业发展空间,追求获得职业生涯的持续发展与成长。

而本书前述第二篇第五章的研究表明,对新生代员工而言,其工作场所非伦理行为按照指向的对象不同可分为指向组织的非伦理行为和指向他人的非伦理行为,指向组织的非伦理行为包括:迟到;早退;工作时间做私人事情;工作时上网玩微博、逛淘宝等;工作时玩手机;利用单位资源做私人事情;把公司物品带回家;利用公司的平台为自己谋利,如接私活等。指向他人的工作场所非伦理行为主要有:在背后说他人的坏话或议论他人;欺负、排挤同事;去领导那打小报告,说同事坏话;欺骗领导;不服从领导的任务分配,与领导直接对抗;推诿或推卸责任,把自己不愿意做的事情推给他人;言语中伤、恶意诽谤同事等。根据对新生代员工工作价值观和工作场所非伦理行为各维度的描述,结合前述的文献研究我们可以对不同维度的工作价值观与工作场所非伦理行为的关系做出不同的假设。

# 第九章 工作价值观、工作场所潜规则对新生代员工工作场所非伦理行为的影响：一个理论框架

1. 功利导向工作价值观与非伦理行为

持有功利导向工作价值观的新生代员工在工作中注重利益尤其是物质利益的获取，追求个人利益最大化，渴望与付出对等的物质回报。因此，其会更为看重个人利益而非组织利益或他人利益。因此，其一方面可能为了更多地谋求自身的利益，实现自身利益最大化，而实施非伦理行为。根据道德效用理论（Hirsh，Lu & Galinsky，2018），当违背伦理道德的预期收益超过预期成本时，个体将更加倾向于实施非伦理行为。另一方面，当个体认为自身的付出没有得到同等的回报，尤其是物质回报时，其也有可能为了报复组织或者他人而实施非伦理行为。因此，可以得到以下假设：

研究假设1a：功利导向工作价值观与指向组织的非伦理行为正相关；

研究假设1b：功利导向工作价值观与指向他人的非伦理行为正相关。

2. 内在偏好工作价值观与非伦理行为

持有内在偏好工作价值观的新生代员工重视工作本身带给他们的社会意义，注重工作本身对于自我偏好、价值和兴趣的满足程度。以往的研究表明与工作本身相关的价值观如个人成长、实现自我价值、工作成就感、提升自我的能力实际上反映了个体的一种成长或发展性需要，其工作行为更多地受到内部动机驱动（如对成就的渴望、对学到新知识技能的渴望等），对工作具有较高的满意度，因此也会有较好的工作绩效表现（Hackman et al.，1975）。因此，我们可以认为注重工作本身意义和价值的新生代员工可能更加重视工作本身，而并非工作给其带来的收益，因此其会以更为积极的态度对待组织、工作以及需要协作完成工作的他人，因此，可以得到以下假设：

研究假设2a：内在偏好工作价值观与指向组织的非伦理行为负相关；

研究假设2b：内在偏好工作价值观与指向他人的非伦理行为负相关。

3. 人际和谐工作价值观与非伦理行为

持有人际和谐价值观的新生代员工重视工作场所内和谐的人际关系，并希望维持一种良好的上下级关系、同事关系和团队关系等。"以和为贵"是中国情境的一个显著的文化符号，对于那些十分看重和谐人际关系的员工而言，其可能会更加注意自身参与组织人际互动的言行，一些可能影响自身在组织中形象的不良人际互动行为，如指向他人的非伦理行为，因为不利于其维持与他人的良好人际关系，所以员工可能会对此类行为更加警觉，也更少表现出这类行为。但对于这类员工而言，其是否会实施指向组织的非伦理行为则可能与该行为是否有助于维持良好人际关系有关。比方说，员工可能会为了维持与上级的良好关系，帮助上级一同隐瞒问题，也可能会为了维持自己在小团队中的位置，从众地实施指向组织的非伦理行为，其亦有可能为了维护与同事的良好关系对同事实施的非伦理行为睁一只眼闭一只眼，甚至为同事"打掩护"。因此，可以得到以下假设：

研究假设3a：若指向组织的非伦理行为有助于员工维持良好的人际关系，则人际和谐工作价值观与指向组织的非伦理行为存在正相关；

研究假设3b：人际和谐工作价值观与指向他人的非伦理行为负相关。

4. 创新导向工作价值观与非伦理行为

持有创新导向价值观的新生代员工，则更加追求工作和生活的多样性，喜欢新鲜感，讨厌墨守成规的工作，喜欢也敢于挑战传统，喜好标新立异。加上新生代员工在工作价值观上更加具有高度成就导向和自我导向、注重平等和漠视权威（Charu Shri，2011）。因此，对于在传统组织工作的，持有创新导向工作价值观的员工而言，其可能会厌恶现有的常规工作，反对组织约束，也可能因为执着于创新而选择漠视组织规范。这类员工也可能会因为漠视领导权威、挑战传统而无视领导的管理。同样，他们也有可能因为过于标新立异而难以融入组织和团队，从而受到团队其他员工的排挤。当然这可能会受到组织文化氛围的影响，若组织本身就提倡创新，员工们也以创新为使命，上述情况可能并不会发生。因此，我们假设：

研究假设4a：对传统组织而言，创新导向工作价值观与指向组织的非伦理行为存在正相关；

研究假设4b：对传统组织而言，创新导向工作价值观与指向他人的非伦理行为存在正相关。

5. 长期发展工作价值观与非伦理行为

持有长期发展工作价值观的新生代员工看重行业、组织以及个人的发展前景，他们希望通过不断积累工作经验和社会资本，获得良好的晋升机会和职业发展空间，追求获得职业生涯的持续发展与成长。这种与工作本身相关的发展性价值观，与内在偏好工作价值观一样，体现的都是个体成长或发展性需要，他们的工作行为更多地受到内部动机的驱动。他们重视自己的口碑和声誉，因此在组织中也会对有损自身发展前途的行为保持警惕，因此会尽可能远离非伦理行为。此外，尤方华（2013）的研究也表明，员工越看重与工作本身相关的发展性价值，就越少表现出与任务指向反生产行为，也越少发生一般性违规反生产行为。因此，可以假设：

研究假设5a：长期发展工作价值观与指向组织的非伦理行为负

相关；

研究假设5b：长期发展工作价值观与指向他人的非伦理行为负相关。

## 二 非伦理动机的中介作用

动机可以被定义为"引发被称为'行为'的事件序列的驱动、冲动、愿望或欲望"（Bayton，1958）。[①] 动机是激发和维持有机体的行动，并将使行动导向某一目标的心理倾向或内部驱力，其具有三方面功能：激发功能，激发个体产生某种行为；指向功能，使个体的行为指向一定目标；维持和调节功能，使个体的行为维持一定的时间，并调节行为的强度和方向。[②] 动机也被界定为支配人们在不同行为之中做出选择的过程（Vroom，1982），是存在与选择背后的一个过程。[③] 在行为产生以前，动机就已经存在，并以某种内在的、隐蔽的方式支配着行动的方向和强度。动机会受到个人特质，技能，对任务的理解及环境的约束（Kanfer，1990）。正如第二篇的质性研究所发现的，新生代员工实施工作场所非伦理行为的动机或原因较为复杂和多样，不当得利是其中最为主要的动机，此外，情绪释放、报复、追求公正和不当避损等动机也在新生代员工身上有所体现。尽管目前研究者们对新生代员工工作场所非伦理行为动机性因素还缺乏关注，但已有研究开始探讨动机性因素对反生产行为的影响。而反生产行为是工作场所非伦理行为的具体表现之一。因此，我们可通过对现有反生产行为研

---

[①] 转引自 Hwang K., Kim H., "Are Ethical Consumers Happy? Effects of Ethical Consumers Motivations Based on Empathy Versus Self–orientation on Their Happiness", *Journal of Business Ethics*, Vol. 151, No. 2, 2016。

[②] 林崇德等编：《心理学大辞典》，上海教育出版社2003年版，第223页。

[③] 转引自陈思：《员工建言行为的"环境—认知—动机—行为"模型研究》，博士学位论文，武汉大学，2015年。

## 第九章 工作价值观、工作场所潜规则对新生代员工工作场所非伦理行为的影响：一个理论框架

究中对动机因素的关注，来推导动机因素在工作价值观和非伦理行为之间的中介作用。

现有研究发现逃避失败动机（Diefendorff，2007）、缓解压力的动机性因素（Krische，2010）和报复性动机（报复组织/同事）（Hung，2009）对一些反生产行为有预测作用。鲍林（Bowling，2010）将侵犯行为划分为敌意侵犯和工具性侵犯两类，其认为敌意侵犯是由情绪驱动的，而工具性侵犯则由认知驱动，两者的最主要区别在于侵犯动机的差异。凯洛韦（Kelloway，2010）则认为反生产行为具有获得社会认同、抗议不公，以及工具性（达到某种特定目的）三类动机。同样地，斯佩克特（Spector，2011）也认为，反生产行为可能受不同的动机因素驱动，其既可能是对挑衅的回应，也可能是受工具性动机驱动以达到某种目的，后者不受情绪驱动。上述研究表明动机性因素在反生产行为过程中的作用机制可能是多方面的，既有可能是达到某些目标也有可能是逃避某些压力性情境。

由此，根据以往反生产行为动机因素的研究，结合本书第二篇第五章质性研究的发现，本书认为，工作场所非伦理行为的动机性因素可大致划分为情绪性动机和工具性动机两类，其中情绪性动机与情境因素导致的个体情绪失衡相联系，其主要受情绪驱动，如情绪释放和感觉寻求；工具性动机则与个体的某种特定行为目标相联系，即受工具性认知驱动，如不当逐利和不当避损。前者的影响因素主要来自个体对情境因素的认知及相应的情绪，而后者则与特定目标相联系，不受情绪驱动。需要注意的是，某种单一的动机性因素也可能导致不同的工作场所非伦理行为，如为了报复组织分配不公，有的员工可能会消极怠工，有的可能会盗窃组织财物、破坏组织物品，有的可能将不

良情绪发泄到领导或同事身上。与此同时，不同的动机性因素也有可能表现出同一种非伦理行为，例如，同样是散播同事的谣言，有的可能只是对同事不满，此时散播谣言是为了释放某种情绪，属于情绪驱动的非伦理行为，但也有可能是为了职务晋升散播谣言打击竞争对手，此时散播谣言则是不当逐利，属于认知驱动的工具性非伦理行为。

动机的产生是内外两种因素共同影响的结果，其中工作价值观属于动机产生的内部因素。就心理学的角度而言，价值观作为个人对客观事物及对自己的行为结果的意义、作用、效果和重要性的总体评价，是推动并指引一个人采取决定和行动的原则、标准，是个性心理结构的核心因素之一。在个性倾向体系中，价值观决定、调节、制约个性倾向中低层次的需要、动机、愿望等，它是个体动机和行为模式的统帅。此外，几种动机理论也将价值观作为行为的重要动机预测因素，包括决策和目标设定。如，期望值理论指出，个人价值观会影响不同目标的吸引力，从而影响追求这些目标的动机。因此，可以推论出：

研究假设6a：情绪性动机（情绪释放/感觉寻求）在工作价值观与非伦理行为之间起部分中介作用；

研究假设6b：工具性动机（不当逐利/不当避损）在工作价值观与非伦理行为之间起部分中介作用。

## 第四节 工作场所潜规则对非伦理行为的直接影响、中介机制及边界条件

### 一 工作场所潜规则对非伦理行为的直接影响

对潜规则的研究，发端于政治领域，其被定义为"事实上是存在于各种正式制度之外，明文规定背后的，被广泛认可的行为章程，在

### 第九章　工作价值观、工作场所潜规则对新生代员工工作场所非伦理行为的影响：一个理论框架

各自的领域内得到大多数人的默许和遵守，而成为相关法律法规之外的另一套行为准则和规范。"（吴思，2001）。随着潜规则研究从政治领域扩展到社会和管理领域，潜规则的含义范围也有了延伸。其被视为非正式制度（梁碧波，2004），"未被察觉或不具备正当性的规则"（汪新建、吕小康，2009），或是"在违反正式的法律法规或者违背道德原则的情况下形成的不成文的规则"（马洁，2010）。潜规则具有潜在性、规制性、利益性等特征，其背离或游离于正式制度之外，对组织人行为有巨大影响（林炜双等，2010）。但潜规则一定会给组织带来负面影响吗？现有的研究则莫衷一是，如胡瑞仲（2007）按照管理潜规则的影响，认为其存在良性、中性和不良管理潜规则之分。然而白永利（2014）的研究发现，科研团队潜规则中内部管理潜规则和成果转化潜规则对团队成员的心理安全感知均有负向影响，对建言行为也有显著的负向影响。但目前甚少有研究关注工作场所潜规则对非伦理行为的影响，为此，本部分将试图从与潜规则非常相近的一个西方学术概念——组织政治着手（林炜双等，2010），通过梳理现有的组织政治和非伦理行为之间关系的研究，推论工作场所潜规则与非伦理行为的关系。

梅耶斯等（Mayes et al., 1976）首次明确提出"组织政治"（organizational politics）的概念，认为由于组织资源的稀缺性、排他性与组织成员利益多重性间不可调和的矛盾，使组织成为组织政治的竞技场。就我国而言，组织政治行为现象根植于我国传统的"人情"和"关系"文化中，以其顽强的生命力存活于现代各种类型的组织中（高婧等，2008）。组织政治是个体使用违背组织规则的方式实现自我利益最大化，影响组织资源分配的现象，表现为决策程序不透明、用

人制度不合理、薪酬体系不科学等①。目前，有关组织政治的研究大体可以分为三类：影响策略研究、组织政治知觉研究和政治技能研究（黄忠东，2016）。其中，组织政治知觉作为员工对组织中存在的政治行为的感知，是决定员工工作态度和行为的关键（Ferris et al.，2002；Tepper et al.，2009）。面对相同的组织政治行为，不同员工可能会形成不同的认知和判断，从而产生不同的心理、态度和行为反应。为此本部分重点关注现有研究中组织政治知觉与反生产行为之间的关系。

组织政治知觉（perceptions of organizational politics）是组织成员排斥对工作环境中其他人自利行为发生程度的主观评估，以及对这种行为的归因（Ferris, Harrdl–Cook & Duhbohn, 2000）。由于组织政治知觉通常是由组织决策的不确定性，以及程序、规则和稀有资源竞争的模糊性所引发，关于组织政治知觉的效应，目前学术界主要形成了积极、消极和中立三种不同视角。持消极视角的研究者认为，如果员工将组织政治视为工作中阻碍自身职业目标实现的障碍性压力源，就会产生消极的工作结果，如工作压力、低工作满意度、低组织公民行为等②。另有不少研究表明，组织政治氛围会降低员工的组织承诺、增加员工的职业倦怠③，而这些变量也已被证实与反生产行为呈负相关关系（Dalal, 2005）。事实上，不少研究已经证明了组织政治知觉与工作场所消极行为的直接联系（Cropanzano et al., 1997）。组织政治行为可以创造一种"敌对环境"，并最终引发群体内各种冲突、不

---

① 转引自陈志霞、赵梦楚、涂红《领导排斥涟漪效应的组织诱因：竞争和组织政治的作用》，《管理工程学报》2019年第3期。
② 转引自曹霞、崔勋、瞿皎姣《国有企业员工组织政治知觉对组织公民行为的双重影响机制研究》，《管理学报》2016年第10期。
③ 转引自梁明辉、易凌峰《组织政治氛围对员工疏离感的影响：自我决定动机的中介作用》，《心理科学》2018年第2期。

第九章　工作价值观、工作场所潜规则对新生代员工工作场所非伦理行为的影响：一个理论框架

和谐等对抗行为、攻击行为和偏差行为（Gilmore et al., 1996）。如果组织内政治行为盛行，员工将产生玩世不恭、旷工、工作不努力行为等（Kacmar et al., 1999），也会直接导致消极角色内行为和消极角色外行为的产生（魏峰、李欲、卢长宝，2015）。组织政治知觉可能与报复行为、攻击行为、敌对行为（Kacmar & Baron, 1999），组织指向和人际指向反生产行为（张永军，2013），工作场所偏离行为（董夏霞，2018）显著相关。如王颖、刘莎莎（2016）的研究表明，组织政治知觉与职业倦怠显著正相关，而与组织公民行为则显著负相关。万希、李恩、李论基（2016）选取实习研究生、在职MBA学员以及三个行业的全职人员作为样本，通过实证研究发现组织政治知觉会正向影响员工的反生产工作行为。作为一种潜在压力源，组织政治知觉不仅会诱发员工的消极工作态度和行为，还会危及整个组织的效率效能（Brian, 2008; Akanksha, 2013）。基于此，该视角的研究往往将组织政治知觉视为组织中的隐患，会产生负面影响。当然，也有一些学者秉持积极视角来研究组织政治知觉的作用及机理。如张等（Chang et al., 2009）指出，压力可分为障碍性压力和机会性压力，组织政治并不必然是消极的，当员工认为组织政治可以为其提供获得某种资源的机会时，也会产生积极结果，如更高的工作投度以及更高的任务绩效（Hsiung, 2012）。持中立观点的学者则不主张对组织政治预先进行价值判断，呼吁同归其资源分配的本质，将组织政治视为可同时产生积极和消极结果的双元社会影响过程（崔勋等，2014）。

社会交换理论指出，人与人之间在本质上是一种交换关系。公平、合理的交换关系会导致个体积极的工作态度和行为；反之，个体就会通过消极的工作态度和行为予以回应。组织政治知觉可以破坏员工与组织、与同事之间的交换关系，从而导致员工的反生产行为（张

永军，2013）。这同样可以推论到工作场所非伦理行为上。当员工感知到组织内部的各种政治行为时，会影响员工对组织的信任、心理承诺和工作积极性，员工会质疑其与组织之间的交换关系，认为自己在组织中的利益受到威胁或损害，即使努力工作也换不来相应的组织回报。这就会打击员工与组织进行交换的积极性与主动性，使员工对组织交换的愿望降低，直接导致工作付出减少、工作效率和质量的下降。进一步而言，当员工加深了对组织政治的认知，会认为身处这样的组织可能沦为其他人或群体自利行为下的"牺牲品"，自己的辛勤努力只是在为他人做"嫁衣"，从而更加不愿意为组织付出努力（张正堂等，2017）。此外，在组织政治氛围浓厚的组织中，辛勤工作与奖励晋升的关系变得不确定，而擅长运用制度外手段（如溜须拍马、逢迎、参与有影响力的小团体）的员工却会得到组织的厚待（Chang, Rosen & Levy，2009）。在这种氛围的影响下，员工会认为奖赏机制不是建立在工作绩效的基础上，而是基于权力、裙带关系、报复机制等非贡献因素，其不再寄希望于通过传统组织规则获得组织资源，而是更加注重与权威者建立良好的关系来规避这种不确定性。[①] 这样在无形中又会加深组织政治的传播和影响。

对于那些对组织政治持有负面评价的员工而言，他们不仅会认为自己的努力与付出得不到组织的认可，也会无法接受和认同他人的操纵、私利行为。他们不屑于参与组织中的政治游戏，但由于无法公平地解决需求的多样性与资源的有限性的固有矛盾，从而会产生严重的被剥夺感，甚至与那些通过政治行为谋得利益的领导、同事关系恶

---

① 转引自陈志霞、赵梦楚、涂红《领导排斥涟漪效应的组织诱因：竞争和组织政治的作用》，《管理工程学报》2019年第3期。

### 第九章　工作价值观、工作场所潜规则对新生代员工工作场所非伦理行为的影响：一个理论框架

化，产生人际冲突。为了表达对组织中政治行为的不满，这些员工可能会通过一系列非伦理行为进行回应。此外，如果组织决策和管理行为被认为是不公平或不公正的，那么被影响的员工会感到愤怒、受辱和怨恨（Skarlicki & Folger，1999），这些工作负面情绪工作也会激发工作场所非伦理行为。综上分析，可提出如下假设：

研究假设7a：工作场所潜规则与组织指向的非伦理行为呈正相关关系。

研究假设7b：工作场所潜规则和人际指向的非伦理行为呈正相关关系。

### 二　自我损耗[①]的中介作用

为了探讨自我损耗的中介作用，首先需要剖析工作场所潜规则与自我损耗之间的关系。自我损耗理论最初是基于自我控制的研究提出的，鲍迈斯特等（2000）总结既往理论和研究，提出自我的活动损耗心理能量的理论，包括：①心理能量对自我的执行功能（包括自我控制、审慎的选择、主动性行为）是不可或缺的；②心理能量是有限的，短期内只能进行有限次数的自我控制；③所有的执行功能需要的是同一种资源，一个领域的资源损耗会减少另一领域的可用资源；

---

① 注：自我损耗的概念一直以来缺乏明确的界定。鲍迈斯特等（1998）在正式提出该理论的时候，曾指出自我损耗现象是"自我进行意志活动的能力或意愿暂时下降的现象，包括控制环境、控制自我、做出抉择和发起行为等能力或意愿的下降"。虽然这仅仅是一种描述性的界定，但后续研究者对该概念都没有做过多的讨论，一直采用这种约定俗成的描述来理解自我损耗。哈格等（Hagge et al.，2010）对自我损耗的大量研究进行元分析，对自我损耗的界定仍然是描述性的："……正如肌肉在经过一段时间的活动后会变疲劳，导致力量下降一样，自我经过一段需要自我控制资源的活动之后，自我控制的能力会被耗竭，这种状态被称为自我损耗"。现有研究中，自我损耗有时候被理解为一种过程，即自我活动过程中消耗心理能量的过程；有时候被理解为一种状态，即心理能量损耗后产生的一种执行功能受损的状态（谭树华等，2012）。本书在概念上采用谭树华等（2012）在研究中所用的概念，将自我损耗视为自我的活动消耗心理能量后引起执行功能下降的过程，将对自我损耗的后一种理解视为自我损耗的结果也就是自我损耗的后效。

④自我控制成功与否取决于心理能量的多少；⑤自我控制的过程就是消耗心理能量的过程，消耗后需要一段时间才能恢复，类似于肌肉疲劳后需要休息才能恢复。① 依据自我控制资源理论，实施自我控制依赖于一种有限的自控资源（Baumeister，1994），而自我损耗理论则认为，个体的自我控制资源是有限的。这种资源能有效地维持个体的执行功能，帮助抵制即时的冲动和诱惑，并压抑负面的情绪和认知，从而保证长期目标的实现。该理论进一步认为，当环境刺激需要个体实施自我控制时，会消耗其有限的自我控制资源，而这种资源的减少会导致个体降低工作产出（Muraven，2000；王忠军、袁德勇、龙立，2013），并促使员工表现出较少的组织公民行为、促进性和抑制性建言，实施较多的辱虐行为、不礼貌行为、阻抑行为和工作场所偏离行为（张亚军等，2018），以及工作场所非伦理行为（Diestel & Schmidt，2012；Welsh & Ordonez，2014；Lanaj，Johnso & Barnes，2014；董蕊、倪士光，2017）。以往研究发现，揣测他人的意图、抑制自身的反应、压抑负面情绪、遵守规则、抵制诱惑、工作干扰等会使个体产生资源损耗，现有的实证文献也发现，睡眠剥夺、遭受到他人的辱虐以及实施伦理型领导行为、程序公平行为、组织公民行为均会消耗个体的自我控制资源，从而产生自我损耗后效。②

本部分研究认为，作为一种环境刺激的工作场所潜规则可能会从复杂与模糊信息的加工、工作压力、工作干扰、抑制负面情绪、潜规则的诱惑抵制五个方面造成个体资源损耗。首先，潜规则盛行的环境

---

① 转引自谭树华、许燕、王芳、宋婧《自我损耗：理论、影响因素及研究走向》，《心理科学进展》2012年第5期。

② 转引自张永军《组织政治知觉对员工反生产行为的影响：心理契约破裂的中介检验》，《商业经济与管理》2013年第10期。

第九章　工作价值观、工作场所潜规则对新生代员工工作场所非伦理行为的影响：一个理论框架

具有较强的不确定性和模糊性，而在不确定与不可控的环境中，个体会消耗较多的资源（Baumeister et al.，2007），因此，当员工需要对潜规则中复杂且不可预测的信息进行加工时，毫无疑问会消耗自我控制和注意资源。其次，遵循或利用工作场所潜规则的目的是为了实现自我利益最大化，而利用潜规则追求自我利益最大化的同时，不可避免地会涉及他人利益，甚至损害他人利益。员工往往被迫调配大量精力来处理工作环境中飘忽不定的流言蜚语、"暗箱操作"和选择小团体站队等大量非工作本身的问题，而这些问题的处理通常又需要反复斟酌、揣摩、比较，这对员工个体在工作场所中的情绪控制和人际关系处理都是一种考验，无形中增加了个体的工作压力。而应对压力本身就是资源损耗的过程（谭树华等，2012）。再次，潜规则与组织有限的资源的争夺有关，因此，潜规则通常会对他人的正常工作带来干扰。有研究表明，工作干扰会损耗个体的自我控制资源（Freeman & Muraven，2010；王忠军、袁德勇、龙立荣，2013）。此外，和组织政治行为一样，遵守和实施潜规则会伤害他人的利益，从而导致负面情绪的产生。与此同时，当自身利益受到其他成员实施潜规则的威胁或损害时，也会产生不良情绪，如愤怒、嫉妒、焦虑、不安等。而应对和控制负面情绪显然会加速资源的损耗（Diestel & Schmidt，2012）。最后，当个体面对其他成员因遵循潜规则而带来的丰厚利益时，也面临着潜规则的诱惑，个体需要调配一些高级的心理机能（如自我控制）来抵抗遵守潜规则带来的利益的诱惑，并且在是否遵守和实施潜规则之间做出选择，这种高级的心理机能调用会加速自控资源的消耗。综上所述，本部分研究认为工作场所潜规则对员工资源损耗有正向影响。

自我损耗理论认为资源损耗会引发个体的自我衰竭，从而会引发

个体情绪、认知和行为等方面的不良反应（詹望、任俊，2012）。道德判断和道德行为都需要个体运用自我控制克服短期利益的诱惑，当个体处于损耗状态时容易做出不道德判断和不道德行为（董蕊、倪士光，2017）。现有的研究也已经证明了自控资源的损耗和非伦理行为之间的正向关系（Diestel & Schmidt，2012；Welsh & Ordonez，2014；董蕊、倪士光，2017）。此外，现有的研究也证实了愤怒、敌意等消极情绪非伦理决策和行为的正向预测作用（Schweitzer & Gibson，2008；李志成等，2018；Motro et al.，2018）。因此可以提出如下假设：

假设8a：资源损耗在工作场所潜规则与组织指向的非伦理行为之间起中介作用；

假设8b：资源损耗在工作场所潜规则与人际指向的非伦理行为之间起中介作用。

### 三　非伦理动机的中介作用

动机的产生是内外因素共同作用的结果，如果说工作价值观属于引发动机的内部因素，那么工作场所潜规则则属于动机产生的外部因素。按照前述分析，工作场所非伦理行为的动机性因素可以被划分为受情绪驱动的情绪性动机和受工具性认知驱动的工具性动机。由于潜规则本身被视为在某些情况下按此规则行事给行为主体带来的利益远大于按正式规则行事的不成文的规定（马洁，2010）。因此，潜规则本身可能成为员工达成个人目标的手段和策略选择，对工作场所潜规则的感知可能会诱发员工工具性非伦理动机，驱使员工采取非伦理行为达成个人目标。此外，对于那些利用潜规则谋利的员工而言，其可能因为伤害他人的利益，从而产生负面情绪。相反，当员工觉察到自身利益受到工作场所潜规则的威胁或损害时，也会产生愤怒、不安等

第九章　工作价值观、工作场所潜规则对新生代员工工作场所非伦理行为的影响：一个理论框架

不良情绪。因此工作场所潜规则亦有可能诱发员工情绪性非伦理动机从而产生非伦理行为。因此，不难假设：

假设9a：非伦理动机在工作场所潜规则与组织指向的非伦理行为之间起中介作用；

假设9b：非伦理动机在工作场所潜规则与人际指向的非伦理行为之间起中介作用。

**四　工作价值观的调节作用**

社会认知理论强调个体通过对环境刺激和行为的选择来显示其主张，认为信念影响着思维过程、动机水平、坚持性和情绪状态等所有影响成功操作的因素（陈礼林等，2012）。工作价值观作为工作中的行为和事件对于个体的价值、重要性和希冀程度的表征，是对待工作的深层次的信念力量，在从工作场所潜规则到非伦理行为的过程中，工作价值观对个体的感受归因、态度形成和行为决定都发挥着重要的作用。

压力交互作用理论表明，压力的产生是外部环境与个体评估交互作用的结果。① 工作场所潜规则是客观存在的工作环境氛围，是典型的"环境"变量，而工作价值观代表人们对工作价值、重要性和意义的看法，其往往因人而异，是典型的"个体"变量。尽管工作场所潜规则作为组织中潜在的消极压力源，对员工的态度和行为可能造成诸多负面影响，但拥有积极工作价值观的个体可能更有能力改善这一不利影响。具体而言，可用压力交互理论的两次评价过程来分析：在第一次评价中，个体评估所面临的工作场所潜规则对自己的重要性，持

---

① 转引自陈礼林、杨东涛、秦晓蕾《国有企业员工组织政治知觉与自愿离职——工作价值观的调节作用》，《华东经济管理》2012年第6期。

有积极工作价值观的个体可能会减少工作场所潜规则对工作产出和收益重要性的判断，提高归因的客观程度，做出相对积极的归因。在第二次评价中，个体考察的是自己应对工作场所潜规则的资源，积极的工作价值观可提升个体的心理能量，从而能够对潜规则作用下的消极行为进行有效的自主控制。因此，从社会认知理论和压力交互理论出发，可大致推演出工作价值观在工作场所潜规则到工作场所非伦理行为过程中的调节效应，但调节变量的作用方向则与工作价值观的具体类型有关。

此外，尽管目前尚无直接验证这一调节效应的实证文献，但一些相关实证研究结果可为本书提供参照和类比。如萧（Siu，2003）的研究表明工作价值观是工作压力和业绩之间的关系中重要的调节变量。张一弛等（2005）则发现了员工价值观在程序公平等环境—结构变量与员工离职倾向之间具有显著的调节作用。陈礼林等（2012）发现员工的社会型工作价值观对组织政治知觉与自愿离职之间的关系具有显著的调节效应，当社会型工作价值观处于高位时，组织政治知觉对自愿离职的影响显著减弱。万希等（2016）检验了员工传统性[①]在组织政治知觉与反生产工作行为正向关系间的负向调节作用。基于上述分析，根据前述对新生代员工工作价值观的类型划分及性质分析，本书认为：

假设10a：新生代员工功利导向型价值观对工作场所潜规则与非伦理行为之间的关系具有正向调节作用。当功利导向型价值观处于高

---

[①] 传统性被认为是最能体现中国人性格与价值观取向的概念之一，其代表了个人对中华民族传统价值观念的认可（吴隆增等，2009），是指传统中国社会中，个人通常所具有的一套有组织的认知态度、思想观念、价值取向、气质特征及行为意愿（杨国枢等，2008）。尽管传统性不等同于工作价值观，但其已有价值观的内容和成分，因此可供参考借鉴。

第九章　工作价值观、工作场所潜规则对新生代员工工作场所非伦理行为的影响：一个理论框架

位时，工作场所潜规则对非伦理行为的影响比功利导向型工作价值观处于低位时明显增强。

研究假设10b：新生代员工内在偏好型价值观对工作场所潜规则与非伦理行为之间的关系具有负向调节作用。当内在偏好型价值观处于高位时，工作场所潜规则对非伦理行为的影响比内在偏好型工作价值观处于低位时明显减弱。

研究假设10c：新生代员工人际和谐型价值观对工作场所潜规则与非伦理行为之间的关系具有正向调节作用。当人际和谐型价值观处于高位时，工作场所潜规则对非伦理行为的影响比功利导向型工作价值观处于低位时明显增强。

研究假设10d：新生代员工创新导向型价值观对工作场所潜规则与非伦理行为之间的关系具有负向调节作用。当创新导向型价值观处于高位时，工作场所潜规则对非伦理行为的影响比创新导向型工作价值观处于低位时明显减弱。

研究假设10e：新生代员工长期发展型价值观对工作场所潜规则与非伦理行为之间的关系具有负向调节作用。当长期发展型价值观处于高位时，工作场所潜规则对非伦理行为的影响比长期发展型工作价值观处于低位时明显减弱。

## 第五节　总体框架与研究展望

本部分可得到如图9-1所示的总体理论框架。该框架重点关注两条作用路径：一是工作场所潜规则可能对新生代员工工作场所非伦理行为存在直接影响，其中非伦理动机和资源损耗可能起部分中介作用，新生代员工的工作价值观则可能在工作场所潜规则与非伦理行为

之间起调节作用；二是新生代员工的工作价值观可能对工作场所非伦理行为存在直接影响，而非伦理动机可能在其中起部分中介作用。该理论框架的贡献在于，一是将有中国特色的工作场所潜规则概念引入非伦理行为的前因变量的研究之中，拓展了基于西方文化的工作场所非伦理行为研究的范畴；二是在研究新生代员工工作场所非伦理行为的时候，将其独特的工作价值观考虑在内，尝试探寻新生代员工的独特工作价值观对工作场所非伦理行为的直接影响，以及其在潜规则与工作场所非伦理行为之间的边界作用；三是突破单纯的哲学层面对伦理动机的理论思考，将非伦理动机细化为工具性动机和情绪性动机，探讨其在工作价值观、潜规则与工作场所非伦理行为之间可能的中介机制。

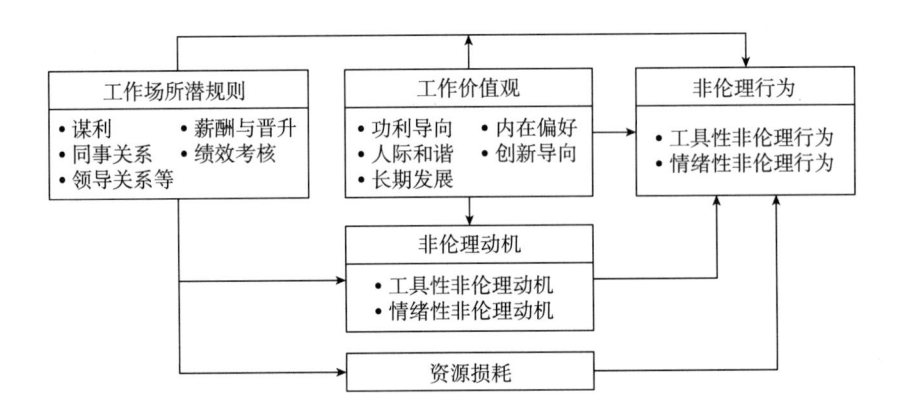

图 9-1 工作场所潜规则、工作价值观对工作场所非伦理行为的影响机制理论框架

此外，需要强调的是工作价值观在该框架中既是工作场所非伦理行为的直接原因变量，也是工作场所潜规则和工作场所非伦理行为之间的调节变量。虽然普里彻等（Preacher et al., 2007）曾经指出，因

子（因变量）的因果前因（自变量）可以同时作为调节者来调节因子与另一因子（第三变量）之间的关系。也有研究曾将伦理领导视为工作场所嫉妒的前因变量的同时，将其作为调节工作场所嫉妒与组织公民行为的调节变量（Jensen, Cole & Rubin, 2019）。但能否将工作价值观作为工作场所非伦理行为的前因变量的同时，将其视为工作场所潜规则和非伦理行为之间的调节变量？按照目前有关调节变量的论断，其可能需要与因变量保持较低的相关关系，才能被视为调节变量。因此传统的回归、结构方程模型等统计分析方法在处理这类情况时可能会比较棘手。为此，我们可能首先需要借助日益流行的社会研究中的模糊定性分析方法（fsQCA）来处理这一问题，将工作场所潜规则、工作价值观、非伦理动机和资源损耗视为条件组态，探讨不同组态下工作场所非伦理行为的发生情况。当然，若实证研究表明工作价值观本身与非伦理行为之间仅存在较低的相关性，那么我们则可以进一步采用纵向追踪调查对工作场所潜规则、工作价值观对非伦理行为的作用机制进行实证研究，证实、证伪或者修正理论模型。

本框架更多地考虑了工作场所潜规则、工作价值观和非伦理行为之间的中介机制，从理论上剖析了非伦理动机和资源损耗可能起到的中介作用。这提示了组织管理者可以从动机层面阻断非伦理行为的产生，亦可通过尽快使个体恢复损耗的自控资源或向员工提供支持来减少非伦理行为的发生。但该框架对调节机制，即边界条件的考虑还不够，仅仅考虑了工作价值观的可能影响，是否还存在诸如传统性、组织认同、领导成员交换、组织支持等其他调节工作场所潜规则、工作价值观与非伦理行为之间关系的因素，还有待今后进一步的理论和实证研究的探讨。

# 第四篇

## 企业员工工作场所非伦理行为的防治

# 第十章　激发工作场所中的伦理动机

对于管理者而言真正的挑战在于决定如何才能使他的公司有效率和有效果地实现它的目标。但与此同时，这项任务可能会以不符合伦理道德的方式完成。换言之，高管可以在组织的伦理健康或不健康上起着或大或小的作用，同样，也能对组织中参与实现组织愿景及受组织行为影响的员工个人的人性繁荣出力或者不出力。因此，"如果组织成员由于归属于某企业而成为一个自私的，自大的人，或者成为一个骗子的话，我们可以说这是个不健康的组织；而不健康的组织将损坏或恶化组织成员的人文素质或者损坏或恶化此组织服务的人群的人文素质"（Bañón et al., 2012）。

对于一些研究者而言，正确管理他人工作，成功引导公司财务业绩的关键在于管理者如何理解他的雇员（Pfeffer & Veiga, 1999），其中最为重要的又在于理解哪些因素激励着雇员。为此，引发了研究者们对工作场所动机问题的积极探讨，这也使得动机成为现代组织研究关注的重要问题之一（Ambrose & Kulik, 1999），研究者们提出了许多至今仍存在影响的动机理论，如马斯洛的需要层次理论，麦克利兰的成就动机理论等。

但遗憾的是，在流行的雇员动机和需要的分类中似乎都甚少提及动机的伦理维度。这种有意无意的忽略似乎显得有违常理，事实上人们的生命中有道德、伦理、精神维度，这些因素可能会影响到个人的工作及工作场所繁荣（Dukerich et al.，2000；King，2006；Argandoña，2011）。一些研究者曾明确指出，当雇员"对有关工作意义的意识已经成熟，能发展出自己的才能时，他们在工作场所中会更有效率"（Fagley & Adler，2012），并且比起那些缺乏精神契合的地方，他们会视他们的组织为最佳工作场所（Mitroff & Denton，1999）。时至今日也有越来越多的文献主张以伦理和道德原则引导人类的生活（Mitroff & Denton，1999；Folger & Salvador，2008；Fagley & Adler，2012）。因此，除了进行其他心理和经济方面的激励管理外，管理者应该意识到工作场所中伦理激励的作用。

因此，本部分拟在吉伦、费雷罗和霍夫曼（Guillén，Ferrero & Hoffman，2014）研究的基础上，综合心理学和伦理学的相关研究，在已有的古典动机分类基础上，探讨一个包含伦理动机在内的雇员动机分类，分析工作场所中的伦理动机问题。该研究将有助于为今后的管理者提供一个更好的动机分类理论框架，寻找到更多激励雇员的工作动机，提高管理实践水平，实现工作场所繁荣，培育伦理健全的德性组织。

## 第一节　传统动机与需要理论的分类

尽管多年以来，人们在动机研究上投入了巨大的努力，但始终没有一种激励理论能够获得普遍的认同和接受。20世纪90年代，安布罗斯（Ambrose）和库利克（Kulik）在对动机研究进行了一次详尽的

第十章　激发工作场所中的伦理动机

重温后，指出七个主要的理论，他们称之为"老朋友们"：动机与需求、期望理论、公平理论、目标设置理论、认知评价理论、工作设计和强化理论（1999）。在这些"老朋友"中关于雇员的动机与需求，他们突出强调了四种经典的分类标准：马斯洛的需求层次理论、麦克利兰的成就激励理论、奥尔德弗的"ERG"理论、赫兹伯格的双因素激励理论（1999）。由于本部分主要关注的是那些能引导雇员表现出他们最好能力的动机方面的研究，因此我们将聚焦到上述四种经典的动机理论，而省略其他理论。研究将尝试通过分析满足人类需要的过程来解释动机原理，并说明这些因素是如何鼓励个人行为，管理并保持个体对目标的渴望的，因此，在回顾这些动机理论及其分类标准时，我们将重点专注于分析是哪些因素激励着人们的行动。

首先是马斯洛的需要层次理论。马斯洛从基本或较低层次的需求开始描述动机，即所谓的生理需求：食物、水、安全；再上升到更高的与社交活动有关的需求：尊重、自我实现或不断自我完善。这些动机层级是需求的连续统一体，即一定要在每一个水平上得到相应需求的满足（O'Connor & Yballe，2007）。在马斯洛的需要层次理论中，人类的需求是有限的、可分类的，并且穿越人类文明跨过历史长河仍然不变的，意识到即使随着时间、文化的变换，这些需求都需要得到满足，当这些需求得到满足时，他们将不再是激励因素。

在马斯洛提出需要层次理论后，不同的研究者根据更完善的实证支持提出相似的分类。20世纪60年代初期，大卫·麦克利兰指出有三种造成不同动机的需求类型（成就、权力与归属）。根据他的理论，大多数人具备一种这些需求的混合体：那些对成就具有高需求的人喜欢承担个人责任；那些对权力权威有着支配需求的人渴望影响他人并提高个人地位与声望；那些对友好关系具有高需求的人重视建立牢固的人际关系并归属于团体或者组织。因此，这三种动机并不像马斯洛所说的那样一定遵循连续顺序。

1969年，克雷顿·奥尔德弗发表了他的三需求理论——生存的需求、相互关系的需求和成长发展的需求（ERG）。他认为，人们可以同时追求这几种需求。奥尔德弗的ERG理论和麦克利兰的理论通过允许需求间更加灵活的变动，从而改进了马斯洛需求层次理论。

另一个关于人类动机的重要代表性理论是赫兹伯格的双因素理论，其区分了外在因素和内在因素。前者指因为能得到一个清晰的结果和预期的外部收获而做某事，后者则指因为事情本身有趣令人愉快并能得到内在奖赏而做某事。此后，动机的内在与外在两种类型得到了广泛的研究，研究者们认为区分这两种动机，可在两者的发展与教育实践中起着重要的作用（Ambrose & Kulik 1999）。

而最近提出的一个新的动机理论是瑞安和迪西（Ryan & Deci, 2000）的自我决定理论（SDT）。其认为自我决定不仅是个体的一种能力，而且是个体的一种需要。人们具有一种基本的内在的自我决定的倾向性，这种倾向性引导人们从事感兴趣的、有益于能力发展的活动，从而实现与社会环境的灵活适应。自我决定理论关注人类行为在多大程度上是自愿的或自我决定的，强调自我在动机过程中的能动作用，重视个体的主动性与社会情境之间的辩证关系。瑞安和迪西（2000）在该理论中再次回顾了动机的内在因素与外在因素之间的区别，以更好地理解它的发展。他们指出三种基本先天心理需求的存在——能力（有效的自我感知、获得成功的相关技能）；自主（一种内在的对因果的感知、自主行为）；关系（一种归属感和与他人相关联的感觉）。其中，第一、第二种动机属于内在动机，第三种属于外在动机。瑞安和迪西（2000）指出这些需求的满足是心理幸福感和成就动机的首要因素，也是外部动机内化的关键，决定了个体的行为目标的指向和持续性。

为了阐明并统一这些传统的雇员动机与需求分类，我们将它们全部整合到一张表中（见表10-1）。

表10-1　　　　　　　对雇员动机和需求的经典分类

|  | 外部动机 | 内部动机 |
| --- | --- | --- |
| 较高级需求 | 关系：接收到外部的好处<br>自尊和社会的需要（马斯洛）<br>依赖（麦克利兰）<br>再认识和关联（奥尔德弗）<br>关系（瑞安、迪西） | 满意：从自身内部获得好处<br>自我实现（马斯洛）<br>自主（瑞安、迪西） |
| 较低级需求 | 支持：接收到外部的好处<br>安全和心理需要（马斯洛）<br>权力（麦克利兰）<br>存在（奥尔德弗） | 成就：从自身内部获得好处<br>成长（奥尔德弗）<br>成就（麦克利兰）<br>能力（瑞安、迪西） |

表10-1的列按照赫兹伯格的分类方式区分了外在和内在动机，表格的行则根据马斯洛理论呈现出高低不同程度的需求。外在动机指外部收益、效用或利益。我们称这些外在需求中的低级别需求目标为支持动机，表示那些适用于诸如安全、权力等生存和生理需求的实用目的动机；关系则指高级别的需求目标，如尊重、归属、承认、社会需要等。

另外，当代理人在做某件能使他感到愉快与满足的事时，这些能被接受的内部标准就被称为内在动机。当动机能激励代理人学习、改进他的技能，从而获得能力时，我们称之为成就，当代理人取得成功或因为成就产生满足感时，我们称之为满意。

综合分析表10-1的内容可以发现,这些经典的动机分类之间有着很强的一致性。另外,这个总结也表明先前的研究者们并没有多大兴趣去了解动机中的"伦理道德内容"。

阿马比尔等(Amabile et al.,1994)在回顾了心理学理论是如何解释人的行为后,得出一个结论:这些理论只涉及外在与内在动力。前者包括财富、赞誉、竞争与他人的命令,后者包括挑战、享受、自我提高、爱好与自我决定。安布罗斯与库利克在他们的评论中总结到,"研究在继续完善模型,并提出调节和边界条件,但基本宗旨一直未发生变化"(Ambrose & Kulik,1999,p. 278)。因此,只能遗憾地说最具影响力的动机经典理论和分类方法所描述的雇员动机包含了有限的伦理假设,也就是说,人类行为在本质上是与道德无关的。

但库恩和密特(Coon & Mitterer,2012)也曾指出,马斯洛所描述的自我实现是一种中间需求,可以被理解为一种充分发挥个人潜力的倾向,其中可能包含被理解为公平的正义。尽管这具有人道主义色彩,甚至是马斯洛研究工作中神秘的心灵景观(Mitroff & Denton,1999),但看起来自我实现并不能被完全理解为道德概念。正如梅莱(Melé,2003)所指,"自我实现有两种含义:发展个人特质,无论它是什么;发展每个人最高尚的潜力。前者只是心理学观念,而后者是有关品行的道德观念。不幸的是,马斯洛作为心理学家只关注每个人特质的发展,而没有考虑到伦理道德方面的发展"。

为了更公允地讨论这个问题,我们应该承认马斯洛是愿意接受道德观念的,尽管他不可能在他的早期著作中强调这一点。但事实上,马斯洛在其晚期的作品上,将人类需求金字塔扩充到包含类似于成就与满足、认知和审美需求和自我超越需要,更多与道德、精神维度相关。然而,不幸的是,马斯洛分类法的扩展版本并未得到普及甚至没有被广泛地使用在教材中（Coon & Mitterer，2012）。可能也正是部分因为上述原因，人类发展的伦理道德方面一直在大多数人类动机研究中缺席。

此外，从表10-1可见，表中提及的这些涉及接受帮助、关系的需要、获取成就和满足感的需要，大多是以人类的自我中心为出发点的。即按照动机的这种分类方法，似乎推断出人类行为主要是建立在利己动机而不是其他类型的收益上的。如果是这样的话，对于那些现实中专注于帮助他人与服务他人的行为该如何解释？如果这些行为总是自私的，那就意味着，人们总是在寻找能让他们有满足感的事。或者，举个简单的例子，向那些受自然灾害影响的人们进行捐赠，捐赠者总是期待着回报。然而事实上人们是愿意无偿地帮助他人的。

正如佛格和萨尔瓦多（Folger & Salvador，2008）解释的那样，他们之所以帮助别人因为他们能够移情、同情他人，能把自己放到与他人相同的位置，产生共鸣，感受到他人的痛苦，并且希望减轻这种痛苦。然而，诸如合作、帮助或服务他人的这些行为总是被利己主义的观点解释为是在满足个人的自我满足感，而非真正地对他人的无私奉献。即使这种利己主义假设受到了某些管理学与组织文化的强烈批评（Azevedo & Akdere，2011），但它始终占据着主导地位。也正因为如此，经典的动机理论及其分类做出了一个隐含的伦理假设，即人类行为首先是利己的。

当然，我们并不能武断地说每个早期动机的动机理论都遗漏了人类行为中的"付出"动机。例如，莱尔施（Lersch，1938）曾将自我超越描述为塑造人类的一组动机之一，驱动人类从婴儿期发展到成人期，驱动人类为团体合作而奋斗、创造创新或关爱他人的行为。其在几年后称有两种明确的现象因为人类而存在：自我分离能力与自我超越能力。奥尔波特（Allport，1961）持相似的观点，认为那些具有前瞻性和目的性的人，他们的个性更偏重于制作的过程而不是完成一个成品。正如我们前面提及的，在马斯洛晚期不那么著名的工作中，其也介绍了自我超越的"第八"需求。不过，显而易见的是，以利己主义为出发点的动机理论今天仍存在于大多数组织行为和企业管理的教材中，并且可能还将继续保持下去。

然而，正如戈沙尔（Ghoshal，2005）所言，"如果常识与经验证明都显示着相反的观点，为什么像纯粹的利己主义这样的悲观模型依然主导着与管理相关的理论？"正是在利己主义的主导下，工作场所的人类行为被简化为一种独特的寻求个人利益的行为，似乎从某种意义上而言，仅仅有利己动机就足以解释人类行为，或者其是比其他价值观念更重要的人性假设。显然，这个导向是不恰当的。社会关注、他人导向动机和利己动机一样都只是基础或基本的出发点（Folger & Salvador，2008；Grant，2012；Grant & Berg，2012；Grant & Dutton，2012）。

正是因为上述经典的动机理论和分类体系缺乏对伦理和付出维度的关注，限制了人们对工作场所动机的理解，也与现实工作场所的情形存在出入，研究随后将对这一动机分类体系加以适当改进，一方面要在动机中明确包含人类的"伦理"维度，另一方面要明确考虑"付出"维度。

## 第二节　包含伦理动机与付出动机的动机分类

人类行为是有理由的行动，如动机或者目的。很多时候人们寻找正义、廉正、仁慈或者善良，他们不仅仅关注自我所得还关注他人和社会。因此，道德目标或动机与付出动机一样都应该是人类动机的一部分。并且，工作场所日益增加的证据，尤其是有关企业社会责任的不少研究也显示伦理道德和习惯与企业绩效有着重大联系（Melé，2003；Folger & Salvador，2008）。事实上，尽管这些动机曾在早期动机分类法中缺席，但在当今很多现代动机理论中都涉及了道德判断和社会利益。

在过去的几十年里，为了提供整合的动机模型，不同的综合性动机研究方法在不断发展，并且它们大多数明确地将正义和社会行为作为动机的组成部分。莱瑟姆和平德（Latham & Pinder，2005）对自1977年心理学年鉴第一次辟出专章研究动机问题以来，直到21世纪的动机研究进行了述评，指出在过去的30年里产生了三个最重要的研究动机的方法：目标设置法、社会认知和组织正义理论。可见公平正义，作为道德方面的一个动机，被视为人类行为的一个原因。有关工作场所公平偏好的不少研究也证明了雇员对公平的关注会影响到其工作绩效（Nickerson & Zenger，2008；Bartling & von Siemens，2010；Card，2010），如关心收入不公平的人们倾向于进行有条件的合作而不考虑效率，效率关注被公平关注所主导（Levati，2007）。其他的动机理论（如，自我效能、道德脱离）被直接应用到解释为何个体会从事不道德行为或为什么未能参与伦理道德行为（Bandura et al.，1996；Mitchell & Palmer，2010）。

另外，关于付出动机，也有不少研究证明了社会因素在激励人的行为中起着重要作用。佩雷兹洛佩斯（PérezLópez，1993）曾指出人类同时具有自利（外在与内在动机）和利他动机（超越动机）。德瓦尔（De Waal，2008）介绍了心理学年鉴其中一章关于利他动机的相关研究，同时还展示了对利己方面动机的不完全理解。脑神经经济学在尝试从神经决策机制上对人类的经济动机和心理动机做出统一的解释时（叶航，2007），亦发现了利他心理偏好形成的神经机制（Fehr & Fischbacher, 2003; Tankersley, Stowe & Huettel, 2007; 李佳等，2012）。格朗（Grant）通过对社会动机的调查研究，阐明了雇员在何时、为何、如何思考和感受，并指出人们的行为常常受关注和满足他人利益的驱动，以此来解释除自利外的个人与组织行为的潜在动机（Grant, 2008, 2011, 2012; Grant & Berg, 2012; Grant & Dutton, 2012）。

从对上述相关研究的介绍可见，动机与需求的经典分类法不足以说明工作场所动机的全貌，因为他们缺乏对伦理道德、社会因素的详细考虑。随后，我们将考虑综合上述经典动机理论，并将明确包含了"伦理"与"付出"动机的更精确的人类动机需求分类涵盖在内，提出更具现实意义的动机分类框架。

亚里士多德在25个世纪前所写关于善缘的区别，或许能帮助我们重新思考人类行为的动机分类。他在解释不同的友谊时，区分了三种善缘作为人际关系中的目标或目的追求。"如果我们先了解到爱的对象，那么这些友谊的类型可能会更清晰。似乎并不是所有的一切都能被爱，但只要是可爱的都是善的令人愉快的或者有用的"（亚里士多德著，邓安庆译，2010）。因此根据亚里士多德的传统解释，有三种善缘：一种是为别的"有益的善事"而打算；另外两种是为自己打算。后两者分别是令人愉快的善行和道德善行。

再回到表10-1的经典需求分类，在低级别需求中包括马斯洛描述的安全需求与基本生理需求，奥尔德弗描述的生存需求，麦克利兰描述的权力需求与成就需求，瑞安和迪西描述的能力需求，它们都符合亚里士多德观念中的善缘。人类对于这些善缘的存在需要实际的理由，为了获得其他美德，为了寻找其他美德，并且不是为他们自己寻找，例如空气、食物、水、温暖、住所、睡眠和钱、工作环境、安全、保护或者法律。这些善既包含了实际需求也包含了有益需求。因此，根据亚里士多德的区分，我们提倡使用"有益需求"或"实际需求"这两个术语来替换马斯洛的低级别需求。

第二种类型的需求，"令人愉悦的需求"，因为它可以不需要任何其他事物的调节就能吸引我们，让我们体验到享受。这些需求和较高的需求相关——尊重与社交人际关系（马斯洛）；赞誉与关联性（奥尔德弗）；依赖（麦克利兰）；关系（Ryan & Deci），也和那些与满足感、自我实现（马斯洛）；成长（奥尔德弗）；自主（Ryan & Deci）有直接关系的需求相关。人们之所以追寻这些令人愉悦的需求，是因为它们本身是好的、有趣的、令人享受的。

和令人愉悦的需求一样，道德需求也是由于它本身的利益而被选择。道德需求由所有教化中正确的有价值的部分组成（McCullough & Snyder, 2001），对人性繁荣与人类品德起着重要作用（Doherty, 1995；Ryff & Singer, 1998），诸如人类美德中的正义、真诚、坦率、诚实与平和。克雷夫特（Kreeft, 1990）在总结了亚里士多德的分类后说，"人决定做某件事只需要三个理由：这件事是符合道德的，实际上是必要的，或者它是有趣的"。

我们认为，如果动机分类想要更加符合人类的真实情况，其需要将伦理道德动机考虑在内。为此，正如最近的研究工作中所提到的（Bandura et al., 1996；Latham & Pinder, 2005；Mitchell & Palmer, 2010），我们将提出一种扩充的动机分类法来包含伦理道德动机。在此，我们重点介绍由吉伦、费雷罗和霍夫曼（2015）提出的两种新的关于道德需求的内在动机与外在动机的子分类。外在道德动机可以被解释为渴望从外界得到道德上的好处。这里，我们不是表示外部精神报酬，而是指当我们履行了道德义务、规范或责任后，所感受到的外部道德善意情感，如正义、诚实或者善良，如：乐意在道德精神上被很好地对待，得到他人的尊敬，受到他人的承认，获得道德上的名誉与赞同。另外，内在的道德动机还可以被解释为渴望在行动时获得一种内在的道德善行，是代理人的内在美。它是一种内在的道德能力或由于践行这些行动而产生的后天特质，或被亚里士多德称为道德美德。这是能使人实现人性繁荣的性格特点，一种自我实现的形式，超越了马斯洛早期狭隘的自我实现（梅莱，2003）。

与此同时，当我们在描述工作场所动机时，除了要明确地考虑道德善缘，同时还要包含那些曾被长期忽略的"付出"动机。正如法尔代塔（Faldetta，2011）解释的那样，当在商业伙伴关系中描述付出的逻辑时，"付出源自于意识到自己（从他人、从社会团体、从整个社会甚至是从上帝）收获了什么，并且意识到自己有不可回避的责任来回应这些馈赠（Arnsperger，2000）"。我们将沿用梅莱（2003）和吉伦、费雷罗和霍夫曼（2015）使用的术语将付出动机标注为"过渡动机"，表示从利己观点转变为利他观点。这将使我们突破利己主义的局限，并考虑个人行为对他人的影响。据此我们可以得到如表10-2所示的新的动机和需求分类框架。

表10-2　　　　　　　对雇员动机和需求的新的分类框架

|  | 外部动机 | 内部动机 | 过渡动机 |
| --- | --- | --- | --- |
| 符合道德的好处 | 尊重：从外部接受到符合道德的好处 | 繁荣：从内部获得符合道德的好处 | 仁慈：将符合道德的好处付出给他人 |
| 令人愉悦的好处 | 关系：从外部接受到令人愉悦的好处 | 满意：从内部获得令人愉悦的好处 | 愉悦：将令人愉悦的好处付出给他人 |
| 有益的好处 | 支持：从外部接受到有益的好处 | 成就：从内部获得有益的好处 | 服务：将有益的好处付出给他人 |

第十章 激发工作场所中的伦理动机

扩充后的工作场所动机分类增加了新的一列——过渡动机,这一列涵盖了三个付出动机。整个表格反映了亚里士多德描述的三种人类美德(有益的、令人愉悦的、符合道德的)与三种佩雷兹洛佩斯(1993)和梅莱(2003)提出的(外在的、内在的、过渡的)动机。接下来我们对表格做一个简单的说明:

从表10-2的最底部开始,第一个新类别是有益的或实用的过渡动机,被解释为对为他人付出有益行为的欲望。这种对帮助他人、对他人有益的渴望,或许能被称为服务:援助、供应、帮助、团结、合作或者协作。这些确实是许多人在很多情况下会有的动机(例如,父母、老师、医生、护士、公共服务人员和其他专业人员)。

只要这些协作、服务或者帮助能够被友好地提供,关键时刻的善行都会是令人愉快的、有益的。因此,我们也将令人愉悦的过渡动机描述为让他人感到愉快的渴望。它是指帮助他人满足他人快乐的需求的一种渴望。这些在帮助行为中得到满足的内在主观需求,与实际客观需求相关联但又有所区别。

最终,当考虑到道德善行时,我们到达更高级别的动机:道德过渡动机。它或许能被描述成为他人付出道德行为的渴望。在亚里士多德的传统解释中,这种动机被称为仁慈,被理解成为他人付出道德善行的渴望。当一位母亲或者父亲在午夜醒来照顾他的孩子时,行为的原因或动机很大的可能既不是个人前途的支撑、关联性或者自尊(外在动机),也不是成就、满足感或者个人美德(内在动机),而是与服务有关,亲切与仁慈(过渡动机)。当父母纠正他们的孩子时,经常也是出于仁慈和个人道德的关心与爱。事实上,这三种也能被解释为三种出于爱的人类动机:来自他人的爱(外在动机)、自爱(内在动机)与爱他人(过渡动机)。

同时，有必要强调表10-2中的一些动词，即在提及外在动机时的"接受"；表示内在动机时的"获得"；描述过渡动机的"付出"。换句话说，外在动机涉及来自外部的事物（接受）；内在动机涉及来自内部的事物（获得）；过渡动机涉及为他人付出的行为（付出）。过渡动机有一个超越个体本身的目的。

虽然所有动机都被认为是有层级顺序的，但它们之间能够互补并且能被同时完成，也就是说它们并不总是按顺序进行的（Deci & Ryan, 1985；MacIntyre, 1985）。事实上，它们能同时在同一个人的同一行为上发生，尽管不同动机所占的比例可能有所不同。比方说，一位管理人员在工厂里为雇员执行一项新的安全计划。他行为的动机可能与外在动机有关，诸如得到优惠的货币补偿（有益或实际的外在动机），赢得更高的社会威望（令人愉快的外在动机），获得作为好人的道德声誉（外在道德动机）。此外，或许也有内在动机比如学习新技术（有益的或实际的内在动机），通过计划的成功实施取得个人的满足感（令人愉快的内在动机），在工作中诚实、勤勉、慷慨（内在的道德动机），努力成为一个正直的、履行职责的好人。如果我们考虑过渡动机，可能会发现这位管理者或许还有其他动机，如为雇员提供一个更安全的工作场所而不是与提高生产效率直接相关（有益的实际的过渡动机），让雇员感到快乐（令人愉快的过渡动机），同时出于仁慈设法为他们改善福利（道德的过渡动机）。人类可以自由决定他们选择的原因，因此不同的动机可能在不同的强度与精度上存在差异。

这个新提出的表格，能更深层次地反映工作场所中人际关系中的心理与道德动机。现有的研究表明，很多雇员把自己定位为拥有社会身份、具有付出与关怀精神的个体（Aquino & Reed, 2002）。事实上，大量进化生物学、脑神经科学、心理学、社会学、政治学与实验经济学方面的研究工作表明：人类行为远不及假设中那么自私（Benkler，2011）。在个体助人行为的研究中发现对接受者的付出行为能够增加给予者对接受者的承诺与义务（Aronson，1999；Flynn & Brockner，2003）。此外，格朗（2008）的一项研究还显示这种给予和支持行为能通过使员工看到自己和组织亲近社会以及关怀政策来增强员工对组织的情感认同。

## 第三节 讨论与启示

本部分在对经典动机理论关于描述雇员动机与需求时的分类进行简单综合的基础上，指出这些经典的动机理论和分类方法实际上暗含了个体自利及与道德无关的假设。显然，这一假设是不符合人类工作场所的实际情况的。因此本部分试图在基于有关改进这些不完全动机模型的尝试中（Folger & Salvador，2008；Guillén，Ferrero & Hoffman，2015），介绍一个包含道德动机和过渡动机或"付出"动机的扩充的工作场所动机分类法。

对伦理道德动机和"付出"动机的探讨，可以更为完整和准确地刻画一般情况下的动机描述，也能更加有效地描绘工作场所的动机问题。在这一框架中，研究者并没有假设人类不会因受自利和与道德无关的因素的驱动而产生动机，因为这显然也是真实存在的，很多时候人们的动机是复杂的，既有利己的动机，也会关注他人和社会，在某些情境下利己动机可能会优先，但有的时候，可能会让步于伦理道德和"付出"动机。因此这一新的动机分类框架并不是对经典框架的否定，相反，其是在经典框架上的拓展，目的是使得其更具现实解释力，更能用于指导管理实践。同时，在考虑与先前经典动机与需求分类相整合时，我们所介绍的这一框架以一种更全面的方式提供了对不同动机研究方法间多样性、相互关系、促进对话的理解。这一扩充后的动机分类框架具体可用于以下领域：

首先，像经典的动机理论一样，这一扩充的动机分类也可以继续发挥教学作用，在课堂上培养学生的反思精神。正如我们前面所提及的，目前大多数的管理学和心理学教材，所介绍的仍然是经典的西方动机分类方法，教师们也甚少提供有关早期雇员动机及其局限性的批判性说明，我国也没有本土的动机理论。对于课程的学习，学生们大多采用的是全盘接受式，甚少提出自己的理念。而若教师能在教授经典动机理论的同时，将西方经典动机理论分类中的自利和与道德无关的狭隘假设提出来供学生反思，借此向学生介绍新的动机分类框架，可能可以引发学生更多的思考，这一思考可能不仅仅局限于动机理论，甚至可以扩展到西方工作场所的其他相关原理。

其次，该分类框架有利于诊断现实中组织的激励制度，发展出更好的薪酬设计机制，同时还可以在制定激励政策时讨论高管道德问题。新框架能充当工作场所中个人动机自我评估的实用工具。每个人能在工作中通过使用该模型轻易地鉴定自己的动机。工作场所是动机（物质、心理和道德伦理）通过行为，将"工作"，甚至是最枯燥的任务，转变为高尚人类活动的实在"场所"。这就需要管理者们一开始就承认雇员不仅用他们的身体、思想还用他们的心、灵魂、创造力、天赋与独特的精神在工作（Karakas，2010）。通过考察某公司在制定政策时是否考虑到员工的道德伦理动机的激发，也有助于判断政策制定者是否可以称得上是伦理领导，该组织的伦理氛围或组织德性如何。

最后，强调动机中的伦理道德和"付出"有助于培养工作场所的人性繁荣和良好的组织文化。这与我国传统文化对德行的倡导是非常一致的,儒家认为,"德"包括忠、孝、仁、义、温良、恭敬、谦让等,中国不少企业也十分重视员工的道德问题。通过重视工作场所中的伦理动机,为员工提供一种更深的工作感受、意义和目的能使工人表现得更好、有更多产出并在工作中更具创造性(Karakas,2010)。因此,认同伦理道德包括付出动机是工作场所的驱动力,将促进组织中的人性繁荣,培育更好的人际关系,引导更具伦理道德的文化(Cavanagh & Bandsuch,2002;Weaver & Agle,2002)。

此外,本部分仅仅从理论上分析介绍了涵盖了伦理动机的动机分类,为了更好地理解工作中的伦理动机,理解其与其他动机之间的关系,以及它们在工作场所对雇员绩效的影响,仍需要进行大量实证与交叉研究,这样才能更好地指导雇员行为,进行管理实践。而要进行实证研究,首先要解决的问题是需要用一种更综合全面的方式来测量工作场所中的不同动机维度。这就需要为工作中的每个行为动机提供简短的操作性定义,当然,这将是个复杂任务。同时,我们还需要考虑动机分类对不同行业的适用性,比方说,"付出"动机可能在某些行业,如护理行业、公共服务领域会更加突出,这些行业可能与制造业之间存在根本的区别。

总而言之,当意识到工作场所中不仅有金钱,还有关怀、尊重、伦理道德等影响员工的行为与表现的行为动机时,已经算取得了一个小小的进步,当然还存在很多问题需要研究、解答。这不仅需要研究者们的努力,更加需要实务工作者的积极参与。组织应该认识、遵循这些伦理道德财富并在工作场所中运用它们,以更好地促进雇员与管理者的人性繁荣。

# 第十一章 发挥伦理氛围的力量

一些用以描述组织中个体伦理决策的模型表明组织环境对伦理决策有着关键的作用（Bommer et al., 1987; Treviño, 1986; Jones, 1991）。在这些影响伦理行为的组织环境因素中一个十分重要的因素就是组织的氛围。所谓组织氛围是指"在某种环境中员工对一些事件、活动和程序以及那些可能会受到奖励、支持和期望的行为的认识"（Schneider & Rentsch, 1988）。由于组织中职位和工作小组各种各样，并且随后会产生不同的雇佣经历，对组织氛围的感知在公司中也是不同的（Victor & Cullen, 1988）。此外，人们也可以对氛围进行分类，包括伦理氛围（Schneider, 1975）。

由于组织伦理氛围对多种与工作相关的产出存在影响，其亦可能在组织和员工的幸福中起着重要作用。非伦理的氛围会导致诸如损害他人财产、怠工、暴力、欺凌以及与工作相关的伤害等工作场所偏差行为，这些都会对组织中的个人造成伤害。此外，非伦理的工作场所氛围会导致角色压力或者欺骗撒谎等行为，这些会导致压力，最终导致破坏性的痛苦。这些痛苦具有行为上的（如酗酒、药物滥用）、心理上的（如睡眠障碍、抑郁）和医学上的（如心脏病、中风、胃溃疡)(Quike & Quike,1984)表征。

组织和员工伦理行为的改善不仅与组织的规章制度、教育培训、企业文化的建设有着密切的关系,也与组织是否存在塑造、支持与鼓励伦理行为的组织气氛密切相关。组织伦理气氛的塑造不仅有利于诱发与改善员工的伦理行为,提高员工的组织承诺和工作满意感,而且可以提高组织绩效,进而推动组织的可持续发展。作为解决组织伦理问题的有效途径之一,近年来组织伦理气氛的理论与实践研究逐渐受到重视。

## 第一节 伦理氛围的概念源起

组织伦理气氛的概念最早是由墨菲等在1981年提出,他们认为组织伦理气氛是影响员工伦理行为的重要因素。在特雷维尼奥(1986)的伦理行为决策模型中,组织伦理气氛是影响员工伦理行为的首要因素,他认为员工伦理行为与组织伦理环境密切相关,而组织伦理气氛则是组织伦理环境的体现。维克多和卡伦(1988)认为,如果将伦理的理念纳入组织管理实践中,有助于形成组织伦理气氛,并认为组织伦理气氛是员工对组织伦理程序与政策所共同持有的一种稳定的认知与行为意向。温布什和谢泼德(Wimbush & Shepard, 1994)认为,组织伦理气氛是员工如何看待与解决两难伦理问题的知觉,它不是情感或态度,而是全体员工共同体验和分享的知觉,是组织及其成员伦理行为决策的重要依据。从道德角度来看,它属于伦理行为的规范结构。福尔肯伯格(Falkenberg, 1995)也认为组织伦理气氛是一种解决组织及个人伦理问题的非正式的系统,其影响力有时比正式伦理准则与规范系统更大。马洛伊和阿加瓦尔(2002)认为,组织伦理气氛是组织成员对组织中什么是符合伦理行为的心理知觉结构，它使员工了解组织的共同价值观与目标，以及在此价值观与目标的背景下，哪些行为是符合伦理的，哪些行为则是不被允许的，伦理问题出现后应该如何处理和解决，谁应该负责任等问题的共同认知。王雁飞、朱瑜（2006）总结以上研究发现这些研究者关于组织伦理气氛定义的内涵具有较大的相似性。其认为，组织伦理气氛是组织气氛中的一个重要维度，它是指组织内部成员对于什么是符合伦理的行为，如何解决伦理困境或问题的共同体验和认知，这种认知会影响个体对待伦理问题的态度、信念、动机和行为倾向，最终影响到员工和整个组织的伦理行为。组织伦理气氛可以帮助组织成员辨别什么是符合伦理的行为，在伦理困境面前正确的行为是什么，也可以帮助管理者了解组织伦理的现状，有助于管理者制定适当的伦理规则来管理组织成员的伦理行为，帮助管理者塑造特定类型的组织伦理气氛。根据这一定义，组织伦理气氛是否形成要看组织成员是否对于组织内部伦理特性形成一致性的认知，而组织伦理气氛的塑造则是要找出影响组织成员伦理认知的因素并加以强化，进而达到优化与改善个人与组织的伦理行为的目的。[①]

## 第二节　培育组织伦理氛围

正如本书第二章第一节有关伦理氛围的影响研究概述所示，伦理氛围在组织成员的福利方面起着十分重要的作用。通过培育更为伦理

---

[①] 转引自王雁飞、朱瑜《组织伦理气氛的理论与研究》，《心理科学进展》2006年第2期。

第十一章　发挥伦理氛围的力量

的氛围，可以获得积极的与工作相关的产出，最终改进客观、主观、心理上的以及社会福利。然而，当组织的氛围被视为非伦理时，成员与工作相关的产出可能会受到负面影响，这转而又会对个人的福利产生严重的负向影响。值得庆幸的是，伦理氛围可能是管理者最可以加以管理以影响组织中的伦理行为的因素（Schwepker, Ferrell & Ingram, 1997）。管理者可以尝试按照以下步骤，采取以下措施改进组织的伦理氛围，进而改进员工的福利。

## 一　评估伦理氛围

第一步即要评估公司伦理氛围的现状。这样做可以让组织弄清目前组织伦理氛围的长处和"短板"所在，弄清哪些是需要注意的地方。至少可以采用这两种广泛使用的工具来评估员工的伦理氛围感知：维克多和卡伦（1988）开发的26个题项的伦理氛围问卷，该问卷可以从五个维度测评员工对组织伦理氛围的感知；另一个常见的工具是一个由7个项目组成的伦理氛围调查问卷，用以测量伦理制度的存在和执行情况、公司在伦理上的政策和高管与伦理相关的行为（Schwepker, Ferrell & Ingram, 1997）。对组织伦理氛围的评估应定期进行，这样就可以在需要的时候采取行动以确保健康的伦理氛围。

尽管我们知道改进组织的伦理氛围可以增加雇员的福利，但是若能明确氛围中的哪些维度对不同类型的福利有更大的影响那就更能有所助益了。比方说，通过伦理制度、伦理政策和惩罚措施获得强结构化的伦理氛围是否会减少雇员对可预见的伦理行为的模糊性从而产生较少的生理压力？可能一个强的有同情心的伦理氛围会对组织成员的主观幸福感产生更大的影响。从他人对自己关心中获得的社会满意度更可能强化个体对生活满意度的感知。

## 二 设置伦理参数

一般而言，我们可以采取一些行动来培育或改进某个公司的伦理氛围。这些可以通过对组织伦理氛围的评估结果的分析获得相应的指导。首先，组织必须确立对伦理行为的清晰预期。实现这一目标最基本的机制是建立伦理准则、与伦理行为有关的政策以及公司的惩戒制度。组织必须要建立起能包含对组织成员具备的伦理价值和行为提出要求的伦理制度和清楚地指出希望成员实施的行为的伦理政策。伦理资源中心，一个私人的非营利组织，提供了有效的建立伦理制度的指导方针。伦理政策的提出必须要基于道德法则、法律和行业标准。同时，为了使得其行之有效，准则和政策必须要以口头和书面形式成功地传达给组织成员，为他们所理解，成为员工工作知识中活跃的一部分（Hegarty & Sims, 1979; Weeks & Nantel, 1992）。这可以部分通过组织的社会化过程实现，在这一过程中，成员获得有效完成组织任务所必需的组织价值、工作技能、社会知识、态度和预期的行为。另外，个体还可以通过在组织中体验或讨论公司的制度和政策来实现，随着时间的推移其可能内化这些制度和政策（Schweper & Hartline, 2005）。此外，训练也是完成个体在组织中的社会化的重要工具。

制度和政策必须强制执行。实际的惩罚甚至是惩罚的威胁都会通过影响个体对可能的后果或者这些后果的合意性的感知间接影响其是否要伦理的行为的决定。换言之，如果一个员工相信他将会因为实施某个非伦理的行动而受到惩罚，那么这个员工则更少可能会做出非伦理的行动。然而，惩罚的缺失则会提供非伦理行为的机会。大多数公司将伦理行为视为常态，因此并不会费尽心思地奖励这一行为。然而，重要的是，我们必须确保非伦理行为不会得到奖励。比方说，让某个雇员侥幸逃脱虚报账户的惩罚事实上就是对其非伦理行为的奖励。惩罚甚至是消除"坏苹果"十分重要，因为他们的行为将会显著地影响组织中其他人的行为（Ferrell & Gresham，1985）。

尽管如此，正如前面所建议的，改进伦理氛围的结构维度也可能会划分出界限，因而会减少那些清楚地希望实施伦理行为的个体的压力，但会增加那些本身有非伦理倾向的个体的压力。当他们试图适当地绕开惩罚行为时，这些个体可能会感受到来自这些参数的压力。当然，这并不是坏事，因为这样的压力可能会使这些个体离开组织，从而从整体上改进伦理氛围。

为了促进对伦理制度和政策的强制实施，一种有效的方式是设置通报和矫正伦理行为的机制。理想的情况是，这一机制可以帮助建立起一些类型的伦理"热线"使得雇员可以就暴行等提供匿名的反馈，然后有专人将负责审查这些事件。雇员应能够确保在举报非伦理违规时是舒心的，否则他们的福利就会受到负面影响。比方说，如果个体担心他举报他人的话会被泄露，这会使得其承受极大的压力从而产生诸如失眠、头疼和恶心等问题。此外，该员工还会担心被排斥，或者更糟糕的已经被排斥了，从而导致心理和社会福利的减少。

### 三　实现伦理匹配

确立了组织的伦理基础以后，下一步就是要确保组织所信奉的伦理价值观和其成员所信奉的伦理价值观的匹配性。正如前面所提到的，良好的伦理匹配导致更少的角色冲突（Schwepker, Ferrell & Ingram，1997）。这可以减少工作压力，进而改进福利。共享的个人—组织价值观直接与积极的工作态度有关（Posner, Kouzes & Schmidt，1985），这可能产生更大的主观幸福感。然而，当某个个体相信其价值观与其所在组织的价值观不相符合的时候，就会产生心理的和生理的以及行为的负担。

员工招聘和选拔的过程提供了确保伦理匹配的机会。组织应该在其选拔和雇用的程序机制中采取制度化的设计来识别和雇用那些与组织伦理价值观一致的候选人。这就要求能够识别组织希望在其雇员身上找到的关键的伦理特征（如诚实、正直），并且，应使得这些成为每个职位所述的工作资格的一部分。随后，个体必须在选拔过程中按照该标准加以评估。如拜姆（Byham，2004）曾开发出了一系列问卷用于在面试应聘者时帮助其确定他们的伦理价值观。此外，组织也可以让应聘者完成多维度的伦理量表来确定其各种个体道德价值框架（Reidenbach & Robin，1988，1990）。该量表主要用来测试被调查对象对不同的非伦理情境的反应，其俘获了三个伦理维度：广谱的道德公平维度；一个相对的维度；以及一个由三种不同的伦理哲学组成的契约维度，包括：公正、相对论和道义论。大量的研究都对该量表的心理测量学特性进行过检验和确认（McMahon & Havery，2007）。通过从这一评估中获得的信息可以了解应聘者的道德判断，把该工具和其他评估工具放到一起使用可以用于确定应聘者和组织的整体适配性。

培训是让个人和组织价值观保持一致的一种重要方式。伦理氛围评估可以用来确定具体的培训目标。当然，对新员工而言，最主要的是在公司的伦理制度和政策方面的培训。成员不仅仅要知道制度和政策，还需要被告知该如何在工作中运用这些制度和政策。同样，雇员必须意识到工作场所中存在伦理问题，这样才能使其在问题出现时能够识别这些问题。他们需要对他们可能面临的伦理问题保持敏感性，并且要被告知该如何恰当地应对这些问题。此外，也可以做一些改进道德判断和推理技能的培训。4—12周的包含相互讨论道德困境、角色扮演和情境分析的培训计划可以使雇员通过对其自身有关他人的道德推理产生质疑进而发展其道德决策技能（Schminke，Arnaud & Kuonzi，2007）。尤其是角色扮演在让雇员处理伦理困境并且在指导者的帮助下做出适当的行为方面尤其有效。而若要提高道德推理的水平，则可以通过采用确定问题测验（Rest，1986）来评估雇员的认知道德发展。认知道德发展理论聚焦于个体证明其道德选择合法性的原因，其假定个体的道德决策会随着年龄的增长而变得复杂和富有经验（Kohlberg，1969）。当个体面临一个比其所习惯的水平更高的道德推理时，就会产生认知失调，个体就会质疑其自身推理水平的适当性，同时考虑他人的优点（Treviño，1986）。因此，其可能提升个体的道德推理水平。作为有组织的培训环节的补充，内部报刊也可用于信息传播，以强化组织伦理，如诚实、公平和正直等。

# 第十二章　减少工作场所非伦理行为的其他策略

## 第一节　通过领导施加影响

领导者在企业的经营管理中起着灵魂作用，他们的伦理观念在很大程度上影响着企业员工的伦理观念。尽管管理者最终要为前面所描述的影响伦理氛围的行动负责，他们本身也通过其作为领导者的言行举止起着额外的、显著的直接作用。通过给出管理方向，雇员能够受其影响做出更多的伦理决策（Ferrell & Gresham，1985），因而可创造出更加伦理的氛围。这一指导可以使倾向于伦理行为的个体确认和巩固其价值观，从而更少出现冲突，进而可以改进其福利（至少不会减少福利）。其也可能消除那些不太确信是否要在面临伦理问题时采取恰当的做法的个体的不确定性。当然，这可能会使那些较少倾向于伦理行为的个体产生冲突和紧张，因为他们会觉得这一指引与他们想要的行为背道而驰，因而会减少福利。不同交往理论（differential association theory，Sutherl & Cressey，1970）认为，我们从所交往的对象处习得行为。相似地,班杜拉的社会学习理论也指出,我们通过观察他人的行为及其后果来学习。因此,管理者可以通过建立好的榜样,即秉承组织所信奉的伦理价值观,并身体力行,来影响下属的伦理价值观和行为。变革型领导似乎可以成为为组织培育更多伦理个体,进而形成更为伦理的组织氛围的一种有益的领导风格。

管理者应该考虑用变革型领导补充依赖于偶然的报酬和惩罚的交易型领导。变革型领导行为(如表达愿景,提供适当的行为榜样,培育对团队目标的容忍性,提供个别的支持和智力激发,就重要的绩效预期进行沟通)可以通过提升下属和领导者的伦理渴望和道德行为来改变他们(Burns,1978;Podsakoff et al.,1990)。通过展现其对其所持有的道德正义信念的坚定信仰,变革型领导者可以增强影响(Bass,1985)。当领导者建立对什么是可以接受的,什么是不能接受的行为,同时激励雇员优先考虑对组织而不是对其自身利益有益的行为时,领导者才会被真正视为变革型领导(Bass & Steidlmeier,1985)。因此,通过传达他们的高伦理价值观,变革型领导能够改变雇员的目标和信念,雇员将会内化他们的领导者的信念(Carlson & Perrewe,1995)。

伦理型领导对员工伦理行为和组织伦理建设的影响已在前述章节中得以详细地阐述。关于伦理型领导的大量研究已证实发现,伦理型领导不仅自身行为符合道德规范,还会在与员工的互动中采用交流、奖惩等方式促进员工的道德行为,伦理型领导行为能为下属树立良好的角色榜样。本书第七章的实证研究也表明,在"人治"和"法治"几乎处于同等地位的中国社会,相较于组织正式的伦理制度而言,伦理型领导对员工的非伦理行为有着更为重要的影响,人的作用尤其是领导的作用超过了制度的作用。但需要注意的是伦理型领导对工作场所员工不同类型的非伦理行为的影响程度不同，其能更多地抑制一般性质的非伦理行为，但对触犯法律法规的非伦理行为和财物指向的非伦理行为的影响则较弱。吴和费尔德曼（Ng & Feldman，2015）对伦理领导的元分析则指出，追随者通常认为伦理领导是一种独特的领导形式；鼓励领导者具有超凡魅力，支持性和公平性（或阻止他们破坏性）并不一定会导致伦理领导的出现。伦理领导的确能有效地预测工作场所的主要态度和绩效结果（即使在其他领导变量的影响被消除之后），但需要注意的是，感知领导者的可信度是伦理领导的追随者在工作场所表现出更多积极态度和行为的核心原因。直接管理者的伦理领导力具有超越伦理氛围的增量预测能力。可见，从员工的角度来看，伦理氛围或伦理高层领导者不能代替有伦理道德的直接主管的作用。

综上可见，训练和辅导干预为管理者通过适当的伦理行为获取信息提供了一种有效的方式。作为教练，管理者专注于通过监督反馈和榜样示范持续地培养雇员。管理者应该为雇员提供处理与工作相关的活动的反馈，告诉他们希望的结果如何和为何得以实现。开发雇员伦理态度或行为的指导和反馈应该尽可能地接近于某个适当的事件的发生（Ingram et al.，2009）。组织需要认识到伦理领导尤其是直接伦理领导者在影响员工的态度和行为方面，有着组织伦理氛围、伦理制度无法替代的积极作用。因此，组织应选拔伦理道德水平较高的个体担任组织领导职务，并且引导伦理领导者们的注意力集中在他们的管理风格方面，只有先获得员工的信任，才能更好地发挥伦理领导的作用。管理者自身也应该遵从公司的伦理制度和政策，按照伦理型领导的方式来规范自身的决策和行为，更好地展示和发挥伦理道德行为的示范作用。

# 第二节　考虑目标设置和实施中的伦理道德问题

## 一　适当构建道德问题

赫希、卢和加林斯基（2018）在其道德效用理论中强调了框架作为激励道德行为的策略的重要性。根据其模型，道德和不道德的行为选择是基于个体满足个人目标的能力来评估的。由于目标内容因人而异，每个员工都有一组独特的目标和实用工具来指导他们的行为。因此，讨论非伦理行为的危险以及伦理行为的积极效用都能使与伦理道德相关的培训项目受益。此外，需要强调的是，伦理行为的好处应该建立在员工独特的个人目标内。例如，有研究表明通过将环保问题与个人价值观统一可以提高环保态度（Baldwin & Lammers，2016；Feinberg & Willer，2013）。将伦理道德行为定义为进步行为，将非伦理和不道德的行为定义为阻碍个人实现价值目标的行为，都将有助于激发人们合乎道德的行为。例如，许多人希望将自己视为品德高尚的个体（Aquino & Reed，2002）。增强这种道德自我概念的显著性，例如通过强调组织使命的积极影响，能反过来增加伦理道德行为的感知价值。相反，了解员工最沮丧和不满的需求同样也可能会增强对其冒险实施非伦理行为的领域的了解。例如，如果一个员工对自己的社会地位需求感到特别沮丧和不满，那么任何能够提升他自我形象的结果都会得到其更大的重视。那么按照赫希、卢和加林斯基（2018）的道德效用理论中对框架问题的分析，对这个沮丧和不满的员工而言，如果非伦理行为承诺能够带来地位提升的结果，其将更容易被非伦理行为诱惑。

## 二 对目标设定实践进行伦理道德审核

目标设定是一种提高积极性和工作绩效的有力技术，广泛应用于组织职能的各个层次（Hollenbeck & Brief, 1987; Locke & Latham, 2002）。一旦设定了一个绩效目标，注意力资源就会被分配到与目标相关的信息上，从而获得更大的效用。尽管目标可以增加绩效结果，但需要注意的是，实现目标的能力同时也能激发达成目标的不道德途径（OrdoìnTez et al., 2009; Schweitzer et al., 2004）。实际上，对目标实现的狭隘关注可能导致员工忽视目标实现过程中的道德问题。因此，将员工的注意力引导到一组特定的绩效目标上，可能会限制可用于考虑其行为的道德含义的注意力资源，尤其是当目标本身不能完全体现组织的既定价值时。例如，组织可能会宣布对社会和环境可持续性的承诺，但却没有将这些价值观整合到战略目标设定和绩效管理过程中（Kaplan & Norton, 1996）。而将伦理原则纳入目标设定过程，例如指定目标成功所需的伦理参数，则可以在一定程度上减少道德疏忽的机会。因此，在采用一套新的绩效目标之后，监测道德越轨或非伦理行为发生率的变化可能有助于确定需要加强伦理道德审查的领域。通过将道德原则纳入目标评估过程，组织既可以将自动过程推向道德路径，也可以激发对这些伦理道德原则的有意识思考。

## 三 畅通目标实现的伦理道德渠道，关闭通向目标的不道德和非伦理渠道

根据赫希、卢和加林斯基（2018）的道德效用理论中的乘法公式：主观期望效用（SEU）＝期望×主观效用，主观期望效用被视为期望和主观效用的乘积。因此，阻止非伦理行为的一种方法是增加伦理成功的可能性，降低非伦理行为成功的可能性。即畅通道德伦理的渠道，关闭不道德和非伦理的渠道，以达到预期的结果。例如，组织

应该为完成任务提供必要的资源，并且为员工的伦理道德成功提供培训（Fortney，2003；Smith-Crowe et al.，2015）。如果在没有充分培训和指导的情况下实现绩效目标，员工就会寻找任何实现目标的策略，无论其伦理道德含义如何。与此同时，组织应该通过监控系统（如办公用品室的视频监控）来增加实施非伦理行为被发现的可能性，这将使员工更难从事非伦理行为（Lu，Brockner，Vard，& Weitz，2017）。这些防患于未然的管理实践可以使组织在无须为非伦理行为付出代价的情况下受益。

# 第三节　发挥道德情感和道德推理的作用

## 一　提高道德情感的自我意识

前述关于伦理决策的研究表明，伦理决策往往根植于对行为选择的情感评估，即情绪和情感会对个体的伦理决策和行为产生影响。这表明，情绪智力将在指导人们实施伦理道德行为方面发挥重要作用（Sivanathan & Fekken，2002）。事实上，在理性分析中忽略情绪反应的计算思维可能会导致更为严重的非伦理行为（Zhong，2011）。采用理性思维模式评估各种行为的期望效用时，可能会使得个体在思维过程中忽略对情感信息的使用（Bartels & Pizarro，2011）。其结果往往使得个体在决策时狭隘地关注容易量化的因素，如货币成本和收益，而忽略了决策的伦理维度（Gioia，1992）。因此，鼓励员工在做决定时更加注意自己的情绪，可能有助于伦理行为的出现和维持。此外，组织在实施伦理道德培训计划时，也应该注重让员工表达出相应的道德情感，使得他们从想象中的道德困境的情绪反应中受益，促进对其自身道德情感的更高认识。虽然在组织中几乎不可能发现并适当地制裁每一种非伦理行为，但鼓励员工更多地意识到他们的道德情感（如内疚、后悔等）将更多地支持其做出符合伦理道德规范的选择。

## 二 主动参与道德推理

以往有关道德认知的研究表明，将有意识的推理分配到伦理道德决策中，可以形成面向未来的思维模式，包括更广泛的社会视角和对行动后果更准确的评估。雷诺兹（2008）指出个体所感知到的道德注意力与伦理相关行为的报道、回忆以及道德意识呈正相关。因此，将个人和组织的注意力分配给特定决策具有重要的伦理含义。在做出伦理决策前，若没有注意到该问题是一个伦理问题，或者以最少的商议做出相应的决定都更有可能产生让人意想不到的负面后果。因此，如果管理者希望减少员工实施非伦理行为的机会，他们就应该积极鼓励员工在做出任何可能对他人生活产生负面影响的决定之前，参与道德推理过程。同时，在评估某项行动的潜在结果时，鼓励员工更多关注决策的伦理道德层面亦有助于突出这些问题。鼓励员工与管理者或他人讨论道德情景以刺激关于个人道德困境的道德推理过程同样可以产生积极影响。

# 第四节 更好地选择和帮助员工

## 一 恰当选择员工

已有关于伦理决策和行为影响因素的研究均在不同程度上强调了个体差异对伦理决策和行为的影响。这类研究具有实际意义和价值，特别是对选择员工。如道德努力中的三个成分：高道德勇气（Hannah et al., 2011b）、高道德所有权（Hannah et al., 2011a）和高道德效能感（Hannah et al., 2011a）均有助于激发或维持个体的伦理道德行为，即使当这样做是困难的。德赛尔等（2012）研究发现强有力的道德认同可以让那些能感觉强大的心理体验的人防范自利行为。赫希、卢和加林斯基（2018）的研究详细分析了高水平的宜人性和尽责性如何增加道德行为的主观期望效用和降低非伦理行为的主观期望效用，其指出高宜人性和尽责性能够产生高水平的动机和低水平的非伦理行为。换言之，具有高宜人性和尽责性的员工更有可能不采取非伦理行为。上述研究发现和结果表明，那些希望提高伦理道德行为发生率的组织可以根据这些特征来选择员工，并将其安排到适当的位置上。当然现有研究也发现了与非伦理决策和行为有高度相关的个体特质，如马基雅维利主义被证明与伦理决策有着持续一致的、负面的影响，高马基雅维利主义者更易于实施工作中的非伦理行为和反生产行为，如偷窃、撒谎、欺骗和破坏（O'Fallon & Bufferfield, 2005）。那么组织则可以在招聘时通过测评相关的特质，减少高马基雅维利主义者进入组织。

## 二 考虑员工的道德立场

基于人格理论和社会心理学理论的道德立场理论（Ethic Position Theory, EPT）（Forsyth, 1980）假定道德是一个个体和人际过程。该理论主张人们在道德调和情境中的反应可以追溯到他们直观的，个人的道德哲学的变化（Forsyth, 1980）。道德立场理论认为，人们的道德观是不同的，有些人强调原则和其他人的重要性，这意味着对他们而言，最道德的行为是对他人造成最小伤害的行为。这些差异有助于我们理解人们如何在具有道德挑战性的情境中行动以及他们对其他人在道德上有问题的行为的反应。即一个人的道德哲学会影响道德思想的情感、行为和对他人行为的判断。道德立场理论依据理想主义和相对主义两个维度①将个体的道德立场划分为四种类型：绝对主义者、情境主义者、例外主义者和主观主义者。绝对主义者是理想主义者和原则主义者：他们认为应该努力产生积极的后果（高度理想主义），但同时要严格遵守一般道德原则（低相对论）。他们谴责危害人们的行为，特别是如果这些行为与基本道德绝对不一致的话。总的来说，这种观点是道义论的，因为它规定了遵守义务和无例外的普遍道德规则。情境主义者是理想主义者，他们认为人们应该努力产生积极的后果并避免负面后果，但他们也认为，道德因此取决于特定情况的具体细节，因此关于道德的跨情境一致性的规则不可能形成（高相对主义）。例外主义者是有原则的现实主义者，他们依靠道德原则作为行动准则（低相对主义），但他们并不认为总能避免伤害，或者无辜的人总能得到保护（低理想主义）。因此，他们是实用主义的，因为他们务实地承认，应该通过平衡行动的积极和消极后果来做出判断。主观主义者是现实的情境主义者，他们拒绝道德规则（高度相对主义），但他们并没有对每个人都能获得积极成果的可能性感到特别乐观（低理想主义）。因为这些人将他们的道德决定描述为主观的、个人主义

---

① 个人关于公平，正义和道德的个人哲学可能会包含一些独特的、特殊的元素，这些元素是由人在一生中面临和解决道德问题的经验所产生的。道德立场理论假设这些独特的具体特征由两个相似的规律维持，这些规则在大多数人的道德价值观和信仰中始终如一（Forsyth，1980，1992）。首先，大多数人都对道德绝对的有用性持有立场，并将其作为行动和判断的指南。在连续统一体的一端，相对主义的个体对于制定普遍道德原则的可能性持怀疑态度，以至于在决定什么是对的和什么是错时，他们会避开道德规则或原则。相比之下，其他人则使用明确的道德准则。他们认为，道德原则，如"向别人说实话"和"对待他人，就像你对他人所做的那样"，为判断和指导行动提供了明确的尺度。其次，大多数人明确地考虑了尽量减少伤害和有害后果的相对重要性，但他们的程度从理想主义到完全务实不等。那些更理想主义的人比那些更务实的人更强调他人的福利，因为他们认为人们应该避免伤害他人，并拒绝有时伤害有时候是产生善的必然的观念。这两个维度，即相对主义和理想主义，将基于原则的道德理论（道义论模型）与强调行为在道德哲学中的后果的模型（目的论模型）之间的区别相提并论。这些维度也与皮亚杰（Piaget，1953）、柯尔伯格（1983）和吉利根（Gilligan，1982）等有关道德的心理分析一致。

## 第十二章 减少工作场所非伦理行为的其他策略

的判断，这些判断不能基于道德绝对或者行动有利于他人的程度，他们的观点与自我道德哲学相似。除非参考自己的行为，否则这一立场不会被认为是有效的道德判断。一些主观主义者可能会得出结论，所有人都应该采取行动来促进自身利益，而不是集中精力为其他人产生积极的结果。

道德立场理论最核心的假设是人们对道德问题的思想、行为和感受各不相同。该理论给工作场所伦理道德问题的管理带来的一个挑战是，道德观的多样性对工作场所关系的影响。当个体发现他们的伦理道德判断没有被群体中的其他人所共享，当他们加入一个表达与自己相冲突的价值观的组织时，当他们面对工作场所挑战他们的人时，当他们见证与他们的个人道德准则背道而驰的行为时，个人会如何回应其原本的道德信仰？可见，当拥有不同道德哲学的个人必须一起工作时，结果可能是道德失范、人际冲突和不信任。

要解决这一问题，一方面要承认并且尊重道德观念中个体差异的存在，要让组织员工、经理和领导者认识到伦理道德观念的变化是正常的，不应该假设他们自己的道德观是唯一合法的立场，或者将自己的道德观视为被其他人广泛共享的道德观。另一方面，道德观的这种多样性也表明，团体和组织可能需要制订一些方案来澄清集体的道德取向，从而达成对道德底蕴或复杂问题的共同理解。如果组织希望其员工严格遵守道德规范，那么就需要做大量的规范性工作，以确保员工理解道德准则、道德判断和道德行为之间的联系。显然，在具有大量相对主义的组织中，编纂道德规范将更加困难，而在那些道德方法更多地受相对论观点主导的组织中也是如此。有证据表明，在居民往往更加相对主义的国家经营的公司通常采用的道德规范不如那些在强调遵守规则和原则的国家经营的公司有原则（Forsyth & O'Boyle,

2011)。并且,考虑到由于伦理道德问题最终是一个社会过程,对影响道德判断的许多因素的相对重要性的判断可以而且应该通过知情讨论来计算、澄清和权衡,这意味着组织有必要就一些重大的伦理道德问题组织伦理辩论或者讨论,以尽可能地达成共识。

### 三 积极帮助员工恢复自控资源

工作占据了人们日常生活的绝大部分,人们也常常会因为工作而不得不克制享乐的欲望。本书前述的研究表明,自控资源的损耗可能会引发工作场所非伦理行为,因此,组织该如何缓解或者消除员工的资源损耗,进而干预工作场所中非伦理行为的出现则显得尤为重要。这是因为,相比于有限道德理论将关注点集中在人们很难克服的道德认知偏差上,资源有限理论在工作场所中不道德行为的克服上要有效得多(董蕊、倪士光,2017)。大量研究已经证实,很多方法可以提高人们的自我控制能力,补偿损耗的自我资源(董蕊、倪士光,2017):一是提高整体控制能力,研究表明,通过两周的细微行为练习能增强个体的自我控制能力。二是恢复因自控而损耗的能量,如补充葡萄糖、诱发积极情绪等,如鲍迈斯特等(2015)认为自我控制资源的生物学解释是葡萄糖,它是身体和大脑能量的主要来源。通过自我控制克制欲望会损耗大量的葡萄糖,补充葡萄糖可以恢复损耗的自我控制资源。德沃尔等(DeWall et al.,2008)发现自我损耗可以减少个体的助人意愿,饮用葡萄糖可以补偿损耗对助人意愿的影响。三是提高个体的动机水平、肯定自我价值和榜样激励等。四是预防能量消耗,如执行意图可以预防损耗的发生。因此,一方面员工自身可以积极地通过睡眠、休息和补充营养等使控制资源得以恢复。另一方面组织也可以通过合理地安排员工的工作时间,保障应有的闲暇时光,保持适当的工作节奏,赋予员工工作的自主性等措施缓解员工的资源损耗，避免因资源过度损耗引发的工作场所非伦理行为。

## 第五节 正式和非正式制度上的努力

### 一 促进以道德为中心的考核制度

以往的研究已证明了绩效考核与非伦理行为有关，如袁凌等（2016）指出评估取向的绩效考核对非伦理行为有显著的正向影响，发展取向的绩效考核对非伦理行为有显著的负向影响；李志成等（2018）研究发现绩效压力对亲组织非伦理行为存在显著的正向影响。这意味着管理者在设置绩效目标时需要考虑到其可能引发的非伦理行为风险。但这也提醒着管理者去反思现有绩效考核体系设置的合理性。从组织现有的绩效考核体系来看，除了公务员体系强调从"德、能、勤、绩、廉"全面考核其工作以外，更多组织尤其是商业性组织，在设置绩效考核目标时往往将道德标准排除在外。

因此，鼓励组织中伦理道德行为的另一个可以考虑的措施即是将道德标准直接纳入绩效考核体系。正如韦弗、特雷维尼奥和科克伦（Weaver, Treviño & Cochran 1999）所言，虽然担心经常吹捧伦理道德会变成组织文化的一个重要组成部分，但他们并不总是直接融入进日常实践。在这种情况下，员工会受到激励，把伦理道德视为不影响绩效评估的次要考虑因素。因此，推行以道德为中心的绩效考核制度十分重要。例如，组织可以奖励产生结果的伦理过程，而不仅仅是结果本身。值得注意的是奖励道德行为不需要采用货币薪酬的形式。象征性奖励已经被证明可以提高绩效（Kosfeld & Neckermann, 2011），赫希、卢和加林斯基（2018）的道德效用理论认为对伦理道德行为的象征性肯定可能为道德行为提供类似的好处。通过将道德价值观纳入绩效评估过程，公司将增加道德行为的直观吸引力，同时也会增强有意识思考组织价值观的动力。

## 二 减少工作场所潜规则的负面影响

中国传统文化中的"关系"与"人情"使得工作场所潜规则有着顽强的生命力。本书第九章通过理论分析推导出工作场所潜规则对工作场所非伦理行为可能有正向的促发作用。因此，组织需要采取一些措施控制工作场所潜规则的影响。一方面，组织应当尽量减少或者控制消极潜规则的出现，另一方面组织则需要尽可能地降低员工对工作场所潜规则的知觉。具体来说，一是管理者可以通过正式的渠道，如绩效反馈、组织规章制度、组织文化宣传，或者非正式的方式，如领导与员工的日常交流等，向员工传递哪些行为是组织所期望的，哪些是组织所禁止的。二是管理者在做出招聘、薪酬分配、晋升、培训等人力资源管理决策时，应做到公平、公正、公开，减少负面工作场所潜规则滋生的可能性。三是组织应建立内部申诉制度，鼓励员工主动建言，听取员工的意见和建议，并且保护主动建言员工不受打击报复，这有助于降低员工对工作场所潜规则的知觉，营造出风清气正的组织氛围。另外，组织领导也应该做到以身作则，亲身实践组织伦理道德规范，努力将自身向伦理型领导靠拢，领导的率先垂范可以起到很好的榜样和示范作用，减少员工对工作潜规则的感知，也能打消或者减少员工利用潜规则获利的动机，甚至可以直接减少员工的工作场所非伦理行为。

# 附　　录

## 工作感受与行为调查问卷

尊敬的先生/女士：

您好！

非常感谢您在百忙之中抽空参加我们的调研。本调查旨在了解工作中的一些感受和行为，您所提供的信息对我们的研究起着至关重要的作用。本问卷采用匿名填写，请您仔细阅读问卷，并根据您在工作中的实际情况进行回答，答案无对错之分，衷心希望能得到您提供的尽可能详尽的信息和您真实的想法。本调查将仅仅用于科学研究，不会对您个人和贵单位带来任何不良影响，我们也将对您的回答严格保密，请放心填写。衷心感谢您的帮助与支持。

中南大学公共管理学院

××年××月

填写日期：_____年_____月_____日

## 【第一部分　工作感受】

一、以下是对您所在单位或组织工作氛围和制度要求的描述，请指出各题项所描述的状况与实际状况的符合程度，并在相应的数字上打"√"。

|  | 完全不符合 | 比较不符合 | 有点不符合 | 不能确定 | 有点符合 | 比较符合 | 完全符合 |
|---|---|---|---|---|---|---|---|
| 1. 我所在的组织更强调提高利润的重要性 | 1 | 2 | 3 | 4 | 5 | 6 | 7 |
| 2. 员工并不需要时刻关心组织的利润 | 1 | 2 | 3 | 4 | 5 | 6 | 7 |
| 3. 组织内所有的决策和行为都要为组织的利润做出贡献 | 1 | 2 | 3 | 4 | 5 | 6 | 7 |
| 4. 损害组织利益的行为是被接受的 | 1 | 2 | 3 | 4 | 5 | 6 | 7 |
| 5. 在组织中，关心员工是很普遍的 | 1 | 2 | 3 | 4 | 5 | 6 | 7 |
| 6. 我所在的组织不重视员工的福利 | 1 | 2 | 3 | 4 | 5 | 6 | 7 |
| 7. 组织内所有的决策和行为都要对组织内每个人有益 | 1 | 2 | 3 | 4 | 5 | 6 | 7 |
| 8. 组织并不考虑所有员工的福利 | 1 | 2 | 3 | 4 | 5 | 6 | 7 |
| 9. 在组织中，服从组织的规章制度是非常重要的 | 1 | 2 | 3 | 4 | 5 | 6 | 7 |
| 10. 组织不要求员工严格遵守组织政策 | 1 | 2 | 3 | 4 | 5 | 6 | 7 |
| 11. 在我所在的组织中，不服从组织的规章制度的人是不受欢迎的 | 1 | 2 | 3 | 4 | 5 | 6 | 7 |
| 12. 组织并不强调规章制度和政策的重要性 | 1 | 2 | 3 | 4 | 5 | 6 | 7 |
| 13. 组织中的普通员工都接受组织的伦理准则和要求 | 1 | 2 | 3 | 4 | 5 | 6 | 7 |
| 14. 在这个组织中，伦理准则仅起到粉饰的作用 | 1 | 2 | 3 | 4 | 5 | 6 | 7 |
| 我所在的单位中…… | 完全不符合 | 比较不符合 | 有点不符合 | 不能确定 | 有点符合 | 比较符合 | 完全符合 |
| 15. 伦理准则对防止组织中的不道德行为颇为有效 | 1 | 2 | 3 | 4 | 5 | 6 | 7 |

续表

| 我所在的单位中…… | 完全不符合 | 比较不符合 | 有点不符合 | 不能确定 | 有点符合 | 比较符合 | 完全符合 |
|---|---|---|---|---|---|---|---|
| 16. 组织中的员工能觉察到违反伦理准则的人还能获得组织嘉奖 | 1 | 2 | 3 | 4 | 5 | 6 | 7 |
| 17. 伦理准则只有维护组织公共形象的作用 | 1 | 2 | 3 | 4 | 5 | 6 | 7 |
| 18. 组织中的普通员工每天都接受伦理准则的指导 | 1 | 2 | 3 | 4 | 5 | 6 | 7 |
| 19. 伦理准则要求符合非正式组织准则 | 1 | 2 | 3 | 4 | 5 | 6 | 7 |
| 20. 组织中的普通员工充分理解并遵守伦理准则 | 1 | 2 | 3 | 4 | 5 | 6 | 7 |
| 21. 组织要求员工必须解读并理解伦理准则 | 1 | 2 | 3 | 4 | 5 | 6 | 7 |
| 22. 员工要通过必需的情况介绍或培训学习伦理准则 | 1 | 2 | 3 | 4 | 5 | 6 | 7 |
| 23. 组织为员工咨询伦理准则要求建立了相应的程序 | 1 | 2 | 3 | 4 | 5 | 6 | 7 |
| 24. 组织通常要求员工坚持按照伦理准则行为 | 1 | 2 | 3 | 4 | 5 | 6 | 7 |
| 25. 行为准则广泛分布在整个组织 | 1 | 2 | 3 | 4 | 5 | 6 | 7 |
| 26. 很多人通过关系加入本单位 | 1 | 2 | 3 | 4 | 5 | 6 | 7 |
| 27. 很多人通过关系得到晋升 | 1 | 2 | 3 | 4 | 5 | 6 | 7 |
| 28. 奖金和薪水通常由关系决定 | 1 | 2 | 3 | 4 | 5 | 6 | 7 |
| 29. 任务分配通常由关系决定 | 1 | 2 | 3 | 4 | 5 | 6 | 7 |
| 30. 绩效评估通常受关系影响 | 1 | 2 | 3 | 4 | 5 | 6 | 7 |
| 31. 关系网在单位中存在 | 1 | 2 | 3 | 4 | 5 | 6 | 7 |
| 32. 单位中有许多关系网存在 | 1 | 2 | 3 | 4 | 5 | 6 | 7 |
| 33. 有不少人卷入到单位的关系网中 | 1 | 2 | 3 | 4 | 5 | 6 | 7 |
| 34. 和其他单位相比,我们单位存在许多关系网 | 1 | 2 | 3 | 4 | 5 | 6 | 7 |

二、以下是对您的直接领导（主管）的一些描述，请指出各题项所描述的状况与实际状况的符合程度，并在相应的数字上打"√"。

| 我的直接领导（主管）…… | 完全不符合 | 比较不符合 | 稍微不符合 | 不能确定 | 稍微符合 | 比较符合 | 完全符合 |
|---|---|---|---|---|---|---|---|
| 1. 倾听部门员工所说 | 1 | 2 | 3 | 4 | 5 | 6 | 7 |
| 2. 惩罚违反伦理道德准则的员工 | 1 | 2 | 3 | 4 | 5 | 6 | 7 |
| 3. 以伦理道德准则指导个人生活 | 1 | 2 | 3 | 4 | 5 | 6 | 7 |
| 4. 以员工利益为重 | 1 | 2 | 3 | 4 | 5 | 6 | 7 |
| 5. 做出公平、均衡的决策 | 1 | 2 | 3 | 4 | 5 | 6 | 7 |
| 6. 可以被信赖 | 1 | 2 | 3 | 4 | 5 | 6 | 7 |
| 7. 与员工讨论公务道德或价值准则 | 1 | 2 | 3 | 4 | 5 | 6 | 7 |
| 8. 就伦理道德准则而言，为员工树立榜样 | 1 | 2 | 3 | 4 | 5 | 6 | 7 |
| 9. 对成功的定义不局限于结果，还关注过程 | 1 | 2 | 3 | 4 | 5 | 6 | 7 |
| 10. 做决策时，常问"怎样做才正确" | 1 | 2 | 3 | 4 | 5 | 6 | 7 |
| 11. 明确表示过不符合伦理道德的行为在组织中是不被允许的 | 1 | 2 | 3 | 4 | 5 | 6 | 7 |
| 12. 应该提高他们自身的伦理道德标准 | 1 | 2 | 3 | 4 | 5 | 6 | 7 |
| 13. 如果被发现鼓励假公济私类的行为，那么会受到谴责 | 1 | 2 | 3 | 4 | 5 | 6 | 7 |
| 14. 若被发现有不符合伦理道德的行为，那么即使是为组织获益也会受到谴责 | 1 | 2 | 3 | 4 | 5 | 6 | 7 |

三、以下是对个人生活态度和体验的描述，请指出您对各题项所描述的状况的赞同程度，并在相应的数字上打"√"。

| | 完全不赞同 | 比较不赞同 | 稍微不赞同 | 不能确定 | 稍微赞同 | 比较赞同 | 完全赞同 |
|---|---|---|---|---|---|---|---|
| 1. 整体而言，我的工作让我觉得快乐 | 1 | 2 | 3 | 4 | 5 | 6 | 7 |
| 2. 我发现自己能从许多方面帮助别人 | 1 | 2 | 3 | 4 | 5 | 6 | 7 |
| 3. 任何人只要肯努力，就可以提高生活水平 | 1 | 2 | 3 | 4 | 5 | 6 | 7 |

续表

|  | 完全不赞同 | 比较不赞同 | 稍微不赞同 | 不能确定 | 稍微赞同 | 比较赞同 | 完全赞同 |
|---|---|---|---|---|---|---|---|
| 4. 我不时感到对自己很陌生 | 1 | 2 | 3 | 4 | 5 | 6 | 7 |
| 5. 尽管有许多变迁,生活中总是有一定的规律可循 | 1 | 2 | 3 | 4 | 5 | 6 | 7 |
| 6. 要与人相处,就必须学会戴着面具生活 | 1 | 2 | 3 | 4 | 5 | 6 | 7 |
| 7. 总的来说,我觉得我的生活幸福 | 1 | 2 | 3 | 4 | 5 | 6 | 7 |
| 8. 多数人确实信奉诚实是处世的上策 | 1 | 2 | 3 | 4 | 5 | 6 | 7 |
| 9. 我经常感到没有人需要我 | 1 | 2 | 3 | 4 | 5 | 6 | 7 |
| 10. 只要你以诚待人别人会这样对你 | 1 | 2 | 3 | 4 | 5 | 6 | 7 |
| 11. 现在很难说清楚对错是非 | 1 | 2 | 3 | 4 | 5 | 6 | 7 |
| 12. 许多人的友善只是为了从你那里得到某些东西 | 1 | 2 | 3 | 4 | 5 | 6 | 7 |
| 13. 如果运气不好,不可能有出头之日 | 1 | 2 | 3 | 4 | 5 | 6 | 7 |
| 14. 我感到我的生活比父母在我这个年龄时的生活好 | 1 | 2 | 3 | 4 | 5 | 6 | 7 |
| 15. 未来显得十分凄惨 | 1 | 2 | 3 | 4 | 5 | 6 | 7 |
| 16. 总的来说,我对生活中的运气感到满意 | 1 | 2 | 3 | 4 | 5 | 6 | 7 |
| 17. 生活太令人厌倦,我什么也不想做了 | 1 | 2 | 3 | 4 | 5 | 6 | 7 |
| 18. 一个人如果想结交朋友,他/她就能够做到 | 1 | 2 | 3 | 4 | 5 | 6 | 7 |

## 【第二部分 工作行为】

以下是对一些工作行为的描述,请指出各题项所描述的状况与您实际情况的符合程度,并在相应的数字上打"√"。

|  | 完全不符合 | 比较不符合 | 稍微不符合 | 不能确定 | 稍微符合 | 比较符合 | 完全符合 |
|---|---|---|---|---|---|---|---|
| 1. 上班时间处理私人事务 | 1 | 2 | 3 | 4 | 5 | 6 | 7 |
| 2. 公费携配偶或家人出差 | 1 | 2 | 3 | 4 | 5 | 6 | 7 |
| 3. 花比必要的时间更长的时间来完成某项工作 | 1 | 2 | 3 | 4 | 5 | 6 | 7 |

续表

|  | 完全不符合 | 比较不符合 | 稍微不符合 | 不能确定 | 稍微符合 | 比较符合 | 完全符合 |
| --- | --- | --- | --- | --- | --- | --- | --- |
| 4. 抱怨他人的工作 | 1 | 2 | 3 | 4 | 5 | 6 | 7 |
| 5. 虚报账目 | 1 | 2 | 3 | 4 | 5 | 6 | 7 |
| 6. 为受到优待而送礼 | 1 | 2 | 3 | 4 | 5 | 6 | 7 |
| 7. 为受到优待而收礼 | 1 | 2 | 3 | 4 | 5 | 6 | 7 |
| 8. 公务差旅中在最昂贵的酒店吃住 | 1 | 2 | 3 | 4 | 5 | 6 | 7 |

|  | 完全不符合 | 比较不符合 | 稍微不符合 | 不能确定 | 稍微符合 | 比较符合 | 完全符合 |
| --- | --- | --- | --- | --- | --- | --- | --- |
| 9. 对组织敏感信息进行保密 | 1 | 2 | 3 | 4 | 5 | 6 | 7 |
| 10. 坚持组织原则和政策 | 1 | 2 | 3 | 4 | 5 | 6 | 7 |
| 11. 私下带走组织材料和供应物 | 1 | 2 | 3 | 4 | 5 | 6 | 7 |
| 12. 通过威胁或敲诈获得工作 | 1 | 2 | 3 | 4 | 5 | 6 | 7 |
| 13. 接受工作失误的责备 | 1 | 2 | 3 | 4 | 5 | 6 | 7 |
| 14. 篡改时间、质量、数量等工作报告 | 1 | 2 | 3 | 4 | 5 | 6 | 7 |
| 15. 指使接线员谎报个人在岗情况 | 1 | 2 | 3 | 4 | 5 | 6 | 7 |
| 16. 将工作失误嫁祸给无辜同事 | 1 | 2 | 3 | 4 | 5 | 6 | 7 |
| 17. 为个人利益使用单位资源 | 1 | 2 | 3 | 4 | 5 | 6 | 7 |
| 18. 利用别人的无知 | 1 | 2 | 3 | 4 | 5 | 6 | 7 |
| 19. 不按时上下班或中途离岗 | 1 | 2 | 3 | 4 | 5 | 6 | 7 |
| 20. 隐瞒个人失误 | 1 | 2 | 3 | 4 | 5 | 6 | 7 |
| 21. 装病请假 | 1 | 2 | 3 | 4 | 5 | 6 | 7 |
| 22. 授权下属违反组织规定 | 1 | 2 | 3 | 4 | 5 | 6 | 7 |
| 23. 不上报他人违规行为 | 1 | 2 | 3 | 4 | 5 | 6 | 7 |
| 24. 破坏计算机、网络或数据库 | 1 | 2 | 3 | 4 | 5 | 6 | 7 |
| 25. 泄露、滥用或误用组织保密信息或私有信息 | 1 | 2 | 3 | 4 | 5 | 6 | 7 |
| 26. 盗窃或不恰当处理公家财产（如：现金、设备、材料等） | 1 | 2 | 3 | 4 | 5 | 6 | 7 |

## 【第三部分　工作单位及个人基本信息】

本部分旨在了解您的工作单位及您个人的一些基本资料，这些资

# 附　录

料将仅供整体分析之用，不会个别揭示，请您放心填写。请根据实际情况在相应选项后的"□"内打"√"或在横线上填写有关内容。再次感谢您的支持。

**单位类型**：党政机关□　企业□　事业单位□　社会团体□　军队□　无单位/自雇/自办（合伙）企业□　其他（请注明：＿＿＿＿）

**单位性质**：国有或国有控股□　集体所有或集体控股□　私有/民营或私有/民营控股□　港澳台资或港澳台资控股□　外资所有或外资控股□　其他（请注明：＿＿＿＿）

**您的性别**：男□　女□

**您的出生年份**：19＿＿年

**您的宗教信仰**：不信仰宗教□　信仰宗教□

**您的婚姻状况**：未婚□　已婚□　其他（请注明：＿＿＿＿）

**您目前的政治面貌是**：共产党员□　民主党派□　共青团员□　群众□

**您目前的职业**：＿＿＿＿＿＿

**您的职业经历**：至今您已经参加工作＿＿＿＿年（不足一年请填1）

您在目前工作单位已工作＿＿＿＿年（不足一年请填1）

**您的职称**：初级职称及以下□　中级职称□　高级职称□

**您的学历**：小学□　初中□　高中□　中专□　技校□　大学专科（成人高等教育）□　大学专科（正规高等教育）□　大学本科（成人高等教育）□　大学本科（正规高等教育）□　硕士及以上□

**您所学的专业类型**：经济管理类□　非经济管理类□（请注明：＿＿＿＿）

*再次向您的辛勤付出表示衷心的感谢，*

*祝您：身体健康，万事如意！*

企业员工工作场所非伦理行为研究

# 企业新生代员工工作行为访谈提纲

**【访谈指导语】**

尊敬的女士/先生：

您好，此次访谈调查的目的在于了解我国当前企业新生代员工的工作行为。本调查所指的新生代员工是出生于1980年后的企业员工。访谈所获取的所有资料将仅用于课题组所从事的教育部人文社会科学基金项目的研究工作，并被严格保密。我们不会公布受访者的任何信息，请您畅所欲言，您的参与和支持对我们的研究而言非常重要，衷心感谢您的合作和帮助。

中南大学课题组

**【筛选被调查对象的问题】**

您好，我是邀请您参加新生代员工工作场所态度和行为访谈的中南大学的研究生，为了确保我们的访谈符合研究的要求，我想先向您了解一下您所在单位的基本情况，比方说，企业所在地，企业规模、所处行业、主营业务等。以及您的出生年份和在本单位工作的时间。

**【访谈的主要问题】**

一 背景问题

1. 您好，为了确保您符合我们的访谈需求，冒昧地问您一下，您是哪一年出生的呢？您的性别是？

2. 您好，能否请您简单介绍一下您目前所在工作单位的情况？（如企业所在地、企业规模、所处行业、主营业务等）

3. 能否请您介绍一下您目前从事的工作？您在贵公司工作多长时间了？

4. 您平时和上级主管、同事相处的情况如何？

5. 您觉得贵单位现有的新生代员工，也就是出生于 1980 年后的企业员工，在单位干得怎么样？

**二 新生代员工非伦理行为的内涵与形成机制**

（一）指向组织

1. 请您仔细想想，您身边的新生代员工有没有做过一些不符合单位规章制度要求，或者有损单位利益的行为？（如果有，具体是什么样的行为？如果没有，则直接跳至第 3 题）

2. 您认为他们做出这些行为的主要原因是什么？

3. 请问您工作以来，是否有过类似的行为？（如果有，询问具体的行为，如果受访者回答没有，则直接跳至第（二）部分）

4. 是什么原因让您这么做呢？

5. 听完了您刚才所讲的，请您告诉我，在做出这些行为之前，您为什么会有这样的想法？

6. 您在做出这些行为之前，是否想过这些行为是不是道德的之类的问题？

7. 在您打算做这些行为之前，您的心情如何？

8. 在您做完这些行为之后，您的心情又是怎样的？

9. 您今后是否还会继续这样做呢？

10. 您这样决定的原因是什么？（认真倾听受访者叙述，并进行追问，直至了解真实原因）

（二）指向他人

1. 请您仔细想想，您身边的新生代员工有没有做过一些您认为对

单位其他员工或领导而言不太适当的行为？（如果有，具体是什么样的行为？如果没有，则直接跳至第4题）

2. 您认为他们这样做的主要原因是什么？

3. 请您仔细回想下，这些新生代员工主要选择什么样的对象实施这些行为？

4. 您觉得这些新生代员工为什么要选择他们作为行为的实施对象？（认真倾听受访者叙述，并进行追问，直至了解其真实想法）

5. 请问您也对其他员工或领导做过类似的行为吗？主要是什么样的行为？（如果受访者回答没有，结束访谈并致谢）

6. 请您回想下，您主要选择什么样的对象实施这些行为？

7. 您能告诉我，您为什么要选择他们作为对象而不是其他人？（认真倾听受访者叙述，并进行追问，直至了解其真实想法）

8. 您当时做出这些行为主要是为了什么？

9. 听完了您刚才所讲的，您可不可以告诉我，在做出这些行为之前，您为什么会有这样的想法？

10. 请您仔细想想，您在做出这些行为之前，有没有想过，这些行为是不是道德的等类似的问题？

11. 在您打算做这些行为之前，您的心情怎么样？

12. 在您做完这些行为之后，您的心情怎么样？有什么变化吗？

13. 您今后是否还会继续这样做？

14. 您今后不再这么做，或者继续这么做的原因是什么？（认真倾听受访者叙述，并进行追问，直至了解真实原因）

## 新生代员工工作场所非伦理行为的情绪体验与认知[①]

| 编号 | 非伦理行为主要表现 | 道德判断 | 情绪体验 | 是否继续 |
| --- | --- | --- | --- | --- |
| A02 | 把公司的宣传品带回家 | 没有不道德的感受 |  | 大家都这样就这样，公司若明文禁止，则不会这样 |
| A03 | 迟到 | 迟到与道德无关 |  |  |
| A05 | 磨洋工 | 不认为不道德 | 心情较好，领导着急了，低声下气地来跟我说，我觉得挺好的 | 他对我不利，我就一直这样，他对我友好，我就不这样了，这样效率最高了，不能任由他胡来 |
| A05 | 在大领导面前诋毁小领导 |  | 心情很紧张，犹豫了很久，说完了就觉得也没有什么大不了的 | 他对我不利，我就一直这样，他对我友好，我就不这样了，这样效率最高了，不能任由他胡来 |
| A06 | 工作时玩手机 | 不认为不道德，认为是很正常的 |  | 会继续，因为没有利益驱使，也不觉得痛苦，人总喜欢维持原状 |
| A07 | 逼下面早点到货 | 没有啥不道德的，供应商就是这样，你不压着他，他把东西给别人，你的货就会迟点到，这样会给工地带来挺大的损失的 |  | 有必要的话还是会做，看工作要求、实际情况 |

---

① 根据访谈记录整理。

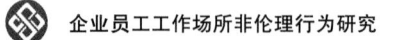

续表

| 编号 | 非伦理行为主要表现 | 道德判断 | 情绪体验 | 是否继续 |
|---|---|---|---|---|
| A08 | 工作的时候上微博 | 没有觉得不道德 | | 应该会继续，正常的放松，有助于工作。公司没有明确规定不能在上班的时候上微博 |
| A09 | 工作的时候上网 | 谈不上不道德，觉得挺正常的 | | 忙的时候不会，但空闲的时候会，在不影响工作的时候可以适当上网 |
| A10 | 上班时间聊QQ | 没有认为不道德 | 实施前忐忑不安，怕被主编看到总是庆幸自己没有被逮到 | 尽量减少，但不能保证不做。心情不好时控制不住，这是上班时唯一的发泄方式，可以帮助发泄一些情绪，缓解心情（源自工作和个人、家庭的一些事情） |
| A11 | 迟到 | 没想过道不道德，觉得是工作态度的问题 | | 会尽量严格要求自己，慢慢改进 |
| A12 | 上班时间打电话、吃东西、趴在桌子上小睡 | 没有觉得是不道德的，但因为有违公司规定，心里有种偷偷摸摸的感觉，自己也不舒服 | 打算做之前有点小心慌，会环顾一下四周，做完后也会环顾一下四周，还会有些小担心 | 需要的话，还会小睡一会，其实是为了下面的工作积蓄精力和能量 |
| A13 | 上网玩游戏 | 没想过不道德 | 没做之前感觉很烦躁，做完之后就感觉时间过得好快，一下就下班了 | 看情况了，为了更好的工作状态可能还是会这样做 |

续表

| 编号 | 非伦理行为主要表现 | 道德判断 | 情绪体验 | 是否继续 |
|---|---|---|---|---|
| A13 | 偶尔迟到 | 没想过不道德 | | |
| A14 | 工作时聊QQ | | | 私下聊天，估计还会有 |
| A14 | 私下的在背后抱怨和议论、小冲突 | | 抱怨下，发下牢骚，让自己好受些，没那么憋屈 | 也需学会忍气吞声，忍耐，要是上级还是这样，走了 |
| A15 | 用公司打印机打优惠券，用公司电话聊天，用公司电脑游戏上网 | 刚开始会有一丝这样的念头，可能后来大家都这么做就淡化了这种想法 | 刚开始会有点小心跳，呵呵，毕竟刚开始做，后来呢就比较皮了，没感觉了 | 可能还会，毕竟大家都这么干，但是这次以后，会意识到这是不好的行为，会少干吧 |
| A16 | 工作时间接打私人电话，偷偷用电脑上网 | 个人觉得还没有影响到道德方面，这也不是什么损人利己的事情，每个人都有工作和生活两个大的方面，如果一味地坚持工作，那生活中也就没有与家人、朋友沟通的时间，这样也不合适的 | | 暂时没有打算 |
| A17 | 偷懒，请人代刷卡 | 想过，甚至挣扎过 | 心情比较复杂，有些担心会被查到，但又想偷懒，做完之后会为自己想好一个理由，如被查到之后怎么解释，然后就不去想这件事了，开开心心出去啦 | 必要的时候还是会这样 |

续表

| 编号 | 非伦理行为主要表现 | 道德判断 | 情绪体验 | 是否继续 |
|---|---|---|---|---|
| A17 | 伪造领导的签名 | 想过可能不道德 | 做之前犹豫不决，做完后担心领导查出来 | 必要的时候还是会这样 |
| A18 | 半道跑路，或者打假卡；上班时间玩手机，看淘宝现象比较多 | 开始想过是不是不道德，后来习惯了就无所谓了 | 想去做又有些顾虑，做完之后如果没人指出或者发现的话就会沾沾自喜 | |
| A21 | 工作的时候做私人的事情 | 工作时候做些私人事情很正常啊，只要在规定时间完成工作，不影响其他人工作进展，做私人事情是可以接受的 | | |
| A21 | 代刷卡 | 我觉得我的行为没有损害公司任何利益 | | |
| S01 | 迟到 | 没想法，有时候就是没办法啊 没有想过道不道德，就迟到的话还好吧 | 怕被领导抓到，有点忐忑；希望下次别被领导抓住 | 看情况吧，这不能完全避免 |
| S01 | 在背后说其他员工或者领导坏话 | 是有点小人，不过憋着很难受 | 在做这些行为之前，觉得憋闷；在做完这些行为之后，觉得爽，其实治标不治本 | 可能会，不过慢慢减少，主要觉得没意思 |
| A23 | 工作时候做私人事情，比方说看书 | 一般不会有愧疚感，也不会觉得道德不道德，该做的工作都做了，就不会 | | 还会继续，只要不过分就好 |

续表

| 编号 | 非伦理行为主要表现 | 道德判断 | 情绪体验 | 是否继续 |
|---|---|---|---|---|
| A24 | 每个行业都有自己的一些规则，有的可能涉及违法，不可说 | 没有伤天害理违背道德；公司又没有损失 |  | 很多事情有必要就去做 |
| A25 | 迟到、早退 | 觉得抱歉，但这个属于个人行为，谈不上道德问题 |  |  |
| A25 | 抱怨领导 |  |  | 应该不会了，有些事情需要当面和领导交流 |
| A26 | 上班有时看看手机 | 没有觉得道不道德 | 做之前和做之后心情都不错，挺好的 | 看情况 |
| A28 | 迟到、早退 | 与道德无关 |  | 主观意愿肯定是不想，但如果出现不可把控的事情发生，那也没有办法，制度是死的，人是活的 |
| A29 | 有时对客户的态度不是很好 | 瞬间的行为，来不及思考；因为可能还会烦躁，进而控制不住自己 | 肯定是心情烦躁才会做啊；做完后有短暂的快感，不过接踵而至的是担心被投诉 | 不敢保证不会再犯 |
| A29 | 向领导打小报告 | 检举揭发好像是道德的吧。我又没诬陷，我是用事实说话 | 习惯成自然，心情没有什么特别的；做完就感觉如释重负，快感强烈，不过也担心被人知道啦 | 当然会继续，这是好事，有利于公司的健康发展，提高员工素质，也可以增强公司的竞争力 |

续表

| 编号 | 非伦理行为主要表现 | 道德判断 | 情绪体验 | 是否继续 |
|---|---|---|---|---|
| A35 | 迟到 | 一开始觉得不太好，慢慢就习惯了，温水煮青蛙，习惯了就感觉是一件正常的事情 | | 应该还会继续 |
| A35 | 工作的时候做私人的事情，聊天、喝茶等 | 一开始觉得不太好，慢慢就习惯了，温水煮青蛙，习惯了就感觉是一件正常的事情 | | 应该还会继续 |
| A36 | 无故旷工 | 没有想法，自然而然做了，觉得只是不合规章制度，没有不道德，我这些行为没有损害到其他人吧 | 很烦躁啊，要是被领导看到是不是又要扣工资啊；之后很懊恼、很后悔，痛恨自己为什么要贪睡 | 从心里讲，是不想这样继续了，多麻烦，还担惊受怕的 |
| A36 | 早退 | 没有想法，自然而然做了，觉得只是不合规章制度，没有不道德，我这些行为没有损害到其他人吧 | 很烦躁啊，要是被领导看到是不是又要扣工资啊 | 从心里讲，是不想这样继续了，多麻烦，还担惊受怕的 |
| A37 | 迟到、早退 | 迟到是迫不得已，怎么会有想法 | | |
| A37 | 把单位的笔、茶叶拿回家 | 拿单位的东西，"随大溜"吧，一开始我也不好意思的，后来习惯了；没有想过道不道德 | 在打算做这些行为之前，会小紧张，不好意思，会脸红；做完这些行为之后，会心跳加速，后来就不会了 | 不知道是否还会继续 |

续表

| 编号 | 非伦理行为主要表现 | 道德判断 | 情绪体验 | 是否继续 |
|---|---|---|---|---|
| A40 | 和我的同事私下地调动过工作的时间 | 我感觉调动一下时间又不会影响单位的正常运行,老板又不会发现,工作和生活两不误。我感觉这和道德没有很大的关系,只能说我在工作上不太认真 | 在打算做这些行为之前,心情其实还是蛮复杂的,觉得有点对不起老板,但是形式所逼迫不得已;在做完这些行为之后,看这件事过后如果对单位没什么影响的话,这种复杂的情绪也会慢慢消退 | 可能在特殊情况下还会这样做吧 |
| A42 | 与领导直接对抗,对他们爱理不理 | 认为是理所当然的事 | 做之前心里开心,做完后觉得很解气,打抱不平 | 会继续,除非加工资 |
| A43 | 迟到、早退 | 没有什么想法,偶尔迟到,与道德无关吧 | 做之前也很平静,也没什么想的;也没有害怕被抓到 | 还会继续 |
| S03 | 迟到 | 没有认为不道德,我认为是合情合理的 | 做之前心情平静;做之后也没有什么变化 | 还会继续 |
| A45 | 工作的时候做私人事情,用公司电脑打印小说,被派出去的时候办完事捎带着去喝杯茶或者与人闲聊几句 | 没有想过,感觉这些小事情好像与道德问题没太大关系 | 做之前比较紧张,做之后有些忐忑,也有些如释重负 | |
| A46 | 背后说他人坏话 | 当时没有考虑,事后会有想法 | 当时没有考虑,事后会有想法,事后心情不太好,有点难过 | 应该不会 |

续表

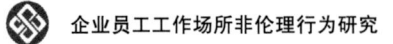

| 编号 | 非伦理行为主要表现 | 道德判断 | 情绪体验 | 是否继续 |
|---|---|---|---|---|
| A48 | 工作时间处理私人事务 | 会觉得不道德,所以一般情况下不会这样做,除非确实有比较重要的私事要处理 | | |
| A49 | 用公司电话跟朋友聊天 | 没仔细想过是不是不道德 | 做这些行为之前,有点小犹豫,会看下周围是否有同事在;做完这些行为之后,在周围没人的情况下,跟朋友聊完天肯定心情愉悦 | 对于有损公司利益的事,当然不能够继续了,得有觉悟啊 |
| A49 | 讲领导的坏话 | 想过是不是不道德 | 在打算做这些行为之前,心理有怨气发泄,肯定是不开心的;做完这些行为之后,心情有变化,起码心情好点了 | 看情况吧,有可能继续,遇到不讲理,且不公正的人,在无能为力的情况下只能依靠这样的方式来表示下反抗了 |
| A50 | 上班时间打私人电话、发短信、上网 | 没有想过不道德 | 做之前感到无聊,做这些事情的时候会感觉放松了一些 | 会继续,因为没工作的时候无聊 |
| A50 | 有时候也会议论一下其他人 | 有觉得是不道德,背后议论别人也不怎么好 | 在抱怨领导的时候心情是郁闷的;抱怨完以后,会变得比较烦躁 | |

续表

| 编号 | 非伦理行为主要表现 | 道德判断 | 情绪体验 | 是否继续 |
|---|---|---|---|---|
| A51 | 上班时间玩手机 | 心里有点不安，我是一个工作努力负责的人，上班是不应该玩手机的，不过，想归想，还是会玩一下。一般不会想到道德层面，而是想到公司制度，想到会不会被抓 | 在做这些行为之前，眼神有那么一丝小紧张；做完这些行为之后，松了一口气，没被发现 | 看情况，工作没事做的话，可能会 |
| A52 | 不到吸烟室吸烟 | 这个还真没想过是不是道德 | 在受到处罚批评之前没什么感觉，被批评教育之后才意识到问题的严重性 | 不会了 |
| A52 | 迟到、早退 | 这个还真没想过是不是道德 | 在受到处罚批评之前没什么感觉，被批评教育之后才意识到问题的严重性 | 不会了 |

# 参考文献

[1] [美] Thomas W. Lee 等著:《组织与管理研究的定性方法》,吕力译,北京大学出版社 2014 年版。

[2] 曹元坤、李志成、占小军:《辱虐管理对下属情绪耗竭影响的追踪研究:情绪劳动和同事支持的作用》,《中大管理研究》2015 年第 2 期。

[3] 崔勋、瞿皎妓、曹霞:《组织政治知觉的研究溯源、现状述评与前沿探析》,《华东经济管理》2014 年第 3 期。

[4] 陈畅:《关于潜规则引致正式制度失效问题的研究》,《求实》2008 年第 1 期。

[5] 陈刚:《上行下效:高官腐败的示范效应研究》,《经济社会体制比较》2013 年第 2 期。

[6] 陈坚、连榕:《代际工作价值观发展的研究述评》,《心理科学进展》2011 年第 11 期。

[7] 陈翼、唐宁玉:《新生代员工工作价值观:后现代主义的视角》,《上海管理科学》2014 年第 1 期。

[8] 杜秀芳、刘娜娜:《金钱刺激和决策者角色对个体道德决策的影

响——基于过程分离范式》,《心理科学》2018 年第 3 期。

[9] 邓希泉、杨长征、李广文:《"80 后"青年职场状况及其评价研究——以北京地区为例》,《中国青年研究》2009 年第 7 期。

[10] 董蕊、倪士光:《工作场所不道德行为:自我控制资源有限理论的解释》,《西北师范大学学报》(社会科学版)2017 年第 1 期。

[11] 高日光、孙健敏:《破坏性领导对员工工作场所越轨行为的影响》,《理论探讨》2009 年第 5 期。

[12] 洪雁:《中国组织情境下领导越轨行为的分类框架及效能机制研究》,博士学位论文,浙江大学,2012 年。

[13] 侯烜方、李燕萍、涂乙冬:《新生代工作价值观结构、测量及对绩效影响》,《心理学报》2014 年第 6 期。

[14] 胡金生、叶春、李旭、高婷婷:《公正判断中的"非理性":加工特征、主要表现和影响因素》,《心理科学进展》2012 年第 5 期。

[15] 胡亮、罗昌瀚:《"潜规则"的博弈模型及其扩展分析》,《甘肃社会科学》2007 年第 5 期。

[16] 胡瑞仲、杨东涛、王帮俊:《企业管理中潜规则与显规则的冲突和耦合》,《青海社会科学》2012 年第 5 期。

[17] 胡瑞仲:《管理规则转化路径及不良管理潜规则的规避》,《经济管理》2006 年第 12 期。

[18] 黄忠东:《组织政治研究脉络梳理与趋势展望》,《山西大学学报》(哲学社会科学版)2016 年第 2 期。

[19] 金杨华、郝洁、叶燕华:《道德解脱和惩罚知觉对伦理决策的影响》,《商业经济与管理》2016 年第 6 期。

[20] 金杨华、吕福新:《关系取向与企业家伦理决策——基于"浙

商"的实证研究》,《管理世界》2008年第8期。

[21] 康飞、曲庆、张涵:《伦理领导、积极情绪与建言行为——下属性别的调节作用》,《软科学》2018年第6期。

[22] 李方君、熊玉双、李斌:《伦理型领导产生机制及影响因素》,《心理科学进展》2018年第5期。

[23] 李根强、杨锐:《团队内亲组织非伦理行为的产生与传染机制研究》,《软科学》2019年第1期。

[24] 李根强:《伦理型领导、组织认同与员工亲组织非伦理行为:特质调节焦点的调节作用》,《科学学与科学技术管理》2016年第12期。

[25] 李佳、蔡强、黄禄华等:《利他惩罚的认知机制和神经生物基础》,《心理科学进展》2012年第5期。

[26] 李锐、田晓明、孙建群:《自我牺牲型领导对员工知识共享的作用机制》,《南开管理评论》2014年第5期。

[27] 李想、时勘、万金、刘晔:《伦理型领导对基层公务员建言与沉默行为的影响机制——资源保存和社会交换视角下的中介调节模型》,《软科学》2018年第1期。

[28] 李晓明、傅小兰、王新超:《主观道德强度对企业道德决策的预测作用》,《心理科学》2008年第2期。

[29] 李颖:《对潜规则盛行与显规则约束力弱化的思考》,《中南大学学报》(社会科学版)2007年第4期。

[30] 李永强、李剑南、史亚莉:《社会网络视角下员工非道德行为研究述评》,《经济学动态》2010年第12期。

[31] 李志成、王震、祝振兵等:《基于情绪认知评价的员工绩效压力对亲组织非伦理行为的影响研究》,《管理学报》2018年第

3 期。

[32] 梁碧波：《"潜规则"的供给、需求及运行机制》，《经济问题》2004 年第 8 期。

[33] 廖冰、白永利：《科研团队潜规则对团队成员建言行为的影响：心理安全感知的中介作用》，《科学决策》2014 年第 2 期。

[34] 廖冰、侯青蜓：《科研团队潜规则对团队成员创新行为影响的实证研究——基于大陆、台湾科研团队的对比》，《科技进步与对策》2015 年第 14 期。

[35] 林炜双、高腾、孙李银、景怀斌：《作为组织政治行为的潜规则：影响因素与作用机制》，《公共行政评论》2010 年第 4 期。

[36] 林英晖、程垦：《差序式领导与员工亲组织非伦理行为：圈内人和圈外人视角》，《管理科学》2017 年第 3 期。

[37] 刘军、吴隆增、林雨：《应对辱虐管理：下属逢迎与政治技能的作用机制研究》，《南开管理评论》2009 年第 2 期。

[38] 刘军、王未、吴隆增等：《拒绝职场边缘化：模型与检验》，《南开管理评论》2012 年第 1 期。

[39] 刘苹、郑沙沙、吴继红：《代际差异对员工行为的影响研究："80 后"与"80 前"的对比》，《中国行政管理》2012 年第 5 期。

[40] 刘婷婷、周二华、龙立荣：《从"好士兵"到"坏苹果"：组织中道德许可研究述评》，《中国人力资源开发》2017 年第 6 期。

[41] 刘晓琴：《非伦理领导对敌对氛围和职场非伦理行为的影响——员工正念的调节作用》，《华东经济管理》2018 年第 6 期。

[42] 刘晓琴：《非伦理领导对员工职场创新越轨行为的影响机制研究》，《软科学》2017 年第 9 期。

[43] 刘玉新、张建卫、王成全、彭凯平：《职场排斥对反生产行为作用机制的实验研究》，《中国软科学》2013年第10期。

[44] 刘彧彧、张佳良、刘雨萌：《伦理气氛下道德强度对组织员工伦理决策行为的影响研究》，《管理学报》2015年第8期。

[45] 鲁芳：《关于潜规则影响国民道德行为选择的实证研究》，《伦理学研究》2013年第1期。

[46] 罗帆、徐瑞华：《高承诺人力资源管理实践对亲组织非伦理行为的影响——组织支持感的中介作用与道德认同的调节作用》，《中国人力资源开发》2017年第10期。

[47] 罗文豪：《追随研究的历史溯源、现实驱力与未来展望》，《中国人力资源开发》2015年第15期。

[48] 吕小康、汪新建：《社会转型与规则变迁：潜规则盛行的结构性动力及其治理方向》，《天津社会科学》2012年第5期。

[49] 马力、曲庆：《可能的阴暗面：领导—成员交换和关系对组织公平的影响》，《管理世界》2007年第11期。

[50] 孟莉：《领导越轨行为的产生、影响与治理》，《领导科学》2019年第6期。

[51] 莫申江、王重鸣：《国外商业伦理研究回顾与展望》，《外国经济与管理》2009年第7期。

[52] 舒睿、梁建：《基于自我概念的伦理领导与员工工作结果研究》，《管理学报》2015年第7期。

[53] 舒晓村：《组织内非伦理行为传染效应研究》，博士学位论文，浙江大学，2015年。

[54] 孙旭、严鸣、储小平：《基于情绪中介机制的辱虐管理与偏差行为》，《管理科学》2014年第5期。

[55] 谭亚莉、廖建桥、王淑红：《工作场所员工非伦理行为研究述评与展望》，《外国经济与管理》2012年第3期。

[56] 田喜洲、左晓燕、谢晋宇：《工作价值取向研究现状分析及未来构想》，《外国经济与管理》2013年第4期。

[57] 万希、李恩、李论基：《组织政治知觉、负面情绪与反生产工作行为：员工传统性的调节作用》，《财贸研究》2016年第4期。

[58] 王颖、刘莎莎：《组织政治知觉对职业倦怠和组织公民行为的影响——基于真实自我的中介作用》，《中国人力资源开发》2016年第7期。

[59] 汪伟良、董阳：《学术不端行为的社会网络分析——以J大学"撤稿事件"为例》，《科学学研究》2014年第5期。

[60] 汪新建、吕小康：《作为惯习的潜规则——潜规则盛行的文化心理学分析框架》，《南开大学学报》（哲学社会科学版）2009年第4期。

[61] 王端旭、潘宇浩、郑显伟：《伦理型领导对员工非伦理行为的影响：道德明晰与权力距离的作用》，《现代管理科学》2015年第1期。

[62] 王端旭、曾恺、郑显伟：《员工非伦理行为如何招致同事攻击：道义公正视角》，《心理学报》2017年第6期。

[63] 王端旭、潘宇浩、郑显伟：《伦理型领导对员工非伦理行为的影响：道德明晰与权力距离的作用》，《现代管理科学》2015年第1期。

[64] 王端旭、赵君：《伦理型领导影响员工非伦理行为的中介机制研究》，《现代管理科学》2013年第6期。

[65] 王萍、朱进炎：《马基雅维利主义人格对道德行为决策影响的研

究——以道德推脱为中介变量》,《人类工效学》2018 年第 5 期。

[66] 王进:《企业员工的伦理决策意向研究——以道德成熟度、道德强度与伦理气候的影响为依据》,《华东经济管理》2010 年第 5 期。

[67] 王鹏、方平、姜媛:《道德直觉背景下的道德决策:影响因素探究》,《心理科学进展》2011 年第 4 期。

[68] 王晓辰、谢江佩、赵映振:《自我领导的个体会减少非伦理行为吗?——问责与法规型伦理氛围的作用》,《商业经济与管理》2017 年第 5 期。

[69] 王妍媛、陈同扬:《80 后员工的反生产行为研究及其管理应对》,《生产力研究》2012 年第 5 期。

[70] 王珍义、常亚平、阎俊、章艳:《中国会计不道德行为影响因素的实证研究——基于组织和社会环境的视角》,《管理学报》2010 年第 6 期。

[71] 王忠军、龙立荣、刘丽丹:《组织中主管—下属关系的运作机制与效果》,《心理学报》2011 年第 7 期。

[72] 韦慧民、鲁振伟:《员工角色超载对非伦理行为的影响:情绪耗竭的中介作用与组织支持的调节作用》,《中国人力资源开发》2017 年第 8 期。

[73] 魏峰、倪宁、贡小妹:《辱虐管理和领导认同对非伦理行为的影响:职业伦理标准的调节作用》,《中国人力资源开发》2016 年第 9 期。

[74] 文鹏、夏玲、陈诚:《责任型领导对员工揭发意愿与非伦理行为的影响》,《经济管理》2016 年第 7 期。

［75］文鹏、任晓雅、陈诚：《目标设置对非伦理行为的影响：边界条件与理论基础》，《心理科学进展》2017 年第 8 期。

［76］文鹏、史硕：《团队内非伦理行为的社会互动机制》，《心理科学进展》2012 年第 6 期。

［77］吴红梅、刘洪：《西方伦理决策研究述评》，《外国经济与管理》2006 年第 12 期。

［78］吴明证、沈斌、孙晓玲：《组织承诺和亲组织的非伦理行为关系：道德认同的调节作用》，《心理科学》2016 年第 2 期。

［79］吴思：《潜规则——中国历史中的真实游戏》，复旦大学出版社 2009 年版。

［80］夏绪梅：《组织非伦理行为原因研究综述》，《未来与发展》2011 年第 10 期。

［81］徐琳、王济干、樊传浩：《授权型领导对员工亲组织非伦理行为的影响：一个链式中介模型》，《科学学与科学技术管理》2018 年第 6 期。

［82］亚里士多德著：《尼各马可伦理学》，邓安庆译，人民出版社 2010 年版。

［83］闫艳玲、周二华、刘婷：《职场排斥与反生产行为：状态自控和心理资本的作用》，《科研管理》2014 年第 3 期。

［84］杨善华、孙飞宇：《作为意义探究的深度访谈》，《社会学研究》2005 年第 5 期。

［85］杨晓、师萍、安立仁：《领导—成员交换理论述评与研究展望——多层次的视角》，《未来与发展》2013 年第 8 期。

［86］易成非、姜福洋：《潜规则与明规则在中国场景下的共生——基于非法拆迁的经验研究》，《公共管理学报》2014 年第 4 期。

[87] 郁乐：《试论"潜规则"行为中的合作与背叛——潜规则行为的心理机制与道德风险》，《华中科技大学学报》（社会科学版）2013年第2期。

[88] 喻中：《正式规则与潜规则的相互关系》，《民主与科学》2010年第1期。

[89] 袁爱华、李克艳：《社会交往"潜规则"对腐败形成的影响及其破解》，《重庆工商大学学报》（社会科学版）2018年第3期。

[90] 袁凌、刘泽银：《心理安全感视角下组织伦理氛围与员工建言行为关系研究》，《中国人力资源开发》2016年第5期。

[91] 曾伏娥：《消费者非伦理行为形成机理及决策过程研究》，武汉大学出版社2010年版。

[92] 张娜、张剑、宋亚辉：《保险营销员倾向性/情境性道德敏感性对道德决策的影响》，《中国人力资源开发》2016年第23期。

[93] 张剑、岳红、唐中正：《情绪智力三维结构模型的验证与应用》，《管理学报》2009年第6期。

[94] 张彦：《基于风险考量的伦理决策研究》，《自然辩证法研究》2008年第8期。

[95] 张正堂、刁婧文、丁明智：《领导者非权变惩罚行为、组织政治知觉与员工额外努力意愿的关系——情感信任的调节效应》，《华南师范大学学报》（社会科学版）2017年第2期。

[96] 张永军：《组织政治知觉对员工反生产行为的影响：心理契约破裂的中介检验》，《商业经济与管理》2013年第10期。

[97] 张永军、杜盛楠、李永鑫：《为私还是为公：伦理氛围对员工非伦理行为的影响》，《心理研究》2017年第5期。

[98] 张永军、江晓燕、赵国祥：《伦理氛围与亲组织非伦理行为：道

德辩护的中介效应》,《心理科学》2017 年第 5 期。

[99] 张永军、张鹏程、赵君:《家长式领导对员工亲组织非伦理行为的影响:基于传统性的调节效应》,《南开管理评论》2017 年第 2 期。

[100] 张亚军、张军伟、崔利刚、刘汕:《组织政治知觉对员工绩效的影响:自我损耗理论的视角》,《管理评论》2018 年第 1 期。

[101] 章发旺、廖建桥:《伦理型领导与伦理问题报告:道德效力与道德认同的作用》,《管理评论》2017 年第 12 期。

[102] 赵红丹、周君:《企业伪善、道德推脱与亲组织非伦理行为:有调节的中介效应》,《外国经济与管理》2017 年第 1 期。

[103] 郑奕:《潜规则的内涵、特征和价值评析》,《江淮论坛》2009 年第 1 期。

[104] 周浩、龙立荣:《共同方法偏差的统计检验与控制方法》,《心理科学进展》2004 年第 6 期。

[105] 周丽芳:《华人组织中的关系与社会网络》,《本土心理学研究》2002 年第 18 期。

[106] 周石:《80 后员工"职业观"分析》,《管理世界》2009 年第 4 期。

[107] 周延云、李瑞娥:《现代企业伦理决策实证研究述评》,《经济管理》2006 年第 14 期。

[108] 朱瑜、李云健、马智妍、王小霏:《员工组织规避劳动合同法认知、工作不安全感与组织报复行为的关系:基于华南地区新生代员工的实证研究》,《管理评论》2014 年第 3 期。

[109] Ahmad, S. A., Yunos, R. M., Ahmad, R. A. R., et al., "Whistle blowing Behaviour: The Influence of Ethical Climates

Theory", *Procedia - Social and Behavioral Sciences*, No. 64, 2014, pp. 445 - 450.

[110] Ahmad, S., "Can Ethical Leadership Inhibit Workplace Bullying Across East and West: Exploring Cross - Cultural Interactional Justice as A Mediating Mechanism", *European Management Journal*, Vol. 36, No. 2, 2018, pp. 223 - 234.

[111] Akaah, I. P., "The Influence of Organizational Rank and Role on Marketing Professionals Ethical Judgments", *Journal of Business Ethics*, Vol. 15, No. 6, 1996, pp. 605 - 613.

[112] Albaum, G. and Peterson, R. A., "Ethical Attitudes of Future Business Leaders: Do They Vary by Gender and Religiosity?", *Business & Society*, Vol. 45, No. 3, 2006, pp. 300 - 321.

[113] Ambrose, M. L. and Kulik, C. T., "Old Friends, New Faces: Motivation Research in the 1990s", *Journal of Management*, Vol. 25, No. 3, 1999, pp. 231 - 292.

[114] Aquino, K. and Reed, A., "The Self - importance of Moral Identity", *Journal of Personality and Social Psychology*, No. 83, 2002, pp. 1423 - 1440.

[115] Argandoña, A., "Beyond Contracts: Love in Firms", *Journal of Business Ethics*, No. 99, 2011, pp. 77 - 85.

[116] Ashforth, B. E. and Anand, V., "The Normalization of Corruption in Organizations", *Research in Organizational Behavior*, No. 25, 2003, pp. 1 - 52.

[117] Ashkanasy, N. M., Windsor, C. A. and Treviño, L. K., "Bad Apples in Bad Barrels Revisited: Cognitive Moral Development,

Just World Beliefs, Rewards, and Ethical Decision – making", *Business Ethics Quarterly*, Vol. 16, No. 4, 2006, pp. 449 – 473.

[118] Au, A. K. M. and Wong, D. S. N., "The Impact of Guanxi on the Ethical Decision – making Process of Auditors – An Exploratory Study on Chinese CPAs in Hong Kong", *Journal of Business Ethics*, Vol. 28, No. 1, 2000, pp. 87 – 93.

[119] Bandura, A., Barbaranelli, C., Caprara, G. V. and Pastorelli, C., "Mechanisms of Moral Disengagement in the Exercise of Moral Agency", *Journal of Personality and Social Psychology*, Vol. 71, No. 2, 1996, pp. 364 – 374.

[120] Baumeister, R. F., Vohs, K. D., Nathan DeWall, C. and Zhang Liqing, "How Emotion Shapes Behavior: Feedback, Anticipation, and Reflection, Rather Than Direct Causation", *Personality and Social Psychology Review*, No. 11, 2007, pp. 167 – 203.

[121] Beekun, R. I., Hamdy, R., Westerman, J. W. and Hassabelnaby, H. R., "An Exploration of Ethical Decision – making Processes in the United States and Egypt", *Journal of Business Ethics*, Vol. 82. No. 3, 2008, pp. 587 – 605.

[122] Beekun, R. I., Westerman, J. W., "Spirituality and National Culture as Antecedents to Ethical Decision – making: A Comparison Between the United States and Norway", *Journal of Business Ethics*, Vol. 110, No. 1, 2012, pp. 33 – 44.

[123] Bell, C. M. and Hughes – Jones, J., "Power, Self – regulation and the Moralization of Behavior", *Journal of Business Ethics*, Vol. 83, No. 3, 2008, pp. 503 – 514.

[124] Benkler, Y. , "The Unselfish Gene", *Harvard Business Review*, Vol. 89, No. 7, 2011, pp. 67 – 75.

[125] Birkeland, N. M. and State, V. E. , "What We Know, What We Do Not Know, and What We Should and Could Have Known about Workplace Bullying: An Overview of the Literature and Agenda for Future Research", *Aggression and Violent Behavior*, No. 42, 2018, pp. 71 – 83.

[126] Bloodgood, J. M. , Turnley, W. H. and Mudrack, P. , "The Influence of Ethics Instruction, Religiosity, and Intelligence on Cheating Behavior", *Journal of Business Ethics*, Vol. 82, No. 3, 2008, pp. 557 – 571.

[127] Brass, D. J. , Skaggs, B. B. C. , "Relationships and Unethical Behavior: A Social Network Perspective", *The Academy of Management Review*, Vol. 23, No. 1, 1998, pp. 14 – 31.

[128] Brown, M. E. , Treviño, L. K. and Harrison, D. A. , "Ethical leadership: A Social Learning Perspective for Construct Development and Testing", *Organizational Behavior and Human Decision Processes*, Vol. 97, No. 2, 2005, pp. 117 – 134.

[129] Brown, M. E. and Treviño, L. K. , "Ethical leadership: A Review and Future Directions", *Leadership Quarterly*, Vol. 17, No. 6, 2006, pp. 595 – 616.

[130] Brown, M. E. , "Misconceptions of Ethical Leadership: How to Avoid Potential Pitfalls", *Organizational Dynamics*, No. 36, 2007, pp. 140 – 155.

[131] Bruk – Lee, V. , Khoury, H. A. , Nixon, A. E. , Goh, A. and

Spector, P. E., "Replicating and Extending Past Personality/job Satisfaction Meta - analyses", *Human Performance*, No. 22, 2009, pp. 156 - 189.

[132] Buchan, H. F., "Ethical Decision Making in the Public Accounting Profession: An Extension of Ajzen's Theory of Planned Behavior", *Journal of Business Ethics*, Vol. 61, No. 2, 2005, pp. 165 - 181.

[133] Byun, G., Karau, S. J., Ye, D. and Lee S., "A Three - level Examination of The Cascading Effects of Ethical Leadership on Employee Outcomes: A Moderated Mediation Analysis", *Journal of Business Research*, No. 88, 2018, pp. 44 - 53.

[134] Carpenter, T. D. and Reimers, J. L., "Unethical and Fraudulent Financial Reporting: Applying the Theory of Planned Behavior", *Journal of Business Ethics*, Vol. 60, No. 2, 2005, pp. 115 - 129.

[135] Caughron, J. J., Antes, A. L., Stenmark, C. K., Thiel, C. E. and Wang, X., "Sensemaking Strategies for Ethical Decision Making", *Ethics and Behavior*, Vol. 21, No. 5, 2011, pp. 351 - 366.

[136] Cavanagh, G. F. and Bandsuch, M. R., "Virtue as a Benchmark for Spirituality in Business", *Journal of Business Ethics*, Vol. 38. No. 1, 2002, pp. 109 - 117.

[137] Chan, C. and Ananthram S., "Religion - Based Decision Making in Indian Multinationals: A Multi - faith Study of Ethical Virtues and Mindsets", *Journal of Business Ethics*, Vol. 156, No. 3, 2019, pp. 651 - 677.

[138] Chang, S - H, Shu Y., Shu, Lin Y - H. and Wang, C - L., "'I Believe', 'I Think', then 'I Will'? Investigating the Mediator Role of Ethical Judgment between Internet Ethical Self - efficacy and Ethical Behavioral Intention", *Computers in Human Behavior*, Vol. 101, 2019, pp. 387 - 393.

[139] Chen, C., Chen, Y. and Xin, K., "Guanxi Practices and Trust in Management: A Procedural Justice Perspective", *Organization Science*, No. 15, 2004, pp. 200 - 209.

[140] Chen, N. and Tjosvold, D., "Guanxi and Leader Member Relationships between American Managers and Chinese Employees: Open - minded Dialogue as Mediator", *Asia Pacific Journal of Management*, Vol. 24, No. 2, 2007, pp. 171 - 196.

[141] Chen, Y. F. and Tjosvold, D., "Participative Leadership by American and Chinese Managers in China: The Role of Relationships", *Journal of Management Studies.*, Vol. 43, No. 8, 2006, pp. 1727 - 1752.

[142] Cheung, M. F. Y., Wu, W. - P., Chan, A. K. K. and Wong, M. M. L., "Supervisor - subordinate Guanxi and Employee Work Outcomes: The Mediating Role of Job Satisfaction", *Journal of Business Ethics*, Vol. 88, No. 1, 2009, pp. 77 - 89.

[143] Cheng, M. Y. and Wang, L., "The Mediating Effect of Ethical Climate on the Relationship between Paternalistic Leadership and Team Identification: A Team - level Analysis in the Chinese Context", *Journal of Business Ethics*, No. 129, 2015, pp. 639 - 654.

[144] Chikeleze, M. C. and Baehrend, W. R., "Ethical Leadership

Style and Its Impact on Decision – Making", *Journal of Leadership Studies*, Vol. 11, No. 2, 2017, pp. 45 – 47.

[145] Chow, R. M., Tiedens, L. Z. and Govan, C. L., "Excluded Emotions: The Role of Anger in Antisocial Responses to Ostracism", *Journal of Experimental Social Psychology*, Vol. 44, No. 3, 2008, pp. 896 – 903.

[146] Come, D. R. and Sekerka, L. E., "Keep Calm and Carry on (ethically): Durable Moral Courage in the Workplace", *Human Resource Management Review*, No. 28, 2017, pp. 116 – 130.

[147] Connelly, S., Helton – Fauth, W. and Mumford, M. D., "A Managerial in – basket Study of the Impact of Trait Emotions on Ethical Choice", *Journal of Business Ethics*, No. 51, 2004, pp. 45 – 267.

[148] Craft, J. L., "A Review of the Empirical Ethical Decision – making Literature: 2004 – 2011", *Journal of Business Ethics*, Vol. 117, No. 2, 2013, pp. 221 – 259.

[149] Crede, M., Chernyshenko O. S. and Stark S, et al., "Job Satisfaction as Mediator: An Assessment of Job Satisfaction's Position within the Nomological Network", *Journal of Occupational and Organizational Psychology*, No. 80, 2007, pp. 515 – 538.

[150] Cropanzano, R., Howes, J. C. and Grandey, A. A., "The Relationship of Organizational Politics and Support to Work Behaviors, Attitudes, and Stress", *Journal of Organizational Behavior*, Vol. 18, No. 2, 1997, pp. 159 – 180.

[151] Curtis, M. B., "Are Audit – related Ethical Decisions Dependent

Upon Mood?", *Journal of Business Ethics*, Vol. 68, No. 2, 2006, pp. 191 – 209.

[152] Dansereau, F., Graen, G. and Haga W., "A Vertical Dyad Linkage Approach to Leadership within formal Organizations: A Longitudinal Investigation of the Role – making process", *Organizational Behavior and Human Performance*, Vol. 13, No. 1, 1975, pp. 46 – 78.

[153] Dalal, R. S., "A Meta – analysis of the Relationship between Organizational Citizenship Behavior and Counterproductive Work Behavior", *Journal of Applied Psychology*, Vol. 90, No. 6, 2005, pp. 1241 – 1255.

[154] De Hoogh, A. H. B., and Den Hartog, D. N., "Ethical and Despotic Leadership, Relationship with the Leader's Social Responsibility, Top Management Team Effectiveness and Subordinates' Optimism: A Multi – method Study", *The Leadership Quarterly*, Vol. 19, No. 3, 2008, pp. 297 – 311.

[155] De Matos, C. A., Ituassu, C. T., Rossi, V., and Alberto, C., "Consumer Attitudes Toward Counterfeits: A Review and Extension", *The Journal of Consumer Marketing*, Vol. 24, No. 1, 2007, pp. 36 – 47.

[156] De Waal, F. B., "Putting the Altruism Back into Altruism: The Evolution of Empathy", *The Annual Review of Psychology*, No. 59, 2008, pp. 279 – 300.

[157] Dedeke, A., "A Cognitive – Intuitionist Model of Moral Judgment", *Journal of Business Ethics*, Vol. 126, No. 3, 2015, pp.

437 – 457.

[158] Desai, S. and Kouchaki, M., "Moral Symbols: A Necklace of Garlic Against Unethical Requests", *Academy of Management*, Vol. 60, No. 1, 2017, pp. 7 – 28.

[159] Detert, J. R., L. K. Treviño, and V. L. Sweitzer, "Moral Disengagement in Ethical Decision Making: A Study of Antecedents and Outcomes", *Journal of Applied Psychology*, Vol. 93, No. 2, 2008, pp. 374 – 391.

[160] Demirtas, O. and Akdogan, A. A., "The Effect of Ethical Leadership Behavior on Ethical Climate, Turnover Intention, and Affective Commitment", *Journal of Business Ethics*, Vol. 130, No. 1, 2015, pp. 59 – 67.

[161] Dolbier, C. L, Webster, J. A., McCalister, K. T., et al., "Reliability and Validity of a Single – Item Measure of Job Satisfaction", *American Journal of Health Promotion*, Vol. 19, No. 3, 2005, pp. 194 – 198.

[162] Dukerich, Janet M., M. J. Waller, and G. G. P. Huber, "Moral Intensity and Managerial Problem Solving", *Journal of Business Ethics*, Vol. 24, No. 1, 2000, pp. 29 – 38.

[163] Dunfee, T. W. and Warren, D. E., "Is Guanxi Ethical? A Normative Analysis of Doing Business in China", *Journal of Business Ethics*, Vol. 32, No. 3, 2001, pp. 191 – 204.

[164] Dust, S. B., Resick, C, J. Margolis, J. A., et al., "Ethical Leadership and Employee Success: Examining the Roles of Psychological Empowerment and Emotional Exhaustion", *The Leadership*

Quarterly, No. 29, 2018, pp. 570 – 583.

[165] Elango, B., K. Paul, and K. S. K. Paudel, "Organizational Ethics, Individual Ethics, and Ethical Intentions in International Decision – Making", *Journal of Business Ethics*, Vol. 97, No. 4, 2010, pp. 543 – 561.

[166] Elm, D. R. and Radin, T. J., "Ethical Decision Making: Special or No Different?", *Journal of Business Ethics*, Vol. 107, No. 3, 2012, pp. 313 – 329.

[167] Fagley, N. S., and Adler, M. G., "Appreciation: A Spiritual Path to Finding Value and Meaning in the Workplace", *Journal of Management, Spirituality and Religion*, Vol. 9, No. 2, 2012, pp. 167 – 187.

[168] Falk, A. and Heckman, J. J., "Lab Experiments Are a Major Source of Knowledge in the Social Sciences", *Science*, Vol. 326, No. 5952, 2009, pp. 535 – 538.

[169] Farooqi, S, Abid G, and Ahmed A., "How Bad It Is to Be Good: Impact of Organizational Ethical Culture on Whistleblowing (The Ethical Partners)", *Arab Economic and Business Journal*, Vol. 12, No. 2, 2017, pp. 69 – 80.

[170] Fehr, et al., "The Role of Moral Decoupling in the Causes and Consequences of Unethical Pro – Organizational Behavior", *Organizational Behavior and Human Decision Processes*, No. 153, 2019, pp. 27 – 40.

[171] Fehr, E., and U. Fischbacher, "The Nature of Human altruism", *Nature*, Vol. 425, No. 6960, 2003, pp. 785 – 791.

[172] Felps, W., T. R. Mitchell, and E. Byington, "How, When, and Why Bad Apples Spoil the Barrel: Negative Group Members and Dysfunctional Groups", *Research in Organizational Behavior*, Vol. 27, No. 6, 2006, pp. 175 – 222.

[173] Ferris, D. Lance, et al., "The Development and Validation of the Workplace Ostracism Scale", *Journal of Applied Psychology*, Vol. 93, No. 6, 2008, pp. 1348 – 1366.

[174] Folger, R., and Salvador, R., "Is Management Theory Too 'Selfish'?", *Journal of Management*, Vol. 34, No. 6, 2008, pp. 1127 – 1151.

[175] Ford, R. C., and W. D. Richardson, "Ethical Decision Making: A Review of the Empirical Literature", *Journal of Business Ethics*, Vol. 13, No. 3, 1994, pp. 205 – 221.

[176] Fu, Weihui, "The Impact of Emotional Intelligence, Organizational Commitment, and Job Satisfaction on Ethical Behavior of Chinese Employees", *Journal of Business Ethics*, Vol. 122, No. 1, 2014, pp. 137 – 144.

[177] Galperin, B. L., and B. K. Aquino, "Status Differentiation and the Protean Self: A Social – Cognitive Model of Unethical Behavior in Organizations", *Journal of Business Ethics*, Vol. 98, No. 3, 2011, pp. 407 – 424.

[178] Gerstner, C. R., and D. V. Day, "Meta – Analytic Review of Leader – member Exchange Theory: Correlates and Construct Issues", *Journal of Applied Psychology*, Vol. 82, No. 6, 1997, pp. 827 – 844.

[179] Gehman, J., Treviño, L. K., and Garud, R., "Values Work: A Process Study of the Emergence and Performance of Organizational Values Practices", *Academy of Management Journal*, Vol. 56, No. 1, pp. 84 – 112.

[180] Giacalone, R. A., and C. L. Jurkiewicz, "Right from Wrong: The Influence of Spirituality on Perceptions of Unethical Business Activities", *Journal of Business Ethics*, Vol. 46, No. 1, 2003, pp. 85 – 97.

[181] Gino, F., Ayal, S. and D. Ariely, "Contagion and Differentiation in Unethical Behavior: The Effect of One Bad Apple on the Barrel", *Psychological Science*, Vol. 20, No. 3, 2009, pp. 393 – 398.

[182] Gino, F., Schweitzer M. E., Mead N. L., et al., "Unable to Resist Temptation: How Self – control Depletion Promotes Unethical Behavior", *Organizational Behavior and Human Decision Processes*, Vol. 115, No. 2, 2011, pp. 191 – 203.

[183] Ghosh, K., "Benevolent Leadership in Not – for – profit Organizations", *Leadership & Organization Development Journal*, Vol. 36, No. 5, 2015, pp. 592 – 611.

[184] Graen, G., Novak, M. A., and Sommerkamp, P., "The Effects of Leader—member Exchange and Job Design on Productivity and Satisfaction: Testing a Dual Attachment model", *Organizational Behavior & Human Performance*, Vol. 30, No. 1, 1982, pp. 109 – 131.

[185] Grant, A., and Dutton, J., "Beneficiary or Benefactor: Are Peo-

ple More Prosocial When They Reflect on Receiving or Giving?", *Psychological Science*, Vol. 23, No. 9, 2012, pp. 1033 – 1039.

[186] Grant, A. M., "Leading with Meaning: Beneficiary Contact, Prosocial Impact, and the Performance Effects of Transformational Leadership", *Academy of Management Journal*, Vol. 55, No. 2, 2012, pp. 458 – 476.

[187] Grant, A. M., and J. W. Berry, "The Necessity of Others Is the Mother of Invention: Intrinsic and Prosocial Motivations, Perspective Taking, and Creativity", *Academy of Management Journal*, Vol. 54, No. 1, 2011, pp. 375 – 383.

[188] Grant, A. M., "The Significance of Task Significance: Job Performance Effects, Relational Mechanisms, and Boundary Conditions", *Journal of Applied Psychology*, Vol. 93, No. 1, 2008, pp. 108 – 124.

[189] Greenbaum, R. L., et al., "Employee Machiavellianism to Unethical Behavior: The Role of Abusive Supervision as a Trait Activator", *Journal of Management*, Vol. 43, No. 2, 2017, pp. 585 – 609.

[190] Guillén, M., I. Ferrero, and W. M. Hoffman, "The Neglected Ethical and Spiritual Motivations in the Workplace", *Journal of Business Ethics*, Vol. 128. No. 4, 2015, pp. 803 – 816.

[191] Guerci, M., et al., "The Impact of Human Resource Management Practices and Corporate Sustainability on Organizational Ethical Climates: An Employee Perspective", *Journal of Business Ethics*, Vol. 126, No. 2, 2015, pp. 325 – 342.

[192] Haidt, J. , "The Emotional Dog and Its Rational Tail: A Social Intuitionist Approach to Moral Judgment", *Psychological Review*, Vol. 108, 2001, pp. 814 – 834.

[193] Haines, R. , Street, M. , and Haines, D. , "The Influence of Perceived Importance of an Ethical Issue on Moral Judgment, Moral Obligation, and Moral Intent", *Journal of Business Ethics*, Vol. 81, No. 2, 2008, pp. 387 – 399.

[194] Harris, K. J. , A. R. Wheeler, and K. M. Kacmar, "The Mediating Role of Organizational Job Embeddedness in the LMX – Outcomes Relationships", *Leadership Quarterly*, Vol. 22, No. 2, 2011, pp. 271 – 281.

[195] Hansen, S. D. , Dunford, B. B. , Alge, B. J. et al. , "Corporate Social Responsibility, Ethical Leadership, and Trust Propensity: A Multi – Experience Model of Perceived Ethical Climate", *Journal of Business Ethics*, Vol. 137, No. 4, 2016, pp. 649 – 662.

[196] Hayes, A. F. , *Introduction to Mediation, Moderation, and Conditional Process Analysis: A Regression – based Approach*, New York, NY: The Guilford Press, 2013, pp. 335 – 337.

[197] Hershcovis, M. S. , and Barling, J. , "Towards a Multi – foci Approach to Workplace Aggression: A Meta – analytic Review of Outcomes from Different Perpetrators", *Journal of Organizational Behaviour*, Vol. 31, No. 1, 2010, pp. 24 – 44.

[198] Hirsh, Lu and Galinsky, "Moral Utility Theory: Understanding the Motivation to Behave (un) Ethically", *Research in Organizational Behavior*, Vol. 38, 2018, pp. 43 – 59.

[199] Ho, J. A., "Ethical Perception: Are Differences between Ethnic Groups Situation Dependent?", *Business Ethics A European Review*, Vol. 19, No. 2, 2010, pp. 154 – 182.

[200] Hong, M. C., Barnes, C. M., Scott, B. A., "Collateral Damage Form the Show: Emotional Labor and Unethical Behavior", *Business Ethics Quarterly*, 2017, pp. 1 – 28.

[201] Hoyt, C. L., Price T L., "Ethical Decision Making and Leadership: Merging Social Role and Self – Construal Perspectives", *Journal of Business Ethics*, Vol. 126, No. 4, 2015, pp. 531 – 539.

[202] Isabel, T., Hilbig, B. E., "Daring Dishonesty: On the Role of Sanctions for (un) Ethical Behavior", *Journal of Experimental Social Psychology*, Vol. 79, 2018, pp. 71 – 77.

[203] Jackson et al., "The Dark Side of Experiencing Job Autonomy: Unethical Behavior", *Journal of Experimental Social Psychology*, Vol. 73, 2017, pp. 222 – 234.

[204] Jackson, R. W., Wood, C. M., and Zboja. J. J., "The Dissolution of Ethical Decision – Making in Organizations: A Comprehensive Review and Model", *Journal of Business Ethics*, Vol. 116, No. 2, 2013, pp. 233 – 250.

[205] Jain, S., Cohen, A. K., Paglisotti, T., et al., "School Climate and Physical Adolescent Relationship Abuse: Differences by Sex, Socioeconomic Status, and Bullying", *Journal of Adolescence*, Vol. 66, 2018, pp. 71 – 82.

[206] Jensen, J. M., Cole, M. S., and Rubin, R. S., "Predicting Retail Shrink from Performance Pressure, Ethical Leader Behavior,

and Store – Level Incivility", *Journal of Organizational Behavior*, Vol. 40, No. 6, 2019, pp. 723 – 739.

[207] Jones, T. M., "Ethical Decision Making by Individuals in Organizations: An Issue – Contingent Model", *The Academy of Management Review*, Vol. 16, No. 2, 1991, pp. 366 – 395.

[208] Judge, T. A., Scott, B. A., Ilies, R., "Hostility, Job Attitudes, and Workplace Deviance: Test of A Multilevel Model", *Journal of Applied Psychology*, Vol. 91, No. 1, 2006, p. 126.

[209] Judge, T. A., Thoresen, C. J., Bono, J. E., Patton, G. K., "The Job Satisfaction – job Performance Relationship: A Qualitative and Quantitative Review", *Psychological Bulletin*, Vol. 127, No. 3, 2001, pp. 376 – 407.

[210] Karakas, F., "Spirituality and Performance in Organizations: A Literature Review", *Journal of Business Ethics*, Vol. 94, No. 1, 2010, pp. 89 – 106.

[211] Karandikar, S., Kapoor, H., Fernandes, S., and Jonason, P., "Predicting Moral Decision – making with Dark Personalities and Moral Values", *Personality & Individual Differences*, Vol. 140, 2018, pp. 70 – 75.

[212] Ken, C. F., Feng, W. Ying, H, L., "The Trickle – down Effect of Responsible Leadership on Unethical Pro – organizational Behavior: The Moderating Role of Leader – follower Value Congruence", *Journal of Business Research*, Vol. 102, 2019, pp. 34 – 43.

[213] Kennedy, J. A., Schweitzer, M. E., "Building Trust by Tearing Others Down: When Accusing Others of Unethical Behavior Engen-

ders Trust", *Organizational Behavior and Human Decision Processes*, Vol. 149, 2018, pp. 111 – 128.

[214] Kern, M. C., Chugh, D., "Bounded Ethicality: The Perils of Loss Framing", *Psychological Science*, Vol. 20, No. 3, 2009, pp. 378 – 384.

[215] Khuntia, R., Suar, D., "A Scale to Assess Ethical Leadership of Indian Private and Public Sector Managers", *Journal of Business Ethics*, Vol. 49, No. 1, 2004, pp. 13 – 26.

[216] King, S., "The Moral Manager", *Public Integrity*, Vol. 8, No. 2, 2006, pp. 113 – 133.

[217] Kish – Gephart, J. J., Harrison, D. A., Treviño, L. K., "Bad Apples, Bad Cases, and Bad Barrels: Meta – analytic Evidence about Sources of Unethical Decisions at Work", *Journal of Applied Psychology*, Vol. 95, No. 1, 2010, pp. 1 – 31.

[218] Kitchener, K. S., "Intuition, Critical Evaluation and Ethical Principles: The Foundation for Ethical Decisions in Counseling Psychology", *The Counseling Psychologist*, Vol. 12, No. 3, 1984, pp. 43 – 55.

[219] Knoll, M., Schyns, B., and Petersen, L. E., "How the Influence of Unethical Leaders on Followers is Affected by Their Implicit Followership Theories", *Journal of Leadership & Organizational Studies*, Vol. 24, No. 4, 2017, pp. 450 – 465.

[220] Ko, C., Ma, J., Kang, M., et al., "The Effect of Ethical Leadership on Purchasers' Unethical Behavior in China: The Moderating Role of Ethical Ideology", *Journal of Purchasing and Sup-*

*ply Management*, Vol. 25, No. 4, 2019.

[221] Koh, H. C., and Boo, E., "The Link between Organizational Ethics and Job Satisfaction: A Study of Managers in Singapore", *Journal of Business Ethics*, Vol. 29, No. 4, 2001, pp. 309 – 324.

[222] Kossek, E. E., Pichler, S., Bodner, T., and Hammer, L. B., "Workplace Social Support and Work – family Conflict: A Meta-analysis Clarifying the Influence of General and Work – family Specific Supervisor and Organizational Support", *Personnel Psychology*, Vol. 64, 2011, pp. 289 – 313.

[223] Kouchaki, M. and Desai, S. D., "Anxious, Threatened, and also Unethical: How Anxiety Makes Individuals Feel Threatened and Commit Unethical Acts", *Journal of Applied Psychology*, Vol. 100, No. 2, 2015, pp. 360 – 375.

[224] Kulik, B. W., O'Fallon, M. J., and Salimath, M. S., "Do Competitive Environments Lead to the Rise and Spread of Unethical Behavior? Parallels from Enron", *Journal of Business Ethics*, Vol. 83, No. 4, 2008, pp. 703 – 723.

[225] Kujala, J., Lämsä, A., and Penttilä, K., "Managers' Moral Decision – making Patterns Over Time: A Multidimensional Approach", *Journal of Business Ethics*, Vol. 100, No. 2, 2011, pp. 191 – 207.

[226] Latham, G. P., and Pinder, C. C., "Work Motivation Theory and Research at the Dawn of the Twenty – First Century", *Annual Review of Psychology*, Vol. 56, No. 1, 2005, pp. 485 – 516.

[227] Leavitt, K., Zhu, L., Aquino, K., "Good Without Knowing It:

Subtle Contextual Cues Can Activate Moral Identity and Reshape Moral Intuition", *Journal of Business Ethics*, Vol. 137, No. 4, 2016, pp. 785 – 800.

[228] Lee Jaesub., "Leader – Member Exchange, Perceived Organizational Justice, and Cooperative Communication", *Management Communication Quarterly*, Vol. 14, No. 4, 2001, pp. 574 – 589.

[229] Lehnert, K., Park, Yung – Hwal., Singh, N., "Research Note and Review of the Empirical Ethical Decision – Making Literature: Boundary Conditions and Extensions", *Journal of Business Ethics*, Vol. 129, No. 1, 2015, pp. 195 – 219.

[230] Leavitt, K., Reynolds, S. J., Barnes, C. M., Schilpzand, P., Hannah, S. T., "Different Hats, Different Obligations: Plural Occupational Identities and Situated Moral Judgments", *Academy of Management Journal*, Vol. 55, 2012, 55, pp. 1316 – 1333.

[231] Lin, L. H., and Ho, Y. L., "Guanxi and OCB: The Chinese Cases", *Journal of Business Ethics*, Vol. 96, No. 2, 2010, pp. 285 – 298.

[232] Liu, J., Kwan, H. K., Hui, C., Lee, C., "Work – to – Family Spillover Effects of Workplace Ostracism: The Role of Work – Home Segmentation Preferences", *Human Resource Management*, Vol. 52, No. 1, 2013, pp. 75 – 93.

[233] Liu, S. B., Lin, X. S. and Hu W., "How Followers' Unethical Behavior Is Triggered by Leader – member Exchange: The Mediating Effect of Job Satisfaction", *Social Behavior and Personality An International Journal*, Vol. 41, No. 3, 2013, pp. 357 – 366.

[234] Loe, T. W., Ferrell, L., Mansfield, P., "A Review of Empirical Studies Assessing Ethical Decision Making in Business", *Journal of Business Ethics*, Vol. 25, No. 3, 2000, pp. 185 – 204.

[235] Lu, C – S, Lin. C – C., "The Effects of Ethical Leadership and Ethical Climate on Employee Ethical Behavior in the International Port Context", *Journal of Business Ethics*, Vol. 124, No. 2, 2014, pp. 209 – 223.

[236] Malam, S. S., et al., "Relationship between Human Resource Management Practices, Ethical Climates and Organizational Performance, The Missing Link: An Empirical Analysis", *PSU Research Review*, No. 3, 2019, pp. 50 – 69.

[237] Manroop, L., "Human Resource Systems and Competitive Advantage: An Ethical Climate Perspective", *Business Ethics: A European Review*, Vol. 24, 2015.

[238] Manroop, L., Singh, P., Ezzedeen, S., "Human Resource Systems and Ethical Climates: A Resource – Based Perspective", *Human Resource Management*, Vol. 53, No. 5, 2014, pp. 795 – 816.

[239] Maria, J. V., Pedro, N., "Shaping Emotional Reactions to Ethical Behaviors: Proactive Personality as a Substitute for Ethical Leadership", *The Leadership Quarterly*, Vol. 29, 2018, pp. 663 – 673.

[240] Marquardt, N., and Hoeger, R., "The Effect of Implicit Moral Attitudes on Managerial Decision – Making: An Implicit Social Cognition Approach", *Journal of Business Ethics*, Vol. 85, No. 2, 2009, pp. 157 – 171.

[241] Marshall, S., "Considering the Business in Business Ethics: An Exploratory Study of the Influence of Organizational Size and Structure on Individual Ethical Predispositions", *Journal of Business Ethics*, Vol. 30, No. 4, 2001, pp. 375 – 390.

[242] Mawritz, M. B., Mayer, D. M., Hoobler, J. M., et al., "A Trickle – down Model of Abusive Supervision", *Personnel Psychology*, Vol. 65, No. 2, 2012, pp. 325 – 357.

[243] Martin, K. D., and Cullen, J. B., "Continuities and Extensions of Ethical Climate Theory: A Meta – Analytic Review", *Journal of Business Ethics*, Vol. 69, No. 2, 2006, pp. 175 – 194.

[244] May, D. R., et al., "The Ethics of Meaningful Work: Types and Magnitude of Job – Related Harm and the Ethical Decision – Making Process", *Journal of Business Ethics*, Vol. 121, No. 4, 2014, pp. 651 – 669.

[245] Mayer, D. M., Kuenzi, M., Greenbaum, R., Bardes, M., and Salvador, R., "How Low Does Ethical Leadership Flow? Test of A Trickle – down Model", *Organizational Behavior and Human Decision Processes*, Vol. 108, No. 1, 2009, pp. 1 – 13.

[246] Mayer, D. M., Kuenzi, M., and Greenbaum, R. L., "Examining the Link between Ethical Leadership and Employee Misconduct: The Mediating Role of Ethical Climate", *Journal of Business Ethics*, Vol. 95, 2010, pp. 7 – 16.

[247] Mccabe, D. L., Treviño, L. K., Butterfield, K. D., "The Influence of Collegiate and Corporate Codes of Conduct on Ethics – Related Behavior in the Workplace", *Business Ethics Quarterly*, Vol.

6, No. 4, 1996, pp. 461 –476.

[248] McMahon, J. M., and Harvey, R. J., "The Effect of Moral Intensity on Ethical Judgment", *Journal of Business Ethics*, Vol. 72, No. 4, 2007, pp. 335 –357.

[249] Melé, D., "The Challenge of Humanistic Management", *Journal of Business Ethics*, Vol. 44, No. 1, 2003, pp. 77 –88.

[250] Mencl, J., and May, D. R., "The Effects of Proximity and Empathy on Ethical Decision – making: An Exploratory Investigation", *Journal of Business Ethics*, Vol. 85, No. 2, 2009, pp. 201 –226.

[251] Miller, Y., Kark, R., Zohar, N., "Her/ His Ethics? Managerial Ethics in Moral Decision – Making from a Contextual, Gendered, and Relational Perspective", *Sex Roles*, Vol. 80, No. (3 –4), 2019, pp. 218 –233.

[252] Millington, A., Eberhardt, M., and Wilkinson, B., "Gift Giving, 'Guanxi' and Illicit Payments in Buyer – Supplier Relations in China: Analysing the Experience of UK Companies", *Journal of Business Ethics*, Vol. 57, No. 3, 2005, pp. 255 –268.

[253] Mitchell, M. S., Baer, M. D., Ambrose, M. L., Folger, R., Palmer, N. F., "Cheating Under Pressure: A Self – Protection Model of Workplace Cheating Behavior", *Journal of Applied Psychology*, Vol. 103, No. 1, 2017.

[254] Motro, D., Ordóñez, L. D., Pittarello, A., et al., "Investigating the Effects of Anger and Guilt on Unethical Behavior: A Dual – Process Approach", *Journal of Business Ethics*, 2016.

[255] Mudrack, P. E., Mason, E. S., "Ethical Judgments: What Do

We Know, Where Do We Go?", *Journal of Business Ethics*, Vol. 115, No. 3, 2013, pp. 575-597.

[256] Murphy, P. R., Dacin, M. T., "Psychological Pathways to Fraud: Understanding and Preventing Fraud in Organizations", *Journal of Business Ethics*, Vol. 101, No. 4, 2011, pp. 601-618.

[257] Naquin, C. E., Kurtzberg, T. R., Belkin, L. Y., "The Finer Points of Lying Online: E-mail Versus Pen and Paper", *Journal of Applied Psychology*, Vol. 95, No. 2, 2010, pp. 387-394.

[258] Nguyen, N. T., and Biderman, M. D., "Studying Ethical Judgments and Behavioral Intentions Using Structural Equations: Evidence from The Multidimensional Ethics Scale", *Journal of Business Ethics*, Vol. 83, No. 4, 2008, pp. 627-640.

[259] Nie, D. and Lämsä, A. M., "The Leader-Member Exchange Theory in the Chinese Context and the Ethical Challenge of Guanxi", *Journal of Business Ethics*, Vol. 128, No. 4, 2015, pp. 851-861.

[260] O'Boyle, E. H., Forsyth, D. R., and O'Boyle, A. S., "Bad Apples or Bad Barrels: An Examination of Group- and Organizational-Level Effects in the Study of Counterproductive Work Behavior", *Group & Organization Management*, Vol. 36, No. 1, 2011, pp. 39-69.

[261] O'Connor, D., and Yballe, L., "Maslow Revisited: Constructing A Road Map of Human Nature", *Journal of Management Education*, Vol. 31, No. 6, 2007, pp. 738-756.

[262] O'Fallon, M. J., Butterfield, K. D., "A Review of the Empirical

Ethical Decision – Making Literature: 1996 – 2003", *Journal of Business Ethics*, Vol. 59, No. 4, 2005, pp. 375 – 413.

[263] O'Fallon, M. J., and Butterfield, K. D., "Moral Differentiation: Exploring Boundaries of the 'Monkey See, Monkey Do' Perspective", *Journal of Business Ethics*, Vol. 102, No. 3, 2011, pp. 379 – 399.

[264] O'Fallon, M. J., and Butterfield, K. D., "The Influence of Unethical Peer Behavior on Observers' Unethical Behavior: A Social Cognitive Perspective", *Journal of Business Ethics*, Vol. 109, No. 2, 2012, pp. 117 – 131.

[265] Parboteeah, K. P., Chen, H. C., Lin, Y. T., Chen, I. H., Lee, A. Y. P., and Chung, A., "Establishing Organizational Ethical Climates: How Do Managerial Practices Work?", *Journal of Business Ethics*, Vol. 97, No. 4, 2010, pp. 599 – 611.

[266] Piccolo, R. F., Greenbaum, R., Den Hartog, D. N., and Folger, R., "The Relationship between Ethical Leadership and Core Job Characteristics", *Journal of Organizational Behavior*, Vol. 31, No. 2, 2010, pp. 259 – 278.

[267] Piff, P. K., Stancatoa, D. M., Côtéb, S. et al., "Higher Social Class Predicts Increased Unethical Behavior", *Psychological and Cognitive Sciences*, Vol. 109, No. 11, 2012, pp. 4086 – 4091.

[268] Pinto, J., Leana, C. R., and Pil, F. K., "Corrupt Organizations or Organizations of Corrupt Individuals? Two Types of Organization Level Corruption", *Academy of Management Review*, Vol. 33, No. 3, 2008, pp. 685 – 709.

[269] Pizarro, D., "Nothing More than Feelings? The Role of Emotions in Moral Judgment", *Journal for the Theory of Social Behavior*, Vol. 30, 2000, pp. 355-375.

[270] Podsakoff, P. M., Scott, B. MacKenzie, Lee J-Y., and Podsakoff, N. P., "Common Method Biases in Behavioral Research: A Critical Review of the Literature and Recommended Remedies", *Journal of Applied Psychology*, Vol. 88, No. 5, 2003, pp. 879-903.

[271] Pohling, R., Bzdok, D., Eigenstetter, M., et al., "What is Ethical Competence? The Role of Empathy, Personal Values, and the Five-Factor Model of Personality in Ethical Decision-Making", *Journal of Business Ethics*, Vol. 137, No. 3, 2016, pp. 449-474.

[272] Polman, E., Ruttan, R. L., "Effects of Anger, Guilt, and Envy on Moral Hypocrisy", *Personality and Social Psychology Bulletin*, Vol. 38, No. 1, 2012, pp. 129-139.

[273] Rabl, T., and Kühlmann, T. M., "Understanding Corruption in Organizations: Development and Empirical Assessment of an Action Model", *Journal of Business Ethics*, Vol. 82, No. 2, 2008, pp. 477-495.

[274] Randall, D. M., and Fernandes, M., "The Social Desirability Response Bias in Ethics Research", *Journal of Business Ethics*, No. 10, 1991, pp. 805-817.

[275] Reed, A. I., Kay, A, Finnel, S., et al., "I Don't Want the Money, I Just Want Your Time: How Moral Identity Overcomes

The Aversion to Giving Time to Prosocial Causes", *Journal of Personality and Social Psychology*, Vol. 110, No. 3, 2015.

[276] Resick, C. J., Hanges, P. J., Dickson, M. W., Mitchelson, J. K., "A Cross - Cultural Examination of the Endorsement of Ethical Leadership", *Journal of Business Ethics*, No. 63, 2006, pp. 345 - 359.

[277] Reynolds, S. J., "A Neurocognitive Model of the Ethical Decision - Making Process: Implications for Study and Practice", *Journal of Applied Psychology*, Vol. 91, No. 4, 2006, pp. 737 - 748.

[278] Rousselet, E., Brial, B., Cadario, R., et al., "Moral Intensity, Issue Characteristics, and Ethical Issue Recognition in Sales Situations", *Journal of Business Ethics*, 2018, doi: 10.1007/s10551 - 018 - 4020 - 1.

[279] Rupp, D. E. and Bell, C. M., "Extending the Deontic Model of Justice: Moral Self - Regulation in Third - Party Responses to Injustice", *Business Ethics Quarterly*, Vol. 20, No. 1, 2010, pp. 89 - 106.

[280] Ryan, R. M., and Deci, E. L., "Intrinsic and Extrinsic Motivations: Classic Definitions and New Directions", *Contemporary Educational Psychology*, Vol. 25, 2000, pp. 54 - 67.

[281] Shea, C. T., Lee, J., S. Menon, T. ImDong - Kyun, "Cheater's Hide and Seek: Strategic Cognitive Network Activation During Ethical Decision Making", *Social Networks*, Vol. 58, 2019, pp. 143 - 155.

[282] Schminke, M., Ambrose, A., Neubaum, D., "The Effect of

Leader Moral Development on Ethical Climate and Employee Attitudes", *Organizational Behavior and Human Decision Processes*, Vol. 97, 2005, pp. 135 – 151.

[283] Schuessler, K., Hittle, D. and Cardascia, J., "Measuring Responding Desirability with Attitude – Opinion Items", *Social Psychology*, Vol. 41, 1978, pp. 224 – 235.

[284] Schwartz, M. S., "Ethical Decision – Making Theory: An Integrated Approach", *Journal of Business Ethics*, Vol. 139, No. 4, 2016, pp. 755 – 776.

[285] Schweitzer, M. E. and Gibson, D. E., "Fairness, Feelings, and Ethical Decision – Making: Consequences of Violating Community Standards of Fairness", *Journal of Business Ethics*, Vol. 77, No. 3, 2008, pp. 287 – 301.

[286] Schweitzer, M. E., Ordonez, L. and Douma, B., "Goal Setting as a Motivator of Unethical Behavior", *Academy of Management Journal*, Vol. 47, 2004, pp. 422 – 432.

[287] Seuntjens, et al., "Greedy Bastards: Testing The Relationship between Wanting More and Unethical Behavior", *Personality and Individual Differences*, Vol. 138, 2019, pp. 147 – 156.

[288] Seriki, O. K., Nath, P., Ingene, C. A., et al., "How Complexity Impacts Salesperson Counterproductive Behavior: The Mediating Role of Moral Disengagement", *Journal of Business Research*, 2018, pp. 1 – 12.

[289] Shin, Yuhyung, "CEO Ethical Leadership, Ethical Climate, Climate Strength, and Collective Organizational Citizenship Behav-

ior", *Journal of Business Ethics*, Vol. 108, No. 3, 2012, pp. 299 – 312.

[290] Shin, Y., Sung, S. Y., Choi, J. N., and Kim, M. S., "Top Management Ethical Leadership and Firm Performance: Mediating Role of Ethical and Procedural Justice Climate", *Journal of Business Ethics*, Vol. 129, 2015, pp. 43 – 57.

[291] Spector, P. E., and Fox, "An Emotion – Centered Model of Voluntary Work Behavior: Some Parallels between Counterproductive Work Behavior and Organizational Citizenship Behavior", *Human Resource Management Review*, Vol. 12, 2002, pp. 269 – 292.

[292] Spicer, A., Dunfee, T. W., and Bailey, W. J., "Does National Context Matter in Ethical Decision Making? An Empirical Test of Integrative Social Contracts Theory", *Academy of Management Journal*, Vol. 47, No. 4, 2004, pp. 610 – 620.

[293] Stead, W. E., Worrell, D. L. and Stead, J. G., "An Integrative Model for Understanding and Managing Ethical Behavior in Business Organizations", *Journal of Business Ethics*, Vol. 9, 1990, pp. 233 – 242.

[294] Stouten, J., Van Dijke, M., and De Cremer, D., "Ethical Leadership: An Overview and Future Perspectives", *Journal of Personnel Psychology*, Vol. 11, 2012, pp. 1 – 6.

[295] Su, C. Sirgy, M. J., and Littlefield, G. E., "Is Guanxi Orientation Bad, Ethically Speaking? A Study of Chinese Enterprises", *Journal of Businesses Ethics*, Vol. 44, No. 4, 2003, pp. 303 – 312.

[296] Su, C., and Littlefield, J. E., "Entering Guanxi: A Business Ethical Dilemma in Mainland China?", *Journal of Business Ethics*, Vol. 33, No. 3, 2001, pp. 199 – 210.

[297] Suar, D., and Khuntia, R., "Influence of Personal Values and Value Congruence on Unethical Practices and Work Behavior", *Journal of Business Ethics*, Vol. 97, 2010, pp. 443 – 460.

[298] Sunil, S., Chris, P., Howard, H., "Ethical Decision – making in Australian SMEs: A Field Study", *Small Enterprise Research*, 2018, pp. 1 – 23.

[299] Tang, T, L – P., Liu, H., "Love of Money and Unethical Behavior Intention: Does an Authentic Supervisor's Personal Integrity and Character (ASPIRE) Make a Difference?", *Journal of Business Ethics*, Vol. 107, No. 3, 2012, pp. 295 – 312.

[300] Tangney, J. P., Stuewig, J., and Mashek, D. J., "Moral Emotions and Moral Behavior", *Annual Review of Psychology*, Vol. 58, 2007, pp. 345 – 372.

[301] Taylor, E. Z. and Curtis, M. B., "An Examination of the Layers of Workplace Influences in Ethical Judgments: Whistleblowing Likelihood and Perseverance in Public Accounting", *Journal of Business Ethics*, Vol. 93, No. 1, 2010, pp. 21 – 37.

[302] Tenbrunsel, A. E. and Smith – Crowe, K., "Ethical Decision Making: Where We've Been and Where We're Going", *Academy of Management Annals*, Vol. 2, 2008, pp. 545 – 607.

[303] Tenbrunsel, A. E. and Smith – Crowe, K., Umphress, E. E., "Building Houses on Rocks: The Role of Ethical Infrastructure in

Organizations", *Social Justice Research*, Vol. 16, No. 3, 2003, pp. 258 – 307.

[304] Tepper, B. J., Mitchell, M. S., Haggard, D. L., et al., "On The Exchange of Hostility with Supervisors: An Examination of Self – Enhancing and Self – Defeating Perspectives", *Personnel Psychology*, Vol. 68, No. 4, 2015, pp. 723 – 758.

[305] Toor, S. R., and Ofori, G., "Ethical Leadership: Examining the Relationships with Full Range Leadership Model, Employee Outcomes, and Organizational Culture", *Journal of Business Ethics*, Vol. 90, No. 4, 2009, pp. 533 – 547.

[306] Treviño, L. K., Butterfield, K. D., and Mccabe, D. L., "The Ethical Context in Organizations: Influences on Employee Attitudes and Behaviors", *Business Ethics Quarterly*, Vol. 8, No. 3, 1998, pp. 447 – 476.

[307] Treviño, L. K., Weaver, G. R., Reynolds, S. J., "Behavioral Ethics in Organizations: A Review", *Journal of Management*, Vol. 32, No. 6, 2006, pp. 951 – 990.

[308] Treviño, L. K., Youngblood, S. A., "Bad Apples in Bad Barrels: A Causal Analysis of Ethical Decision – making Behavior", *Journal of Applied Psychology*, Vol. 75, 1990, pp. 378 – 385.

[309] Treviño, L. K., den Nieuwenboer, N. A., Kish – Gephart, J. J., "(Un) Ethical Behavior in Organizations", *Annual Review of Psychology*, Vol. 65, No. 1, 2014, pp. 635 – 660.

[310] Tsui, A. S., and Farh, J. L., "Where Guanxi Matters: Relational Demography and Guanxi in the Chinese Context", *Work and*

Occupations, Vol. 24, 1997, pp. 56 – 79.

[311] Uhlmann, E. L., Leavitt, K., Menges, J. I., et al., "Getting Explicit About the Implicit: A Taxonomy of Implicit Measures and Guide for Their Use in Organizational Research", *Organizational Research Methods*, Vol. 15, No. 4, 2012, pp. 553 – 601.

[312] Vadera, A. K., and Pratt, M. G., "Love, Hate, Ambivalence, or Indifference? A Conceptual Examination of Workplace Crimes and Organizational Identification", *Organization Science*, Vol. 24, No. 1, 2013, pp. 72 – 188.

[313] Valentine, S. R., and Bateman, C. R., "The Impact of Ethical Ideologies, Moral Intensity, and Social Context on Sales – Based Ethical Reasoning", *Journal of Business Ethics*, Vol. 102, No. 1, 2011, pp. 155 – 168.

[314] Valentine, S., and Hollingworth, D., "Moral Intensity, Issue Importance, and Ethical Reasoning in Operations Situations", *Journal of Business Ethics*, Vol. 108, No. 4, 2012, pp. 509 – 523.

[315] Valentine, S., Varca, P., Godkin, L., Barneet, T., "Positive Job Response and Ethical Job Performance", *Journal of Business Ethics*, Vol. 91, 2010, pp. 195 – 206.

[316] Vermeir, I., and Van Kenhove, P., "Gender Differences in Double Standards", *Journal of Business Ethics*, Vol. 81, No. 2, 2008, pp. 281 – 295.

[317] Victor, B. and Cullen, J. B., "The Organizational Bases of Ethical Work Climates", *Administrative Science Quarterly*, Vol. 33,

No. 1, 1988, pp. 101 – 125.

[318] Viswesvaran, C., Deshpande, S. P., Joseph, J., "Job Satisfaction as A Function of Top Management Support for Ethical Behavior: A Study of Indian Managers", *Journal of Business Ethics*, 1998, pp. 365 – 371.

[319] Walumbwa, F. O., Mayer, D. M., Wang, P., et al., "Linking Ethical Leadership to Employee Performance: The Roles of Leader – Member Exchange, Self – Efficacy, and Organizational Identification", *Organizational Behavior and Human Decision Processes*, Vol. 115, 2011, pp. 204 – 213.

[320] Wang, Y, Wang, G, Chen, Q, et al., "Depletion, Moral Identity, and Unethical Behavior: Why People Behave Unethically after Self – Control Exertion", *Consciousness and Cognition*, Vol. 56, 2017, pp. 188 – 198.

[321] Wang, L., Murnighan, J. K., "How Much Does Honesty Cost? Small Bonuses Can Motivate Ethical Behavior", *Management Science*, Vol. 63, No. 9, 2017, pp. 2903 – 2914.

[322] Wanous, J. P., Reichers, A. E., and Hudy, M. J., "Overall Job Satisfaction: How Good Are Single – Item Measures?", *Journal of Applied Psychology*, Vol. 82, 1997, pp. 247 – 252.

[323] Warren, D. E., Dunfee, T. W., and Li, N., "Social Exchange in China: The Double – edged Sword of Guanxi", *Journal of Business Ethics*, Vol. 55, No. 4, 2004, pp. 355 – 372.

[324] Watson, G. W., and Berkley, R., "Testing The Value – Pragmatics Hypothesis in Unethical Compliance", *Journal of Business*

Ethics, Vol. 87, No. 4, 2009, pp. 463 – 476.

[325] Watson, G. W., Berkley, R. A., and Papamarcos, S. D., "Ambiguous Allure: The Value – Pragmatics Model of Ethical Decision Making", *Business and Society Review*, Vol. 114, No. 1, 2009, pp. 1 – 29.

[326] Weaver, G. R., and Agle, B. R., "Religiosity and Ethical Behavior in Organizations: A Symbolic Interactionist Perspective", *Academy of Management Review*, Vol. 27, No. 1, 2002, pp. 77 – 97.

[327] Weaver, G., Treviño, L. K., and Agle, B., "Somebody I Look Up to: Ethical Role Models in Organizations", *Organizational Dynamics*, Vol. 34, No. 4, 2005, pp. 313 – 330.

[328] Welsh, D. T., Ordóñez L. D., "Conscience without Cognition: The Effects of Subconscious Priming on Ethical Behavior", *Academy of Management Journal*, Vol. 57, No. 3, 2014, pp. 723 – 742.

[329] Woiceshyn, J., "A Model for Ethical Decision Making in Business: Reasoning, Intuition, and Rational Moral Principles", *Journal of Business Ethics*, 2011, 104: 311 – 323.

[330] Wong, Y. – T., Wong, S. – H., and Wong, Y. – W., "A Study of Subordinate – Supervisor Guanxi in Chinese Joint Ventures International", *Journal of Human Resource Management*, Vol. 21, No. 12, 2010, pp. 2142 – 2155.

[331] Wouters, K., Maesschalck, J. Peeters C. F. W., Roosen, M., "Methodological Issues in the Design of Online Surveys for Measuring Unethical Work Behavior: Recommendations on the Basis of a Split – Ballot Experiment", *Journal of Business Ethics*, Vol. 120,

No. 2, 2014, pp. 275 – 289.

[332] Yam, Chi K., "The Effects of Thought Suppression on Ethical Decision Making: Mental Rebound Versus Ego Depletion", *Journal of Business Ethics*, 2015, pp. 1 – 15.

[333] Yen, D. A., Barnes, B. R., and Wang, C. L., "The Measurement of Guanxi: Introducing The GRX Scale", *Industrial Marketing Management*, Vol. 40, No. 1, 2011, pp. 97 – 108.

[334] Zeni T. A., Buckley M. R., Mumford M. D., et al., "Making 'Sense' of Ethical Decision Making", *Leadership Quarterly*, Vol. 27, No. 6, 2016, pp. 835 – 855.

[335] Zhai, Q., Lindorff, M. and Cooper, B., "Workplace Guanxi: Its Dispositional Antecedents and Mediating Role in the Affectivity – Job Satisfaction Relationship", *Journal of Business Ethics*, Vol. 117, 2013, pp. 541 – 551.

[336] Zhang S, and Leidner D., "From Improper to Acceptable: How Perpetrators Neutralize Workplace Bullying Behaviors in the Cyber World", *Information & Management*, Vol. 55, 2018, pp. 850 – 865.

[337] Zhang, L. and Deng, Y., "Guanxi with Supervisor and Counterproductive Work Behavior: The Mediating Role of Job Satisfaction", *Journal of Business Ethics*, Vol. 134, No. 3, 2016, pp. 413 – 427.

[338] Zuber, F., "Spread of Unethical Behavior in Organizations: A Dynamic Social Network Perspective", *Journal of Business Ethics*, Vol. 131, No. 1, 2015, pp. 151 – 172.

# 后　记

写后记主要是为了感谢。本书的问世，要感谢的人实在太多，所以一定要开辟这么一块地方来向可爱的家人、同门、朋友、同事、学生和编辑大人表达我的谢意。

首先要感谢三位导师对我的学术能力的训练和学术素养的培养。他们是——我的硕士导师，湖南师范大学教育科学学院心理学系的范晓玲教授；我的博士导师，中南大学商学院企管系的黄健柏教授；我的博士后合作导师中南大学公共管理学院哲学流动站的李建华教授。没有他们多年来的指导和帮助，资质平平的我可能也很难顺利地完成学业和科研工作任务。时常希望能够学到三位恩师治学、为人、处事的十之六七，觉得这样便可受益终身了。

感谢师姐朱学红教授对我工作和生活的关心与帮助，感谢我的师兄钟美瑞副教授、邵留国副教授、师弟郭尧琦副教授、师妹程慧博士和好友宋娟副教授，他们作为我的兄长、姐妹和朋友，在学习、工作和生活上都给了我很大的帮助，让我这一路走得更为平坦。感谢我的同事董文琪副教授、赵书松教授和曾经的同事吴晓林教授，他们是我科研路上真诚的战友，与他们的交流激发了我的灵感。还要特别感谢我的同事李晓飞副教授，没有他的督促、帮助和超级耐心的答疑，有严重拖延症的我还不知道什么时候才能让这本书付梓。

感谢我可爱的学生们不畏严寒和酷暑，利用假期帮我进行问卷调查和访谈工作，他们是分别是硕士生廉国库、何薇薇，本科生吴思、周霞、谢剑飞、王梦珂、王睿晴、徐丹、黄华强、孙若琪、苏勤、杜婉莹、贾文杰、金锐锋、孙佳璐、名淑媛。常言道，教学相长，和你们在一起学习、讨论也常常能够碰撞出小小的火花，希望你们毕业后各自安好，都能成为自己想要的那个样子。感谢我的研究生胡飘、王沛然、胡丹和靳萌瑶耐心细致地校稿，希望本书能够在你们毕业前付梓。

感谢我的师妹刘川博士和鄢文硕士，师弟邹佳纹，好友邓丽群、陈琴、佘云阳、刘玺儒、陈婷等在问卷调查上予以的帮助。也感谢南车集团的李昊先生等所有参与和帮助过我进行问卷调查和访谈的匿名人士，感谢你们对科学研究的支持，今后还请继续多多支持。

感谢公共管理学院给了我们自由探索和发展的空间。感谢人力资源和社会保障系的各位兄弟姐妹们，他们让我体会到大家庭的和谐与温暖，让我在工作和学习的道路上不觉孤单。

感谢我的父亲母亲一如既往的支持和照顾，让我可以专心工作、学习，不用为一日三餐费神操心。感谢我的爱人李汉峰先生，感谢他给予的包容、支持和体谅，让我可以顺利地完成书稿的写作工作，也感谢他从门外汉的角度提出的建议却还能给我提供写作的灵感。感谢在书稿写作过程中横空出世的我的儿子——小朋友，虽然你是使书稿的年龄变得比你还大的主要影响因素，但作为母亲的我还是很欢喜你的到来。原本希望这本书能在你上幼儿园之前付梓，算是妈妈给你的礼物，但这个礼物来得太慢，目前只能希望在你幼儿园毕业前能够出

## 后　记

版就是万幸了。

要特别感谢中国社会科学出版社的刘晓红编辑和王曦编辑，感谢你们在我一拖再拖后，也没有放弃我……尤其要感谢刘晓红编辑对本书的耐心编辑和细心校对，让它在历经五个春夏秋冬后最终得以问世。

最后，也要感谢自己，人生的第二本独著，未完待续。

伍如昕

2019 年 10 月 8 日